JN028014

講座
近代日本と漢学

第8巻

漢学と東アジア

江藤 茂博 編

戎光祥出版

「講座　近代日本と漢学」刊行にあたって

ここでいう「漢学」という言葉は、「国学」や「洋学（蘭学）」に対しての表現であり、近代の用語である。それが近代以降の用語であるのは、それ以前において漢文漢籍を読解することは、学問そのものだったからだ。もっとも中国の漢籍から学ぶこと自体は、朝鮮半島を経た漢字の伝来から始まったといってもよいだろう。以来、日本人は漢籍から学び続けることになる。しかし、江戸幕藩体制から明治新政府に政権が移った時、天皇制日本は欧化政策による近代化を目論んだために、「漢学」という学問は衰退することになる。江戸時代後半には、各藩にあった「漢学」を学ぶ藩校も、明治期に入ると近代的な教科内容の学校として組み替えられていくか、廃止されていくことになった。

しかし、江戸時代に育った若者たちには、手に入れた「漢学」の読解素養で新時代の知見を手に入れようとするものもいた。新しい帝都には、たくさんの漢学塾が開かれており、地方の若者たちが遊学したのである。もちろん、いち早く英語塾で学ぶものも多かっただろう。しかし、こうした西洋の言語や諸制度に、多くの若者たちが目を向けたことは、近代の私立学校の成立史にはっきりと示されている。やがて世代の推移とともに漢学塾そのものは消滅していき、漢文で書かれた小説を読むものも、漢詩文を作るものも少なくなっていった。明治末年、自然主義文学の流行からより新しい文学の台頭に見るように、明治期の近代的な教育制度のなかで育った世代が若者に成長してきたからだ。

しかも、帝国大学文科大学の制度では、中国の文献を対象とした領域の「漢学」は、ひとつは各国文学としての中国文学に向かわざるを得ないことになる。各国文学とそれを対象にした学問研究が、近代国民国家の成立と共に生みだされたからである。さらに、学問体系が哲学・史学・文学に再編されていくなかでは、「国学」が対象としたものは、哲学（神道）と国史学と国文学に分かれ、「漢学」が対象としたものは、中国哲学と中国史と中国文学に分かれていく。これらを近代史のなかでの学問領域の再編と呼んでもいいだろう。

また、藩校や漢学塾などで学ばれていた、「漢学」の教育的要素は、近代教育制度のなかでは、中等教育に移されていく。その後、幾度も存亡の危機に会うことになる、いわゆる漢文科の登場である。

こうして、江戸時代後半期に「漢学」として明確な輪郭をこの日本に現した、いわば総合的な学問領域は、近代日本の諸社会制度のなかで切り刻まれ、その姿を消すことになる。あるいは、天皇制イデオロギーと結びついて、新たに再編された姿を現すことになる。ここでは、江戸時代から近代までの、日本の「漢学」という領域の軌跡を追うことで、広く学問というものの意味を問いたいと思う。そのための講座本を、何よりも漢学塾から展開してきた二松学舎大学が提供したいと考えた。漢学塾二松学舎の軌跡は、あるいは、創設者三島中洲の人生は、日本の「漢学」が近代社会のなかで揺れ動き、切り刻まれた歴史そのものでもあるからだ。

＊

本講座本は、町泉寿郎を代表者とする「二松学舎大学　文部科学省私立大学戦略的研究基盤形成支援事業（SRF）」によるものである。ここでは、「漢学」が解体・再編された過程を、通時的、共時的かつ多面的にとらえることによって、「漢学」から日本の近代化の特色や問題点を探ることを目的とする。したがって、時間軸としては前近代・近代を分断せず通時的に見ることに努め、内容的には西洋由来の外来思想と東洋の伝統文化がいかなる接点を探ったかを問題とする。また、東アジア諸国を含む国外の多様な分野の研究成果をできる限り取り込んだ。より広い視野を備えた「近代日本漢学」という学問領域の構築と、その普及を目指したい。

二〇一九年一〇月

二松学舎大学学長　江藤茂博

編集委員（五十音順）
江藤　茂博
小方　伴子
加藤　国安
佐藤　進
牧角　悦子
町　泉寿郎
山口　直孝

目次

【研究の回顧】

【凡　例】

・本講座の編集にあたって、文字の統一や表記、さらに記載内容・考察などは各執筆者に委ねた。したがって、各項目の文責は各項目執筆者に帰属するものである。
・本講座の写真の選択はすべて執筆者による。
・人名や歴史用語には適宜ルビを振った。読み方については、各章の執筆者による。

第Ⅰ部　漢学と宗教文化

第一章　『聖書』の日本語訳

中村　聡

第一節　日本語訳聖書はいつ作られたのか

日本にキリスト教がもたらされたのは、ザビエルの来日をもって嚆矢とすると考えてよいだろう。一五四九年八月一日、四七〇年ほど前のことである。イエズス会士ザビエルが伝えたキリスト教とは、もちろんローマカトリック、俗にいうキリシタン（吉利支丹・切支丹）である。禁教下におけるキリシタンが聖書の日本語訳を残したのかというと、教理書は残したが、日本語訳聖書は残さなかったと考えるべきであろう。海老澤はその原因を次のようにまとめている。

カトリック・キリシタンはプロテスタントのように聖書を信仰のよるべき唯一のものとはしないから、それほど聖書の翻訳に熱意を示さなかった。それは聖書の繙読が主観主義に陥ることを防ぐため、カトリックが伝統的に採って来た態度であるとともに、ラテン式典礼を用いる布教地区としてヴルガタ訳という定本があること、更に時代の相違と、信者の教育方法の相違という点が合わせて考慮されなければならないだろう。[*1]当時の日本には満足なキリスト教の解説書もなかったし、聖書さえ十分に読まされていなかったキリシタン信者は、本人はキリスト教に改宗したつもりであっても、十分にその思想や教義を理解していたとは考えにくい。

また、東方正教は一八六一年に、ニコライ[*2]が函館のロシア領事館付司祭として渡来したのに始まり、一度帰国した彼が再来日して東京に進出した。ニコライとパウェル中井木菟麻呂《つぐまろ》[*3]の訳になると思われる新約聖書があるが、植村正久[*4]から批判を受けている。日露戦争の影響などもあり、正教はその後大きな広がりは見せなかった。

現在の聖書、すなわち現行の新共同訳聖書につながる聖書の日本語訳は、主にプロテスタント諸宗派の宣教師たちによって翻訳されたものだと考えてよいだろう。当時、欧米から数多くの宣教師たちが来日したが、禁教の高札は降ろされたものの、黙許状態にあった日本の社会の中で、一番積極的であったのはアメリカ出身の宣教師たちであった。そしてこのアメリカ人宣教師を中心として旧新約聖書が日本語訳されていくのである。

カトリック（キリシタン）、正教会などのキリスト教各宗派が聖書の一部を日本語に翻訳しようと考え、旧約、新約聖書の一部、またはそれに伴う教理書を実際に日本語に訳し出してはいる。しかし、まとまった形で新約聖書・旧約聖書という、我々がこれこそが聖書であると認めるような書式で信者の前に提示したのは、一九世紀に日本にやって来たプロテスタン

---

*1　海老澤有道『日本の聖書―聖書和訳の歴史』（日本基督教団出版局、一九八一年）。

*2　Nicolai, Ioan（一八三六―一九一二）。

*3　中井木菟麻呂（一八五五―一九四三）大阪出身の漢学者、正教徒。

*4　植村正久（一八五八―一九二五）思想家であり、日本基督一致教会の牧師。

トの宣教師たちであったということになる。

第二節　漢訳聖書から日本語訳聖書へ

聖書における漢訳と日本語訳の関係については、さまざまな研究が残されている。今後新しい発見が無い限り、これらの研究成果が明らかにしてきたことが、歴史的事実であると考えてよいであろう。[*5] 関係した宣教師としては、モリソン、[*6] ギュッツラフ、[*7] そしてヘボン[*8]が中心になるであろう。もちろん、欧米の渡来宣教師以外にも、漢訳に携わった中国人、日本語訳に携わった日本人も多く存在するが、ここでは、その概略を簡単に辿ってみよう。

初の全訳漢訳聖書はモリソンによって作られた。ウィリアム・ミルン[*9]とともに『新遺詔書』（一八一三）、『舊遺詔書』（一八二三）を著し、合冊して『神天聖書』とした。その後、中国ではメドハースト[*10]が委員長を務め、英米宣教師の共同訳として『新約全書』（一八五二）と『舊約全書』（一八五四）が出版された。ヘボンが日本語訳聖書の元としたのは、アメリカ人宣教師ブリッジマン[*11]らが中心となって編集された漢訳聖書で、新約は一八五九年、旧約は一八六二年に上海美華書館から出版されていたものである。ここで、キリスト教の神（God）が「上帝」から「神」という言葉に修正された。また、ヘボンが来日した際に持参したのは、ギュッツラフの『約翰福音之傳』であるとされ、これは、日本語に訳された最古の聖書の一

＊5　まとまったものとしては、海老澤有道『日本の聖書―聖書和訳の歴史』（日本基督教団出版局、一九八一年）、鈴木範久『聖書の日本語―翻訳の歴史』（岩波書店、二〇〇六年）などがある。

＊6　Morrison, Robert（一七八二―一八三四）漢名は馬礼遜。イギリスの伝道教会（LMS）の宣教師。中国に渡った最初のプロテスタント宣教師であり、また最初に聖書を漢訳し、最初の漢英辞典を出版したことでも知られる。

＊7　Gützlaff, Karl Friedrich August（一八〇三―一八五一）漢名は郭実臘。中国で活躍したドイツ人宣教師。日本では、とくに聖書を日本語訳した人物として知られる。

＊8　Hepburn, James Curtis（一八一五―一九一一）。米国長

部とされている。

明治五年（一八七二）秋、ヘボンは日本語教師を助手として『新約聖書馬可伝』を上梓し、ここから彼の本格的聖書日本語訳の仕事が始まる。同年九月に第一回在日宣教師会議が、居留地三九番地のヘボンの診療所において開催され、聖書共同訳の翻訳委員会が組織されることとなり、明治七年（一八七四）、横浜山手のブラウン宅[*12]で聖書翻訳の共同委員会が開催された。メンバーの入れ替え、翻訳に関する諸々の意見の違いという紆余曲折はあったが、共同訳新約聖書は明治一三年（一八八〇）、旧約聖書は明治二〇年（一八八七）に完成し、ここに「明治元訳」聖書が整った。

ここで問題となるのは、この日本語版聖書に漢訳聖書がどの程度影響しているのか、ということにある。例えを一つ出してみよう。今日本で一般に普及している聖書では、ヨハネ福音書冒頭は「初めに言があった。」と書かれているが、漢訳聖書では「言」が「道」と表記されている。[*13]日本語訳の過程で、漢訳聖書の影響が強かったならば、この「道」が日本語訳に移植された可能性が強いことになる。ヘボンの書簡の中に、この関係性を示す記述があるので、時間系列で拾ってみよう。

「漢文をよむことができるものは日本人の全人口の五十分の一にも足らないくらいですから（中略）日本文に印刷された書物ならば誰でもよむことができるし、また書物だけが日本人に教育を授ける近代的な方法でもあるわけです。寧波でこの活字で組める時が

老教会（PCUSA）の医療宣教師。ペンシルバニア州出身。「ヘボン式ローマ字」の考案者として知られる。

＊9　Milne, William（一七八五―一八二二）漢名は米憐。ロンドン伝道教会の宣教師。宣教師として中国に派遣されたが、迫害に遭い、オランダ領インドで華僑伝道を行った。モリソンと共同でマラッカに英華学堂を設立し、校長を務めた。

＊10　Medhurst, Walter Henry（一七九六―一八五七）漢名は麦都思。会衆派の宣教師、中国学者。上海に最初に入った宣教師である。漢訳聖書の翻訳、改訂、出版に尽力した。日本では『英和・和英語彙』の著者として知られる。

＊11　Bridgman, Elijah Coleman（一八〇一―一八六一）漢名は裨治文。アメリカンボードから中国に派遣された米国会衆派の

来ればなかなか有用なものになることは疑いありません。それは日本人に最も便利な字体でありますが、日本字で出版されているほとんどすべての書物は漢字まじりの平仮名であり、これがまた聖書の書体でもありますので、いつかは近代的な活字による出版がなされなければならないと思います。」（一八六〇年一二月二六日）[*14]

「わたしどもの日本語の教師が少しの苦労なく読み、そして理解し得る立派な漢文の聖書が手許にあるから、聖書翻訳事業に助けとなっております。ブラウン氏とわたしとは、マルコ伝を翻訳する上に大切な手引きとしてこの漢文聖書を、日本文に訳し直すことによって、さらに多少の進歩をみたのです。

漢籍をよみ得る日本人の数は非常に少数で、その数についての意見はまちまちです。しかし、大人の漢籍読解力から察しても、大体判断して五十分の一に足らないと思います。」（一八六一年二月一四日）[*15]

「数日前に江戸のある本屋から漢訳聖書八冊の注文を受けましたが、その本屋の申すのには、以上の注文をしたのはさる大名だとのことです。わたしの手許には二冊しかなかったので、それを渡して、あとを上海に注文しました。また中国で外国人の出版したすべての書籍の注文もありましたが、これも大名からであったらしいのです。」（一八六一年三月一一日）[*16]

「この翻訳[*17]をやってみて、中国における宣教師たちの訳したすばらしい漢訳聖書によっ

宣教師。米国プロテスタント宣教師として初めて中国に赴任した。聖書の翻訳のほか、月刊誌『Chinese Repository』を創刊した。中国語で米国を紹介した『美理哥合省国志略』は魏源の『海国圖志』に引用され、箕作阮甫によって『聯邦志略』として出版された。

＊12　Brown, Samuel Robbins（一八一〇―一八八〇）。米国オランダ改革派教会から日本に派遣された宣教師。明六社会員でもあった。

＊13　筆者の手許にある和合本（中国基督教協会 南京愛徳印刷）『舊新約聖經』は、もちろん「道」であり、さらに二〇〇四年版『聖経』もそのまま「道」を踏襲している。

＊14　高谷道男『ヘボン書簡集』（岩波書店、一九七七年）六三頁。

＊15　＊14同書、七二―七三頁。

て、非常な助けを受けたことを発見いたしました。実にこれは偉大なる助力でありました。それは日本語の聖書の基礎となっているのです。（中略）教育のある日本人ならみな何の苦もなく漢文の聖書を読むことができます。ちょうど、われわれがラテン語を読むように訓点をつけて読むのです。ブラウン氏もこの仕事に従事しております。わたしどもの訳文を漢文の聖書と比較して、これを訂正するつもりです。」（一八六一年四月一七日[*18]）

「わたしは日本語の教師に少しでも暇があれば漢文の聖書を日本文に翻訳するようにすすめております。彼はこうしてマルコ伝、ヨハネ伝、創世記、出エジプト記の一部を訳しました。」（一八六二年九月一日[*19]）

「漢訳の新旧聖書数冊と漢文のウェーの地理学[*20]を数多くの日本人に売ってやりました。この地理学を日本人は漢字まじりの日本文で出版しました。原本にはキリスト教の問題が論ぜられていた個所をとり除かずにそのまま出版しました。」（一八六二年一〇月四日[*21]）

「そのほかの漢文の聖書や、キリスト教のパンフレットもたくさん配りました」（一八六三年一〇月一八日[*22]）

「聖書和訳の困難は中国におけるわたしどもの同労者の労作によって軽減されています。中国語と中国文学は、日本語と日本文学に相似たものがあり、日本人は漢文をそっくりとり入れたのです。教養ある日本人は中国人と同じく、漢文の聖書を読みます。この漢

＊16　＊14同書、七六頁。
＊17　マルコ伝の日本語訳を言っている。
＊18　『ヘボン書簡集』八〇―八一頁。
＊19　＊18同書、一〇八頁。
＊20　Way, Richard Quarterman漢名は褘理哲著『地球説略』を指す。日本では箕作阮甫が訓点を施し、一八六〇年に老皂館から出版された。詳しくは拙著『宣教師たちの東アジア』（勉誠出版、二〇一五年）を参照されたい。
＊21　『ヘボン書簡集』一〇九―一一〇頁。
＊22　＊18同書、一四〇頁。

文の聖書が基盤となり、学識ある日本語教師とかなり豊富な日本語の知識によって、聖書翻訳事業には多くの宣教師たちが克服しなければならなかったような困難は、わたしどもには無くて済みます。」（一八六四年二月一一日）[*23]

「漢訳聖書は教養ある人々には利用せられておりますので、かなり多くの部数を配布いたしました。国民の大衆―多分百分の九十五までは漢文の聖書を読むことができません。この国の人口のどの割合までが漢文の書物を読みうるか正確に言えません。しかし上に述べた割合でさえ過大評価にすぎるとわたしは考えます。」（一八六六年九月四日）[*24]

「キリスト教がカトリック宣教師によって約三百年前に中国に伝えられた時、できる限り本来の発音に近いようにイエスの名を言い表すため、単に音声学的に二字を採用しました。それは北京語、または中国官話で耶蘇〔Iesu〕（Iは英語のeの音で、eはわたしたちの言葉のaの音です）です。この二つの字は中国語の通用されているところではいずれも用いられている字であって、それが日本に伝わったのです。そしてイエスを表すシンボルとなったのです。ところが日本人はヤソと発音しています。」（一八七六年一月一〇日）[*25]

「全く二十五年以上もたった今日、なお日本語の新旧約全書がこの国民に与えられていないということは、この国における宣教師全体が非難されてもしかたがありません。むろん多くの障害もあり、教育ある日本人が漢文の聖書でおぎなっていたりしたため、こ

＊23　＊18同書、一四五頁。

＊24　＊18同書、一七三頁。

＊25　＊18同書、二七六―二七七頁。

んなにおくれたのですが、しかしこれも考えようによっては、早く翻訳するよりも、はるかにすぐれた翻訳を完成するのに役立っているのでしょう。また日本人の助手はキリスト信徒で、英学と漢学の素養もあり、仕事に熱心な人でもありましたし（中略）中国でもインドでもその他の国においても同様、日本においても、その国語、その特徴慣用句、思考の形式等に熟達して、日本人の学者や助手の手を煩わさない外国人はまあ一人もいません。翻訳が正しく、慣用語も用い、国民に喜ばれるようなものは、やはり日本人の助手を使って日本語の表現を用い、美しい文章にしなければなりません。（中略）英語の聖書は立派なものですから日本人の助手が、一かどの英学者でさえあれば、わたしどもの仕事に非常な助けとなります。中国訳はここに三種類もあって大いに役立っておりますが、あまりそれに頼れません。しかしわたしどもの翻訳はヘブル語から訳したのです。わたし自身はヘブル語に精通していませんが、しかしその言語を味読するくらいは知っており、理解しています。難解な個所にぶつかった場合には、種々、多くの手引きがあります。たとえばギリシャ語の旧約聖書、ラテン語の聖書とか、フランス語の聖書その他、幾冊かの原文批評注釈書参照いたします。」（一八八四年一二月二六日）*26
「こうして新旧約全書の翻訳出版事業は完成し、聖書は今や日本語で日本人の手にわたるようになりました。（中略）あまり多く漢文がまじっていないで、国語を愛する日本人の学者たちから文学的作品として称讃されていることを知っています。」（一八八七年

＊26　＊18同書、三二三―三二四頁。

一二月二八日）[*27]

ヘボンは、漢文が読める日本人のパーセンテージを「五十分の一にも足らない」、あるいは「国民の大衆―多分百分の九十五までは漢文の聖書を読むことができません」と見ている。当時の日本人の中では、教養のある者しか漢文を読むことができないとヘボンは考えている。にもかかわらず、日本語訳聖書の作成には、漢訳聖書が大いに役立っている、とする。彼の書簡の中では、一八六四年頃までは、日本語訳聖書の作成には、さかんに漢訳聖書が用いられていたことが述べられている。しかし、それ以後になると、あたかも漢訳聖書は日本語訳のためには重荷になっているかのような言に変わってくる。これはいったい何なのか。何が起こっていたのか。

日本語訳聖書の作成が、漢訳聖書に負っていることは事実であろう。この事実は、次のことを物語っている。第一に、初期の日本語聖書の翻訳者たちが、来日前に、中国でも活躍した経験を持っていた。あるいは、当時中国で活動していた宣教師たちと交友があったこと。第二に、最初の日本のキリスト教（プロテスタント）受容層が、漢訳聖書にも親しむことができた層であり、漢文を読むだけの教養層であったこと。つまり、これまでヘボンを始めとした日本語訳聖書翻訳委員会の仕事は、欧米系統を中心としたものであると考えられてきたが、実は中国経由、つまり漢訳聖書を大いに参考にした仕事であることを考慮に入れなければならないことが判明する。

＊27　＊18同書、三三八頁。

だが、ここで思いもよらない事態が発生する。日本人が漢訳聖書を理解する場合、中国語に堪能な人以外は、これを訓読する。日本人誰もが読めるような易しい文体である口語訳を主張する宣教師たちに対して、日本人側は格調の高い漢文訓読体を主張し、対立が起こったのである。当時ブラウン家に書生として住み込んでいた井深梶之助[*28]は次のように語っている。

「翻訳の文体に就いては堅い漢文風にしやうといふ説と出来る丈通俗的にしやうといふ意見と二つに別れ、支那訳に信頼した補佐方には自然と漢文風に流れんとする傾向があつた。ブラオン先生は始終その傾向と戦つたことを話されたやうに記憶する。折角聖書を日本語に翻訳しても只少数の学者丈に読めて普通の人民に読めぬやうでは何の益があるかとは先生の屢々繰返した議論でもあつた。又補佐方の或人が漢文はコウダといふと漢文は日本文に非ずと力説せられたことは恐らく幾回であつたか分かるまい。[*29]」

当時は、まだ日本語の文体が定まらない時代であった。次第に漢文調の文体が大勢を占めていこうとする風潮があった。その中で明治元訳聖書は、独自の和漢混淆文体で訳されていったのである。[*30]訳者たちは参考図書として親鸞と福澤諭吉の児童書を使用しており、『親鸞聖人御一代記』と『童蒙をしへ草』[*31]がそれだといわれている。[*32]

ここで、今まで言われてこなかった問題を提示したい。梶谷の言う「漢文風」とはどの程度漢文風なのか、ということである。字訓読みを中心に定型化された訓読のリズムは、日常の日本語のリズムとははっきり異なるリズムになった。江戸時代から、素読という漢文学習

＊28　井深梶之助（嘉永七年〈一八五四〉―昭和一五年〈一九四〇〉）日本の牧師。日本基督教會の指導者。明治学院第二代総理、日本キリスト教青年会同盟会委員長を務めた。

＊29　井深梶之助「新約聖書の日本文に就いて」（『福音新報』一〇八八、一九一六年五月四日）。

＊30　当時の日本語中における漢文訓読体については、齋藤希史『漢文脈と近代日本』（角川ソフィア文庫、二〇一四年）に詳しく分析されている。

＊31　Chambers, Robert 原著。（尚古堂、一八七二年）。

＊32　鈴木範久『聖書の日本語』（岩波書店、二〇〇六年）九九頁。

法が普遍的なものとなり、訓読もまず素読から始まった。ということは、訓読は解釈以前に、まず音声化して読み上げるということになったのである。訓読のリズムが独自のリズムとして身体化され、日常の言語とも、異国の言語（原語）とも異なった場所に位置づけられることになった。訓読のリズムが日常の言葉のリズムと異なるのに加えて、そこに書き表されているイメージもまた、非日常的な高揚感をもたらしたのである。この漢文訓読体は、本当の中国語、すなわち支那文ではなく、明治の普通文、すなわち漢字仮名混じり文で書き、読むような訓読調の文体、明治の「普通文」なのである。

漢文という文体について考えるとき、二つの焦点があることに留意する必要がある。表現媒体としての機能性と、歴史、すなわち自己認識にかかわる精神性の問題である。機能性については、漢字漢語が文明の言語として広まった過程を考えるとわかりやすい。あるいは、明治になって西洋の文明や文化が大量にもたらされたとき、漢語による翻訳が極めて有効に働いたことを考えてもよいだろう。

一方、漢文が古典文であることということも重要である。正しい漢文を書こうと思えば、典故は欠かせないし、少なくとも漢文で用いる語彙や語法は日常の口語とは異なることを意識し、これを学ばなければならない。文語と口語との差異は、その学習過程に決定的な違いがある。口語は口頭でのやりとりの中で言語としての成熟が行われていくが、文語は書物によってそれを行うのである。中国の古典における物事の論じ方や描き方をベースとして、自らの文章を綴る。そのように読み書きのフィードバックを重ねていくうちに、歴史と自己のありかたについて一定の認識を形成していく。漢文は士大夫の言語であったから、それを読み書きするうちに、自己をそこに合わせ、歴史上の人物がどのようであったか、自分はどのように歴史に参与するべきなのか、否応無く考えさせられる。漢文に特有な思考や感覚の議論が、漢文という文体を用いることと不可分であったのである。それは、精神の規範を提示する文体であった。この機能と精神性の二つによって漢文という文体は動いていった。

そして、機能に重点を置いた場合、漢文は訓読体へと傾斜する。近代以前、普遍として君臨していた漢文が、近代以降、東アジア世界のローカルな、あるいは遅れた普遍に成り下がってしまう。そうなっては、文体を支える精神などに用はなくなってしまう。近世後期以後徐々に確立された訓読体という型は、漢字漢語の高い機能を保持しつつ、漢文の精神世界から離脱するための手段であった。

西洋語の翻訳において、訓読体が用いられたことも、これに深く関わってくる。その背景の一つには、もともと西欧世界からの新知識が漢文経由であったことが挙げられる。在清宣教師たちが作った英漢辞典等を活用すれば、西洋語から漢語への翻訳はさほど難しいことではなかった。そして、もう一つには、知識人たちの実用文として訓読体が広く行われていたことにある。

蘭学や英学は、多くの場合、あくまで実用の学として学ばれていた。和魂洋才という言葉が示すように、洋学は精神よりも知識の学である。そうなると、それに対応すべき文章が、普遍文としての漢文そのものではなく、実用文である訓読体を主とするようになったのである。福澤諭吉の『西洋事情』が漢字片仮名混じり文を採用したのも、その故だったのだと思われる。

「或人余ニ謂ヘル者アリ此書可ハ則可ナリト雖モ文体或ハ正雅ナラサルニ似タリ願クハ之ヲ漢儒某先生ニ謀リテ正刪ヲ加ヘハ更ニ一層ノ善美ヲ尽シテ永世ノ宝鑑トスルニ足ル可シト余笑ヒテ云ク否ラス洋書ヲ訳スルニ唯華藻文雅ニ注意スルハ大ニ翻訳ノ趣意ニ戻レリ乃チ此編文章ノ体裁ヲ飾ラズ勉メテ俗語ヲ用ヒタルモ只達意ヲ以テ主トスルカ為ナリ*33」

漢学者某に添削してもらったらどうかと言われて、この翻訳は達意を旨としているからこれでよい、と答えた。つまり、漢学者に添削してもらったなら、原文の内容が捻じ曲げられてしまう恐れがあった。達意だから、訓読体のこれでよいのである。

事物を記すにも、議論を行うにも、翻訳をするにも、訓読体は有用であった。西洋のことを漢語で記すのは、一見方向性が違っているようにも考えられるが、語彙の量にしても、また語彙の造りやすさにしても、東アジアの言語において漢語に匹敵するものはない。訓読体の文章は、和文としてはかなり簡略化された語法で書くことができる。そこに漢語を当てはめていくことは、流麗な和文で綴るよりずっと楽であっただろう。

---

*33　福澤諭吉『西洋事情』小引。

なにより、文明開化という志向の中で、実用は一つの価値として急浮上した。漢文が内包していた士大夫のエトスの代わりに、実用というイデオロギーが登場したのである。

さらにもう一つ問題が提示される。ヨハネ福音書冒頭の「ことば―ロゴス」が「道」なのか、「言」なのかという根本は、漢訳聖書の該当部分の分析に大いに関係するということになる。しかし、ここで我々は、翻訳に関する二段階の変化を考えなければならない。つまり英語↓中国語、中国語↓日本語という二段階である。ロゴスが漢訳聖書を読む中で道あるいは言として通じていても、はたして日本語訳聖書の中で同じ意味で通じるかいう問題が出てくるはずなのである。これは、なにも近代アジアの中での二つの言語間の問題ではない。聖書という全世界に広がった書には、どこの地域のどの言語に訳す場合にも起こった問題のはずである。

たとえば、「カミ」の問題がある。漢訳聖書ではカミは「上帝」なのか「神」なのかで、宣教師たちの間で長いこと争われてきた。カミが上帝であれ、神であれ、いずれもそれは中国語として既成の言葉である。だが、キリスト教のカミは、明らかに中国人にとっては新しいカミの観念である。新しい観念を用いて訳そうとすると、どうしても、過去から伝統的にその言葉に付着していた概念を取り除くことが難しくなる。この点では、上帝も神も同じである。上帝や神以前にも、天主教（カトリック）による「天主」も存在していた。天主は、キリスト教によって用いられる以前にも、きわめて限られた意味としての言葉として中国語に存在していた。[*34] しかし、キリスト教によってはじめて新しい概念となり、より広い意味で使用されるようになる。

この天主のような、ほぼ新造語を採用するに等しいケースとともに、もう一つ考えられるケースは、カミに当たる現地での既成の言葉を用いつつも、それに形容語を付けて別の意味にする方法である。モリソンは晩年には神の訳語に疑問を持ち、各種の言葉をさまざまに併用したが、その中に「真神」という語がある。これは神の上に真実の真を付けて合成語を造った例である。モリソンは、真神をおそらくは新しい語として用いたというよりは、文字通り真を形容語として神に付け、今まで中国で言っていた神とは異なる、新しい意味としてのキリスト教の神ということを強調したかったのであろう。[*35] このような表現方法は一見都合が良いように見える。だが、このような表現を用いると、カミと在来の土地の宗教との間に、激しい敵対関係、緊張関係を生み出すことになってしまう。一方が「本当の神」となり、もう一方が「偽の神」という真偽関係に置くことになるからだ。

以上は、中国におけるキリスト教のカミの訳語をめぐるできごとである。この一例から一般論を引き出すことは早計かもしれない。だが、カミの語が異なる地に伝播され、翻訳される際に見られる様式として、次の四通りの方法が想起される。

〔1〕カミを、原語で表現するか、それに近い言葉で音訳する（Deus, デウス）。これは、なじみにくいカミになる。

＊34　たとえば、『史記』封禅書には「八神、一曰天主、主祠天齊。」といった使用例がある。

＊35　Martin, William Alexander Parsons 漢名：丁韙良は『天道溯原』引で「其性則聖而不可知。所以稱曰神。固世俗嘗奉人鬼以爲神。故又別之曰眞神。（其の性は則ち聖にして知るべからず。所以に称して神と曰ふ。固より世俗は人鬼を奉じて神と為す。故に又之と別ちて真神と為す）」と言っている。

〔2〕カミを、伝えられる地のカミ、またはそれに近い言葉で訳す（上帝、神）。この場合、伝えられる地のカミの概念が強く影響し、新しいカミの概念を同化し、呑み込んでしまう恐れがある。しかしながら、当初においては理解を助けることができる。

〔3〕カミを、伝えられる地の言葉に比較的意味の近い言葉を用いながら、そのまま使うのではなく、合成などして新しい言葉を造る（天主）。これは〔1〕と〔2〕との中間的な方法であるため、曖昧さを残す。しかし、比較的に問題は少なくなる。

〔4〕カミを、伝えられる地のカミに近い言葉に「真」をつけて表現する（真神）。この場合には、真神に対して、在来のカミが偽神あるいは邪神と対比が露骨になり、在来の宗教との対立や摩擦を生じる恐れが出てくる。

以上のように考えてくると、〔3〕による方法、つまりここでは天主という言葉が、最善とは言わないまでも、次善であったと考えられよう。[*36]

カミの訳語がついに一致をみなかった理由の一つは、背景国家を異にする宣教師たちの対立の存在もさることながら、既成の言葉を用いることから生じる宿命であったのであろう。ある宗教のカミが、異文化の地に移植されて、その地の言葉で表現されるときには、古い観念の固着した言葉よりも、かえって新しく別の言葉を当てる方がよい場合もあるのではなかろうか。

＊36　以上の分析は、鈴木範久『聖書の日本語』（岩波書店、二〇〇六年）による。

第三節　漢訳聖書の「道」は『老子』から

聖書の中で重要なファクターとなる「ロゴス」は、アジアにおいて漢語、日本語のよりよい翻訳語を待つことになる。現代に生きる日本人にとっては、「ことば」といえば「言語」、すなわち「言」が一番理解しやすいのかもしれない。しかし、新共同訳の『ヨハネによる福音書』で出てくる「初めに言があった（一・一）」「言は肉となって、わたしたちの間に宿られた（一・一四）」を読む我々は、その中にロゴスやキリストの生き方を読み取れるだろうか。研究書、注釈書を読み、あるいは神父、牧師の説教を聞いて、初めてそこに気がつくのではないか。聖書の文面を読んで、直にそこにロゴスやイズムを読み取ろうとするならば、「道」の方が翻訳語として適当なのではないだろうか。ならば、「道」という翻訳語はどこから生まれたのであろうか。ロゴスの翻訳語としての「道」は『老子』の説く「道」だと思われる。

自然とは「自ずから然る」ことであり、換言すれば、ものごとがあるがままに存在しているということ、そのこと自体である。あるがままに存在しているとは、本質において「空虚」であることによって、自然に存在している事物に対して毀損的働きかけをしない、ということになるだろう。こうした自然的事物、人間の自然的営為に対しては、それを観察する営為、すなわち「知＝知性」の問題が生じてくる。それは人間の知が、自ら知的行為を行うとともにに、その知的行為を反省的に捉えるという事態が含まれる。つまり、人間は自らの知を客観化して捉える知を持つということになる。

　このような知の自己客観化、反省的構造からするならば、客観的自然と内なる知を含めた全ての自然的なものに終始する以上の、さらにその上に超越するものを見る知というものがもたらされることになる。自然の視点は、客観的である自然的理、物質的自然から、その上の超越的視点、すなわちさらなる知に至るということになる。

　そのような知によって見出される物質的自然を超越し、根本として存在するものを老子は「道」と呼んでいる。『老子』に言う「道沖而用之或不盈、淵揩似萬物之宗*37」がそれである。「道」ついて、『老子』は「道大、天大、地大、王亦大、域中有四大、而王居其一焉、人法地、地法天、天法道、道法自然*38」と言う。この「四大」とは「王（人）↓地↓天↓道↓自然」という五つの段階、あるいは序列、秩序を形成していると考えられる。これらは自然的なものから超自然的なものへと段階を踏んでいるが、究極である「自然」は、その最後の段階として、普通の自然とは異なるものとなる。道がその通常の自然性を超越した「自然」を示すものとなっていることが理解される。

　『老子』において、道は自然的なものを全て超越した、いうなれば「それ以上のもの」である。「道沖而用之或不盈、淵揩似萬物之宗」は、道が空虚なものであり、さらに万物の大本のようだと語っている。その道が大本であるのは「道生一、一生二、二生三、三生萬物*39」であるか

---

*37　『老子』第四章。「道は沖（空虚）にして之を用ふるに或は盈たず。淵として万物の宗（おおもと）に似たり」

*38　*37同書、第二十五章。「道は大なり、天は大なり、地は大なり、王も亦大なり、域中に四大有り、而して王は其の一に居る。人は地に法り、地は天に法り、天は道に法り、道は自然に法る」

*39　*37同書、第四十二章。「道は一を生じ、一は二を生じ、二は三を生じ、三は万物を生ず」

らであって、道からは最も単純な素材が生成され、さらに複雑なものが生成され、最終的には宇宙内に存在する万物全てが生成されていくのである。

この道の概念は、中国哲学史上、初めて想起された超越的概念であったといえるだろう。道は物質性を超える形而上概念であったにもかかわらず、人間の知が、ただの客観的観察知を超越した新次元の知の段階に至っていたことをも指し示していると考えられるのである。『老子』はまた一方で、道の内容を説明して、「有物混成、先天地生。寂揩寥揩。獨立而不改、周行而不殆。可以爲天下母。吾不知其名、字之曰道。[*40]」と言っている。すなわち道には「天下の母」「天地に先だちて生ず」というように、天地に超越する超越性も示されていることになる。

「道」は万物を生成するものである。生成された万物は「有」という形態をとって存在している。「反者道之動。弱者道之用。天下之物生於有、有生於無。[*41]」がそれである。道とは無であることを強く示唆している。また、物事の存在と機能は無があるからこそであるとも述べている。[*42] 無＝〜がない、ということこそ道の本質的属性、あるいは根源的機能であるとし、それらが万物を生み出すものなのである。単なる「ない」のではなく、それ自体の存在性は「ない」ものであるにもかかわらず、しかしその機能は、存在を生成することから始まって、その後無限的に広がっている。

有であることと、無であることとが、並行的に提起されている。無は有であり、有は無で

＊40　＊37同書、第二十五章。「物有り混成し、天地に先だちて生ず。寂たり寥たり。獨立して殆ず。以て天下の母と為すべし。吾其の名を知らず、之に字して道と曰ふ。」

＊41　＊37同書、第四十章。「反とは道の動。弱とは道の用。天下の物、有より生じ、有は無より生ず。」

＊42　＊37同書、第十一章。「故有之以爲利、無之以爲用。（故に有の以て利爲るは、無の以て用爲ればなり）」

ある。道はそれ自体のうちに意味の微妙な揺れ、さらに言えば矛盾を含んでいる。『老子』では、道を、おぼろげで奥深くぼんやりと霞んでいて、その全体を見渡そうとしても把握できそうもない、そういう形容をすることによって、論理的突き詰めではない方向での解決が目指されている。おぼろげで不確かで奥深く、ぼんやりと霞んだような形容。このことは、道は有であるものの、有るものとしては捉えにくいものであるということを示している。「視之不見（中略）聴之不聞（中略）摶之不得[*43]」ということになる。この不確かさ、奥深さには、さらに「無状[*44]」「無隅[*45]」「無形[*46]」などの「無」的形容語が付加される。論理的には真の無ではないが、無形的形容語の表現の重畳によって、道の無性が彫琢され、固められていく。『老子』自体では、このような解決の方向性がなされていく。道という万物の根源を設定し、それを無と規定した、この『老子』の思想は、中国思想視の中では、超越的概念の設定において、まことに画期的なものであったといえるであろう。そして、この『老子』における「道」が、ロゴスの漢訳語となったと考えて間違いではないように思われる。

イエス・キリストの預かった神の言葉（ロゴス）が、『老子』の「道」に吹き替えられ、さらに「言」と姿を変えた。聖書自体も漢文から訓読体聖書へと姿を変え、現在の口語訳日本語聖書へとつながっている。すっかり新しくなったように見える聖書だが、じつは現行の新共同訳聖書の中に、まだ聖書翻訳の苦労の痕跡が残っている。漢訳から今に至るまで「義」

＊43　＊37同書、第十四章。「視れども見えず（中略）聴けども聞こえず（中略）摶《さす》れども得ず」

＊44　＊37同書、第十四章。

＊45　＊37同書、第四十章。

＊46　＊37同書、第四十一章。

の翻訳語は使い続けられているが、もちろん「義」は漢訳言語である。誰がこの翻訳語を決め、どのような内容を含んだ言葉なのかは、未だに解明されていない。今後の研究が待たれる。聖書の翻訳について、ある聖書学者は生前次のように語っている。「聖書の翻訳は、新しければ新しいほどより良いとは限らない。[*47]」

＊47　船本広毅（一九三四―二〇一八）関西学院大学名誉教授、元東京女子大学学長。

第二章　会沢正志斎の経学とその古代中国史像
——祭祀・宗族・戦争

藍　弘岳

第一節　はじめに

近代日本における祭政一致の体制の推進者は国学者であったが、この背後には江戸儒教、特に後期水戸学を代表する学者としての会沢《あいざわ》正《せい》志《し》斎《さい》（一七八二—一八六三）の「国体」論の影響は無視できない。しかし、会沢の「国体」論は彼の経学《けいがく》と、古代中国と古代日本の歴史に対する彼の認識と関わると思われる。拙稿[*1]では、紙幅の制約で、この問題を論じる前提として、会沢の経学とその古代中国史像との関連を検討する。

さらに、思想史の観点から言うと、「三代」とそれ以前の歴史を含める古代中国史と「神代」を含める古代日本史に関する会沢の認識は、江戸儒教、特別に徂徠《そらい》学派の思想と関連しているが、未だに十分に検討されていない。無論、この問題に対して、尾藤正英は、荻生徂徠の思想は「国家主義の祖型」という観点から分析したことがある。氏は主として後期水戸学を「自然秩序観」的な「朱子学」と捉えた丸山眞男の理解を批判し、さらに後期水戸学におけ

＊1　本稿は、「會澤正志齋的歴史敘述及其思想」（『中央研究院歴史語言研究所集刊』第八九本第一分、二〇一八年）の一部を日本語訳にしたものである。

＊2　尾藤正英「水戸学の特質」（『日本の国家主義——「国体」思想の形成』岩波書店、二〇一四年、初出は一九七三年）、二四二—二四四頁。

＊3　尾藤氏は「水戸学の特質」で、おもに次の三点から両者の関連を捉えている。①水戸藩の「制度史的な志表の編纂」は徂徠が確立した「古典に関する帰納的・実証的な研究方法」と関連していることである。②藤田幽谷に見られる「制度のもつ政

る「大義名分」論と、中国朱子学との差異を論じてから、後期水戸学と徂徠学との関連を論じている。[*2] しかし、尾藤氏は両者の思想における類似面を検討しただけで、その類似面における相違点に深く踏み込むことはなかった。[*3] 尾藤氏の研究のほかにも、このテーマに関連している研究もあるが、[*4] 拙稿は基本的に、「国体」論に関わる祭祀と戦争の部分に焦点を絞り、先行研究において詳しく検討されていない会沢正志斎の経学とその古代中国史像との関係を考察する。この考察を通して、会沢正志斎と荻生徂徠との思想の異同を検討する。

第二節　会沢正志斎の「道」論と経学

会沢正志斎の主著たる『新論』の初版は文政八年（一八二五）に完成してから、「無名居士題」「無名氏題」「無名氏」といった署名で広く刊行、伝承、閲覧されるようになっていた。そして、安政四年（一八五七）に出版された江戸玉山堂版本以降は、沢雅一が書いた跋文と書名が附くことになった。[*5] この三〇年あまりの間、会沢はさらに『刪詩義』（一八三五年成書）、『中庸釈義』（一八三九）、『典謨述義』（一八四〇）、『読論日札』（一八四七）、『孝経考』（一八四九）、『典謨述義附録』（一八五〇）、『読書日札』（一八五一）、『読周官』（一八五四）、『読易日札』（一八五六）[*6] などの書を著した。これらの経学関係の著作は『新論』の思想と関連しており、『新論』における経書論拠の研究を発展させたものと捉えられる。これらの著作には、徂徠学派

治的効果を重視した名分論」には徂徠学の考えが反映されていることである。③藤田幽谷と会沢正志斎は徂徠と同じく、愚民観を持ち、民心を把握するために鬼神祭祀の礼制を利用しようとするといった、「術」を重んじる現実主義の政治観を持っている。

＊4　高山大毅『近世日本の「礼楽」と「修辞」――荻生徂徠以後の「接人」の制度構想』（東京大学出版会、二〇一六年）、第四章などを参照。

＊5　瀬谷義彦「解題（新論）」（『水戸学　日本思想大系五三』岩波書店、一九七三年）、四八一―四八五頁。

＊6　今井宇三郎「水戸学における儒教の受容――藤田幽谷・会沢正志斎を主として――」（『水戸学　日本思想大系五三』岩波書店、一九七三年）、五三四頁。

の経書解釈があまり引用されていないが、会沢の経学、ないし思想は、やはり徂徠学派のそれに関わっていると思われる。この点について、会沢の「道」論から説明する。

会沢の「道」論と徂徠学

まず、会沢は武家儒者の立場から、徂徠が『政談』『鈐録』などで「時務を論じて用兵を説いた」という儒教的な政治経済学（「有用の学」）を評価しているが、徂徠の「道」論については批判している。＊7 さらに、会沢は、「道」（「典」「礼」）が持つ「天叙」と「天秩」の性質（自然性）を強調して、こうした観点から「道」が「先王」によって作られたものという徂徠の解釈に対して、批判を加えている。＊8 しかし、これは会沢が朱子学、ないし仁斎学だけに頼って「道」を解釈することを意味しない。会沢は確かに、「天の建てる所にして人の由る所、これを道と謂う（天之所建而人之所由謂之道）」と述べ、「道」を主として「天に叙するところ」の「父子・君臣・夫婦・長幼・朋友」（親・義・別・序・信）という自然道徳と、理解している。＊9 この意味で、会沢は、宋学的な観点から「道」を解釈していると言えるかもしれないが、他方、彼は宋学者と異なり、心性論と理気論関連の議論を展開していない。

実際、会沢は、「宋儒」が使う「太極無極」「守静持敬」「主一無適」「沖漠無朕」「虚霊不昧」「体用一源」「本然気質之性」「就《まま》物窮理」といった語彙は皆「聖経」にはないもの、もしくは「経文を直したもの」と言い、批判を加えている。＊10 さらに、彼は、朱熹を始めとした「宋儒」た

＊7　会沢正志斎は「荻生徂徠以豪邁之資、大唱古学、排撃後儒、論礼楽刑政之義、講有用之学。而如論時務、説用兵、甚為痛快。然以道為先王所造、不知典礼之出於天叙天秩、治教之本於心術躬行。而其於称謂名分、則不知君臣内外之弁。惑亦甚矣」（『下学邇言』会沢善、一八九二年、巻二、二二オ）と、述べている。

＊8　同右。

＊9　会沢正志斎『下学邇言』巻一、一オ。

＊10　会沢正志斎『下学邇言』巻二、一八オ。

ちが「性」「理」などの概念で「道」を解釈することを批判した。[*11] また、彼は、古代中国では「心性」がそのまま「教」とされていなかったことを主張している。[*12] この観点から言うと、会沢の学問は仁斎、徂徠と同じく、ある種の復古的な儒教思想であった。

それでは、会沢の「道」論と仁斎学との関係はどうであろうか。彼は、確かに仁斎と同じく、「道」の普遍性と自然性、およびその「知り易い」そして「従い易い」[*13] 性質を強調している。しかも、異端、拡張という経義に対する彼の解釈は、確かに仁斎の議論を踏まえているのみならず、彼の『論語』解釈も多く仁斎のそれに頼っている。[*14]

しかし、仁斎と異なり、会沢は、「道」によって生まれた「芸」（礼・楽・射・御・書・数）と「儀」（祭祝・賓客・朝廷・喪紀・軍旅・車馬）を重視し、その「教」としての重要性を強調している。[*15] そのため、彼は仁斎の学問について、彼の見た「道」は「平坦に過ぎて、礼楽刑政の運用の妙と陰陽鬼神造化の蘊に至ってはすなわち、その義を未だ得ていない」[*16] と述べている。この観点から見ると、会沢の思想はむしろ徂徠に近い。すなわち、会沢の儒教思想は、儒教の経書を利用し、武家政権のために、統治理論を構築する儒教政治思想と捉えられる。両者は共に武家統治の観点から、古代中国の聖人が発明した礼楽制度を重んじてそれを利用しようとしたからである。

会沢は『書経』をかなり重視している。『書経』「皐陶謨」には「無曠庶官、天工人其代之。天叙有典、勅我五典五惇哉。天秩有礼、自我五礼有庸哉」とある。会沢によれば、「典」と「礼」

＊11　しかし、会沢は宋学の経世論関連の著作を評価している（『下学邇言』巻二、二二ウ）。

＊12　会沢正志斎『下学邇言』巻二、一七オ。

＊13　会沢正志斎『下学邇言』巻一、一ウ。

＊14　高山大毅『近世日本の「礼楽」と「修辞」――荻生徂徠以後の「接人」の制度構想』、一五四―一五九頁。しかし、彼が佛教などの異端を批判した時、仁斎のほかに、欧陽修と『羅氏大経』を引用している（『下学邇言』巻一、六オ）。

＊15　会沢正志斎『下学邇言』巻二、一六ウ。

＊16　原漢文は「然見道過於平坦、至礼楽刑政運用之妙、與陰陽鬼神造化之蘊、則未得其義矣」（『下学邇言』巻二、二二オ）である。

は「天工」で、ただし「人」が天に代わってその仕事をするので、「五典」（親・義・別・序・信）という道徳と、「五礼」（吉・凶・軍・嘉・賓）などの儀礼制度が製作されたのである。*[17] また、既述のように、会沢は「道とは天の建てるところにして、人の由るところである」と捉えている。それゆえ、「道」は自然（「天」）たる「典」「礼」から建てられたもので、制作されて人間社会における規範として運用されている「五典」「五礼」でもある。そこで、会沢解釈の独創性は、宋学のように「性」「理」に訴えて「道」を解釈するのではなく、むしろ聖人の媒介作用、すなわち「天工に代わる」役割を強調したところにある。*[18] つまり、会沢の解釈では、聖人は「天道」を「人道」（五典）に転じた媒介者であり、「五典」が「道」の主要な内容となるだけではなく、「五礼」が「五典」と「表裏」する外在的な儀礼制度となっている。*[19]

　彼は「聖人の道は天地の大道である」と言いながら、*[20] その一方で、「五典」と「五礼」は聖人が民を教化する内容として、「教」（五典の教）とも言っている。*[21] そのため、会沢の理論体系においては、いわゆる「道」には自然根拠があるが、「道」と「教」とは常に一致している。その自然面を強調する時、「道」（聖人の道）と言い、その人為面を強調する時は、それを「教」（聖人の教）と述べている。

　このように見ていくと、徂徠が主として「五礼」を「道」として、聖人を「道」の制作者と実行者と捉えているのに対して、会沢は主として「五典」「五礼」を共に「道」として、

＊17　会沢正志斎『典謨述義』（無窮会文庫所蔵本）巻四、「皋陶謨」を参照。

＊18　会沢は「聖人則天代天工、而模寫天象直為人事、天人一致而與天地同其功」（『読周官』（無窮会文庫所蔵本）巻一、「總論」）と述べている。

＊19　会沢正志斎『下学邇言』巻三、二七ウ。

＊20　会沢正志斎『下学邇言』巻一、六オ。

＊21　会沢正志斎『下学邇言』巻三、二六ウ。

＊22　会沢は「聖人畏命以修其徳報本以致其敬、亮功以奉其天職、皆盡其実也」（『下学邇言』巻一、十オ）と述べている。

＊23　会沢は「欲学聖人之道、当求之聖経、而不宜好新奇」（『下学邇言』巻二、十八オ）と述べている。

聖人も「道」の制作者、実行者と捉えているが、人間社会において「道」の実現を助ける媒介者としての役割を強調している。*22 しかし、右のような差異があるにもかかわらず、会沢は徂徠と同じく、歴史の観点から経書を理解して、古代経書に記述されている歴史から、政治統合の技術と制度としての「聖人之道」を求めている。*23

後期水戸学の経書解釈方法

徂徠と会沢はほかの儒者と同じく、経書に内包された「道」を求めるために、経書を読解しようとしたのである。だが、「道」の中身に対する思想家のそれぞれの理解は異なっている。一般的に言えば、宋学者にとって、「道」はすなわち「理」で、経書解釈はそのまま窮理の行為に繋がり、その目的は己を修めて（成聖）、それから人を治めることにある。それに対して、徂徠と会沢にとって、経書解釈の目的はやはり主として、人を治めることにある。しかも、両者の経書解釈方法には類似するところがある。

既述のように、徂徠の経書解釈方法としての「古文辞学」は、その詩文論から発展してきたものなので、最初から経書にだけではなく、「古文辞」全体を対象として、経書を歴史と文学の資料と捉えた上で、「古文辞」のコンテクストの中で経書を解釈する方法とである。*24 そして、彼が『弁名』を著した目的は、聖人が命じた「名」の意味と製作した「物」の在り方ないしその意図を理解することである。*25 これは実用的な政治思惟に基づき、古代歴史を読

＊24　藍弘岳『漢文圏における荻生徂徠――医学・兵学・儒学』（東京大学出版会、二〇一七年）、第五章を参照。

＊25　荻生徂徠『弁名』序を参照。

＊26　会沢は「論語注家極多以朱注為最、然亦有不得不遡漢儒訓詁以求古義者、有不得不與後儒説相参考者。要当就本文熟読玩味、或與他経相参、以経證経互相発明、以曉聖賢深意所在。而如諸家注解亦当取以粗（疏）通其所不通耳。故今専朱注有疑義、則録之以待識者訂之」（『読論日札』〔無窮会文庫所蔵本〕乾、巻一）と「看経書者、使之先就経文熟読玩味。或一篇中前後相応喚吁者、或於他書中其意義可彼此互相発者、一一指示、又使之自思而得之。融会貫通、有感発興起。然後就伝注質疑義」（『及門規範』〔『幽谷全集』所収本〕、七八四頁）と述べている。

解してから、現実政治の参考として使う経書解釈の態度だと言えよう。まさに、こうした学問態度には、会沢と徂徠との類似点が認められる。

会沢は、朱熹『論語集注』を底本にして『論語』を読んだが、朱注のほかに、漢儒の古注と伊藤仁斎、大田錦城など後代儒者の注釈も参考すべきだと、強調している。[*26] さらに、彼の考えでは、後代の注釈だけに頼って経文を理解すべきではなく、「本文に就き、熟読玩味する」と「経書で経書を実証してお互いに発明する」というような方法が重要である。[*27] こうした会沢の経書解釈方法は基本的に、その師たる藤田幽谷から受け継いだものと言える。例えば、藤田幽谷は「古文が読めないと、古経もまた読めない」[*28]と述べている。このような古文を読む観点と方法論は、徂徠の「古文辞学」に繋がっている。

さらに、『読論日札』には、経書解釈の目的は「聖賢深意」を理解するところにあると、書いてある。[*29] こうした態度は、窮理と字義の考証よりも、古代中国聖王の統治制度と政治思想の解明を重んじる徂徠の態度に通じる。このように、会沢正志斎は徂徠と同じく武家儒者として、経書を歴史書として、古代聖人の政治論から政治運営の知恵を学ぼうとしている。以下、祭祀、宗族、戦争をめぐって、会沢の古代中国史に対する想像と叙述を検討する。

＊27　同右。

＊28　藤田幽谷「與小宮山君」『幽谷先生遺稿』（『幽谷全集』吉田彌平、一九三五年）、二三四頁。

＊29　会沢正志斎『読論日札』乾、巻一を参照。

＊30　会沢は、「堯舜之道在於徽五典、而祖述之、亦惟惇天所叙者而已」（『下学邇言』巻一、二オ）、「堯舜代天工、待周公而発其蘊」（『下学邇言』巻三、二九オ）と述べている。

＊31　会沢正志斎『下学邇言』巻三、二七ウ。

＊32　会沢正志斎『下学邇言』巻三、三七オ。

＊33　会沢は「堯之寅賓、敬致、

第三節　会沢の経学とその古代中国史像（一）——祭祀と宗族

上述のごとく、会沢の解釈によれば、堯と舜は「天工に代わって」、「天叙」を「五典」に転じて民を教化する聖人である。[*30] さらに、堯と舜はそれを踏まえて「五礼」をも製作した。それ以後、夏商周の諸王朝はまたその風俗によって、堯と舜が制作した礼を補充・修正しから利用している。[*31]

さらに、会沢によれば、「唐虞三代」はみな「神を敬って天を畏れる」[*32]ので、特に祭祀の礼を重視している。彼は『書経』「堯典」「舜典」と『周礼』などに依拠しつつ、堯が「寅賓」と「敬致」といった礼を行い、舜も「類」「禋」「望」といった礼、また周公も「営洛」「郊社」といった礼を行っていたことに注目し、堯・舜と周王朝における祭祀儀礼の連続性を主張している。[*33] また、彼の理解では、堯から周王朝の聖王までの核心的な統治思想はまさに「天を奉じて祀りを慎む」ことである。[*34] なお、この点に関しては「周礼」（周王朝の礼）関係の文献に最も多くの史料が残されているため、三代における祭祀の礼に関する彼の議論は周王朝の礼に集中している。[*35]

会沢によれば、『書経』「皋陶謨」にある「五礼」は周王朝になると、『周礼』の「吉・凶・軍・嘉・賓」として解釈された。[*36] 周代の制度では、「五礼」は「宗伯専職」として、[*37]『周礼』「地官司徒」

舜之類、禋、望、偏先於百事、周公営洛、郊社、禋、烝為始為終」（『下学邇言』巻三、三七オ）と述べている。

＊34　会沢正志斎『新論』、三八五頁。

＊35　会沢は「其制之周密、後世立官分職者不能髣髴、非聖人制作、孰能如此乎（『下学邇言』巻五、六十ウ）と述べている。

＊36　会沢正志斎『下学邇言』巻三、二七ウ。

＊37　会沢正志斎『下学邇言』巻三、二八オ。

＊38　原文は「以祀礼教敬則民不苟」「以陽礼教譲則民不争」「以陰礼教親則民不怨」「以楽礼教和則民不乖」「以儀弁等則民不越」「以度教節則民知足」である。

＊39　会沢正志斎『下学邇言』巻三、二八オ。

に言及されている「十二教」の「六教」[*38]と互いに経緯となり、情況によって活用できる。[*39]さらに、彼は、周王朝の制度において、祭祀が重要な位置を占めていることを強調している。会沢の見方では、『周礼』における「吉礼」と『書経』「舜典」に記載された「三礼」とは同じく、みな天神・地祇・人鬼を祭祀する礼として、「本に報い始めに反る」を重んじている。[*40]「本に報い始めに反る」とはまさに、前述の「天を奉じて祀りを慎む」という行為の目的とも言える。

さらに、「天を奉じて祀りを慎む」という行為に関連して、会沢は『中庸』と『論語』の経文[*41]などを根拠にして、周王朝の礼における祭祀儀礼の内容は「上帝に事える」「郊社の礼」と「その祖先を祀る」「宗廟の礼」（禘嘗）に分かれ、それが治国における重要性を指摘したほかに、『易経』の「神道」だとも主張している。[*42]

さらに、会沢は、右のようにお互いに関連する経典を引用して、古代中国聖人が祭祀儀礼を制定した目的における「深意」についての議論を展開している。[*43]この「深意」とは何か。

郊とは天を祭る時、その祖を配祀することである。禘とはその祖の自ら出るところを祭ることである。祖で配祀するのは、万物は天に本づき、人は祖に本づくからである。その祖を尊び、天と自らが出るところに配祀することによって、本に報いて始めに反るのである。その孫は天子に則り、天工に代わって祖徳を脩める。而して民は王者を天子として仰いで、天子を奉戴して敬信して敢えてほかの志がないように専念することになる。

＊40　会沢正志斎は「其事天神地祇人鬼、即伯夷所典之三礼、而天地人之礼莫不備、所以報本反始者莫不至」（『下学邇言』巻三、三七オ）と述べている。

＊41　『中庸』「郊社之礼、所以事上帝也、宗廟之礼、所以祀乎其先也。明乎郊社之礼、禘嘗之義、治国其如示諸掌乎」と、『論語』「或問禘之説。子曰:「不知也。知其説者之於天下也、其如示諸斯乎。指其掌」（「八佾」）とある。

＊42　会沢正志斎『下学邇言』巻三、三七オ。

＊43　会沢は『新論』においてもこのような論理で議論を展開したことがある。この『新論』における論述は、『下学邇言』にも引用されている（巻三を参照）。

＊44　原漢文は「郊者祭天以其祖配之。禘者祭其祖所由出。以祖配之、萬物本於天、人本於祖、

これは治教が成立する理由であり、聖人が礼の制定において最も重んじる所である。[*44]

この引用文は天を祭る「郊祀」という儀礼と、祖先を祭る「禘」という儀礼をめぐる古代中国経書からの引用文に対する会沢の解釈である。[*45]会沢の解釈特徴は漢儒が感生帝という形で『礼記』の「祖の自ら出るところ（祖之所自出）」を理解するのではなく、[*46]また宋儒が「祖の自ら出るところ」を「祖」の「上一代」[*47]としたような理解をもしない。彼は、日本の脈絡において、「祖の自ら出るところ」を「天祖」と捉える一方、「天祖」と「天」との差異を区別せず、しかも「祖の自ら出るところ」という文における「祖」を「太祖」（神武天皇）と捉えている。さらに、重要なのは、会沢は民心を統合する観点から、「郊」と「禘」の目的が「本に報い始めに反る」にあると、主張している。彼はこうした観点から、古代中国の政体は祭政一致かつ治教一致の体制だと捉えている。

次に、同じく三代の政治体制を祭政一致の体制と捉えた徂徠の思想との比較を通して、会沢における思想特色を明らかにしたい。まず、徂徠は、「祖の自ら出るところ」を「天地と功徳を同じくする」「帝」（「五帝」「上帝」、すなわち衣服宮室などを制作した上古聖人たる伏犠、神農、黄帝、顓頊、帝嚳を指している）[*48]と理解している。さらに、徂徠は、「帝」と「天」を区別しつつ、礼楽を製作した聖人の功徳、および民心を統合するという視点から、王朝の祖先への「帝」あるいは「天」の配祀として、こうした祭祀儀礼の意味を捉えている。[*49]

これに対して、会沢は徂徠と同じく、礼楽刑政を創造した功徳という観点から古代聖人を

尊其祖、配於天與所出、以報本反始。而其孫則天子、代天工脩祖徳。而民瞻仰王者為天之子、専心奉戴敬信不敢有他志是治教之所由出聖人制礼所尤重也（『下学邇言』巻三、三八オ）である。

＊45　会沢は「昔者、周公郊祀後稷以配天、宗祀文王於明堂、以配上帝」（『孝経』「聖治」）、「礼、不王不禘。王者禘其祖之所自出以其祖配之」（『礼記』「大伝」）、「萬物本乎天、人本乎祖、此所以配上帝也。郊之祭也、大報本反始也」（『礼記』「郊特牲」）などを利用している。

＊46　原文は「凡大祭曰禘自由也。大祭其先祖所由生謂郊祀天也。王者之先祖、皆感大微五帝之精以生、蒼則霊威仰、赤則赤熛怒、黄則含樞紐、白則白招拒、黒則汁光紀。皆用正歳之正月郊祭之。蓋特尊焉。『孝経』曰：『郊祀后稷以配天、配霊威仰也。宗祀文王於明堂以配上帝、汎配五帝也』」（『礼記注疏』巻三四）である。

評価している。[*50] ただし、会沢は王朝始祖以外の古代聖人を「帝」として捉えていない。また、彼の解釈では、「帝」と「天」の区別は曖昧で、みな「父祖」として、民が畏敬する存在と捉えている。[*51] これは会沢が日本の脈絡において、わざと「天祖」と「天」の関係を曖昧化したことに一致している。別の言い方をすると、会沢は「天祖」を「帝」に等しい存在と理解しているようである。このように、徂徠が「天」と「帝」を区別しているのに対して、会沢は、わざと「天」と「帝」との差異を曖昧化し、「天祖」という概念で経書における「天」と「帝」の意味を捉えようとしている。

さらに、会沢は宗族観念から、堯と舜と夏・商・周という「三代」の始祖は皆同宗の黄帝子孫というように捉えている。[*52] これは徂徠の「三代」像には見られない特色と言える。とはいえ、会沢は中国聖人の宗族系譜という観点から、さらに進めて議論を展開しなかった。その代わりに、彼は日本帝王神話系譜の観点から配祀の問題を説明する。会沢は日本では、「天胤」（皇室子孫）が「太祖」（神武天皇）と「天祖」（天照大神）を合祀する行為は「帝に事えて祖先を祭る」（事帝祭先）」意味を持つ行為だと、強調している。[*53] そこで、前述の「天を奉じて祀りを慎む」は日本の文脈において、「帝に事えて祖先を祭る」に読み替え、天の超越性がなくなった。

また、会沢は、聖人および聖人を補佐する諸臣の功業と、彼らの「宗族」と「宗礼」の創出を関連付け、「宗礼」は功業者の子孫に、その端緒を忘れさせないために製作されたもの

＊47　原文は「如周之始祖后稷為嚳、故朱熹釈曰：「若禘、又祭其祖之所自出、如祭后稷、又推后稷上一代祭之、周人禘嚳是也」（『朱子語類』巻第二五、「論語七　八佾篇　禘自既灌而往者章」）である。

＊48　荻生徂徠は、「夫古者祭祖配之天、則祖宗與天一矣。是天子興大事、其所受命、唯天與先聖已。……是君子所畏、亦唯天與先聖已。是雖異代聖人、尊崇之若是其至也」（『弁名』聖三、二一八頁）、「禘爲大祭故特言之歟、禘所以享帝也。『祭義』曰：唯聖人爲能享帝、此其所以特言禘歟」（『論語徴』乙、一一六頁）、「所謂祀其始祖配諸所自出之帝者、即五帝、即上帝也」（『弁名』天命帝鬼神八、二三七頁）と、述べている。

＊49　＊48同書。

＊50　会沢正志斎は「聖人與天

だと、主張している。*54 このように、彼は古代中国の封建体制における「宗族」の存在と「宗礼」を重視している。会沢は、宋儒と同じく、非常に三代の宗族の祭祀儀礼を重視しているが、郡県体制において、宗礼の精神を吸収して、士大夫主導の社会を改造しようとした宋儒の考えとは異なり、自分が同じく三代のような封建体制に生きていることを強調し、君と諸臣の「宗礼」が持つ、民を導く政治効果に注目している。*55 会沢はこうした観点から、周公が「洛邑」を造った時に、祖先たる后稷と文王を祀る目的と、祖先祭祀の礼を制作した目的は、祖先の「功徳」を記念することにあったと捉えている。*56 また、彼の考えでは、こうした儀礼によって「親親の恩」（忠孝道徳）が表現されて「人心を維持する」手段として使われ、周王朝の政権を長く持続させていたのである。*57

　これまで見てきた会沢の議論は基本的に、『礼記』「祭法」と『尚書』「周書・洛誥」に対する会沢の解釈と言える。*58 これと関連して、会沢は古代中国の政治は祭祀を重視するだけではなく、祭祀される対象はみな功業を持つ人物だということを認識している。*59 こうした会沢の見方では、祭祀者は閉鎖的な宗族体系（日本神話体系）に封じ込められているので、祭祀過程で表現される忠孝行為によって民が自然に感化されるべきである。これは祭祀対象たる「天」を「理」に等しいものと捉えた宋学と異なるだけではなく、祭祀対象としての「天」の超越性と「帝」の開放性（ほかの王朝始祖に配祀できること）を強調する徂徠学とも異なっている。

地合徳同功……聖人治天下、天覆地載、以範圍之。礼楽刑政、以曲成之」（「作洛論　上」『正志斎文稿』国書刊行会、二〇〇二年、六八頁）と述べている。

＊51　会沢は「天也帝也、民所尊奉畏敬、而使一世皆仰其父祖為天為帝。嚴之至也」（「作洛論　中」『正志斎文稿』、七〇頁）と述べている。

＊52　会沢は堯舜禹がみな「黄帝の孫」で「稷契亦與堯同宗、與舜禹比肩同事於堯之朝」（『下学邇言』巻一、三頁）と、述べている。

＊53　会沢は「太祖即如所謂祖者、而　天祖、即所由出也。而自　天祖以至今日、天胤継承無異一身、太祖在天、日嗣御宇以同事於　天祖而所謂郊社禘嘗所以事帝祭先之義兼存無遺」（『下学邇言』巻三、三八オ）と述べている。空白は原文に依拠、以下同様。

右のように、会沢は、古代中国の政体における祭祀と宗族が密接な関係を持つことを発見した。また、宗族において、忠孝道徳の実践を通してある種の理想的な道徳感情の共同体が形成できるのではないかと、彼は考えた。

第四節　会沢の経学とその古代中国史像（二）――祭祀と戦争、農耕生活

会沢は徂徠と同じく、経書の歴史的理解を通して「三代」を捉えようとした。そのため、両者が捉えた「三代」像は祭政一致の体制だけではなく、ある種の兵農一致の体制と封建体制をも特色としている。

まず、徂徠の考えによれば、古代中国では、政治共同体が戦争の危機に臨んだ際、その政治決定を根拠づけるために、「宗廟」、「学校」などで「礼」を行い、「天」と「鬼神」に敬意を表した。[*60] だから、会沢にも称賛された『鈐録』において、徂徠は、「国之大事、在祀與戎」（『左伝』「成公十三年」）、「受成於学」（『礼記』「王制篇」）というような『周礼』、『左伝』、『礼記』など経書の記述を引用して、「三代」（なかでも周朝）の政治体制における学校と祭祀制度は、兵農一致の封建制度に関係するものだと、論じている。こうした政治体制では、平時は無事であるが、戦争になると、平時の「六卿」がそのまま「六軍の大将」（『周礼』「夏官司馬」）になるべきである。[*61] すなわち、平時の官職体制は簡単に戦時体制に転じられる。しかも、

＊54　会沢正志斎「作洛論　下」『正志斎文稿』、七四頁。

＊55　会沢は「礼有五宗之法。大宗率小宗、小宗率群弟、長其和睦、通其有無、疾病相扶、患難相恤、以統族人、同祭其祖於宗子之家、以致其孝敬。念祖修徳之心、油然而生……其相親相睦、不斯然而然焉。於是民和楽歓欣、自愛其身而不敢為非。如此者政令之所不及、而礼治之有餘矣（「作洛論　下」『正志斎文稿』、七四頁）と述べている。

＊56　会沢は「周公作洛、亦於其作新更張之日、而祀於天地、因而郊后稷宗文王、又因而定宗礼以長親親之恩、化民成俗、能推其所為。而功徳所曁、維持人心、至於八百年之久。盛哉」（「作洛論　下」『正志斎文稿』、七五頁）と述べている。

＊57　同右。

＊58　原文は『礼記』「祭法」：「夫

軍事制度は根本的に土地制度に基づく。平時であれ戦時であれ、祭祀は重要な意味を持っている。だから、徂徠はこうした古代中国の政体に対する認識を踏まえ、『政談』に見られる土着論などの政治改革論を展開したのである。

しかし、会沢から見れば、徂徠の土着論はその「利」だけを見てその「弊」を察しなかったことになっている。[*62] 会沢によれば、過去日本における土着の弊害は、驕傲横暴の武士が現れて秩序を破壊しただけでなく、彼らが日々農民と一緒に生活している故に、「武士の風節を知らざる」ことになっている。[*63] こうした状況に対し、会沢は、日本の現実は「封建の世」になっている以上、日本中世における土着政策の弊を修正するために、土着政策を適切に改変すべきだと、主張している。[*64]

とはいえ、会沢の認識は、上に述べた徂徠のものと近いところがある。会沢によれば、「三代」の封建体制は長く続けられていた全民皆兵的な戦争準備の体制と言える。そして、こうした生活では、戦時の軍隊生活と平時の狩りと農耕生活においては、祭祀が重要な意味を持つと認識されている。[*65] さらに、彼は『周礼』に依拠して、周王朝の「士」は平時は官であるが、戦時になると「士」になり、また「民」も平時は農業に務めるが、戦時になると士兵になると認識して、それが兵農一致かつ文武一致の体制だと、主張している。[*66] また、彼は、藤田幽谷の考えに従い、三代の「封建之制」が日本の「当今之法」に「暗合」しているとする。[*67] それだけでなく、彼はこうした考えを踏まえ、「漢土儒家」が「郡県の世」において「封建の跡」

聖王之制祭祀也、法施於民則祀之、以死勤事則祀之、以労定国則祀之、能禦大菑則祀之、能捍大患則祀之」、及び『尚書』「周書・洛誥」：「王肇稱殷礼、祀于新邑、咸秩無文、予斉百工、伻従王于周。予惟曰：庶有事。今王即命曰：記功。宗以功、作元祀」である。

*59　会沢は、「其法施於民、以死勤事、以労定国、禦大菑大患則祭之。即周公記功宗以功為元祀者。……古者重祭祀如此者也」（『下学邇言』巻三、三八ウ）と述べている。

*60　徂徠は「王者受命於天與祖宗、祀祖宗配之天、一之也。故国有大事謀諸鬼神、謂祖宗之鬼神也」（『論語徴』〔『荻生徂徠全集』所収バージョン〕丙、二一〇頁）と述べている。

*61　荻生徂徠『鈐録』、二一七頁。

を論じている故に、「その実を失った」という批判をも加えている。[*68]

このように、徂徠と会沢の考えでは、徳川日本の政体は封建制度である故に、郡県制度の同時代の「漢土」と比べると、よりよく古代中国(三代)の制度を理解して応用できるのである。しかし、この徂徠と会沢との主張には、一つの重要な差異が認められる。それは、二人は共に、祭祀が戦争といった「大事」が起こった際、民心を教化する機能を強調しているが、徂徠が為政者の「仁」、政治謀略の観点から、祭祀儀礼が持つ政治効果を主張しているのに対し、会沢が古代中国の体制における「宗族」の役割に注目して、「孝」の観点から、祭祀儀礼が持つ政治的意味を主張している。

第五節　結論に代えて——「仁孝一本」から「忠孝一致」へ

実際、会沢はかなり『孝経』を重視しており、日本皇室が特に『孝経』を重んじることを指摘したこともある。[*70] 会沢の『孝経』に対する理解は藤田幽谷から受け継いだ可能性は高い。そして、幽谷が『孝経』を重んじることは徂徠学派の太宰春台に関わっている。というのも、春台が『古文孝経』を再発見したことによって、江戸時代において『孝経』に関する研究が飛躍的に盛んになったのである。[*71]

藤田幽谷は、春台が表彰した『古文孝経孔氏伝』に対して全く疑念を持たなかったわけで

＊62　会沢正志斎『下学邇言』巻六、八一オ。

＊63　会沢正志斎『下学邇言』巻六、八一ウ。

＊64　会沢正志斎『下学邇言』巻六、八一ウ。

＊65　会沢は「凡軍旅田獵巡守等、皆莫不以祭祀為先、因民之所敬、以一其志、固其心、其深意之所在。蓋本舜巡守先類禋望徧之義」(『下学邇言』巻四、五十一オ)と述べている。

＊66　会沢は、「卿大夫入相出将、上中下士入官出兵、六郷之民在家則農、出則卒、入官則為府吏胥徒、亦随才役使、内政軍令相合為一文武兵農未嘗分為二」(『下学邇言』巻六、八十オ)と述べている。

＊67　会沢正志斎『下学邇言』巻六、八一オ。

はないが、「その疑うべきところを疑い、その信じるべきところを信じる」態度をとり、『孝経』は先王が「天下の道を化する」ことを論じるために著したものだと確信していたようである。[*72] 藤田によれば、『孝経』は確かに古書である。その根拠の一つは、『孝経』が章ごとに必ず「詩書」を引用して結びとしたことはまさに「晩周伝記の一体」なのである。[*73] 会沢によれば、幽谷は、『孝経』には「愛敬」の重要性が説かれていると主張し、また、ほかの古典籍を参考して「仁孝一本」の思想を主張した。[*74] そのため、会沢もこうした思想を受け継いだ。[*75]

つまり、会沢と藤田幽谷は「孝」を「道」を行う根本として「仁孝一本」を主張している。こうした解釈では、「孝」と「仁」との間には質的な差がなく、ただ量的な差がある。これに対して、徂徠の解釈においては、「仁」が君子の徳であるのに対して、「孝」は人々が体得できる基礎道徳であるために、「仁」と「孝」には質的な差がある。よって、徂徠は「仁」ないし「陰謀即仁道」という政治謀略の観点から、祭祀によって民心を統合する意味を強調するのに対して、会沢は政治謀略のほかに、「孝」の観点から、祭祀に現れた「本に報いで始めに反る」の意味を強調している。これはまさに「仁孝一本」という思想の特色と言える。

さらに、会沢はこうした思想から「忠孝一致」の思想を展開している。というのは、「仁」と「孝」といった道徳はみな「愛敬」感情に還元できるから、「忠」は君に対する臣が愛敬する感情と解釈できる。したがって、「忠」と「孝」は一致しているので、宗族内部の父祖に対する「孝」の感情は直接に君に対する父祖（臣）の「忠」の感情に繋がり、また、君も「孝」

＊68　会沢正志斎『下学邇言』巻六、八一オ。

＊69　藍弘岳『漢文圏における荻生徂徠——医学・兵学・儒学』、第六章を参照。

＊70　会沢は「天皇　皇太子始読書、則必先以孝経、令天下家蔵孝経、其所以成教之意深矣」（『下学邇言』巻二、二一ウ）と述べている。

＊71　藤田幽谷「読古文孝経孔氏伝」、三一九頁。

＊72　藤田幽谷「読古文孝経孔氏伝」、三一九頁。

＊73　藤田幽谷『幽谷随筆』、五二一—五二二頁。

＊74　幽谷は「可見道者仁義而已。仁義之本則出於孝、孝者盡其愛敬而已」と述べている。それに、会沢は「如能推其愛而及物、推其敬而裁度以制為宜、是

で天地祖宗の祭祀を執り行い、そこに現れた「仁」の精神で民を統合することができる。[*76]

このように、忠孝の実践によって、君を中心とした道徳感情の共同体に諸臣と民を結束させて外来危機に対応できる。これはまさに、会沢が発見した古代中国に存在していた道徳感情の共同体であった。彼はまた、こうした中国古代史に対する認識を踏まえ、古代日本史を想像しているのではないか。ただし、紙幅の制約があるため、この問題はまた別稿に譲る。

為仁義」(『下学邇言』巻一、十オ)と述べている。

＊75　例えば、会沢は「聖門所以為道者、在於孝弟仁義而已」(『下学邇言』巻一、十ウ)、「可見忠恕仁孝其本則一、而所指各異耳」(同上、一一ウ)と述べている。

＊76　会沢正志斎『迪彝篇』(岩波文庫、一九三一年)、二七八頁。

第三章　漢学・儒学・仏教
――幕末明治期の真宗僧を例として

川邉雄大

第一節　はじめに

日本では、仏典は漢文で書かれていることもあり、僧侶にとって漢学は仏学と並んで必須の学問であった。

なかでも、幕末期の真宗僧達は、宗門の学寮・学林で仏教学や真宗学を学んだだけでなく、廣瀬淡窓[*1]が豊後日田に設立した漢学塾である咸宜園（図1）や、淡窓の弟である廣瀬旭荘[*2]が大坂に開いた漢学塾（大坂咸宜園）、さらには咸宜園の門下生が主宰した漢学塾で学んだ人物が多く、のち明治期に本山改革や海外布教などで活躍した。

しかも、真宗は他宗とは異なり、妻子を持つことが許されていたので、宗門や僧侶たちは自坊を実子に継承させるため、幼少の頃から子弟の教育に力を入れてきたものと思われる。これは妻子を持つことを許されていなかった他宗では見られないことであり、真宗子弟の教育について検討する場合、留意すべき事項の一つであると考える。

＊1　廣瀬淡窓（一七八二―一八五六）は、豊後・日田の豪商・博多屋に廣瀬三郎右衛門（桃秋）の長男に生まれた。諱は建、通称は寅之助のちに求馬、字は廉卿・子基、淡窓と号した。別号は青渓などがある。

＊2　廣瀬旭荘（一八〇七―一八六三）は、廣瀬三郎右衛門の八男として生まれ、兄に淡窓・久兵衛らがいる。名は謙、通称は謙吉、字は吉甫、号は秋村のち旭荘・梅墩。子に廣瀬林外がいる。

図1　咸宜園図（善教寺蔵、小栗憲一画、明治16年〈1883〉1月）

従来、真宗僧による仏教学・真宗学の研究・教学、あるいはそのための教育機関であった高倉学寮（東本願寺）・学林（西本願寺）や、明治期に設置された宗門学校（教校）などに関する研究はあるものの、真宗僧の主要学問の一つである漢学について、いかなる教育が行われ、学生にいかに受容されていたかという点について言及した研究はほとんどないのが実情である。

本稿では、東本願寺（真宗大谷派）を中心に、幕末明治期に遡って真宗僧と漢学の関わりと、その変遷について検討する。あわせて明治以後、東京帝国大学文科大学における真宗寺院出身者（教師・学生）が果たした意義について、【資料①】北方心泉「備忘録」（本稿末尾に記載。明治三四・五年頃、石川県金沢市・常福寺蔵）や、【資料②】小栗憲一「日記」（本稿末尾に記載。明治四〇年、大分県佐伯市・善教寺蔵）などの資料を用いて検討する。

第二節　幕末維新期の真宗僧と漢学

まず、咸宜園と真宗僧との関係について述べていきたい。

廣瀬淡窓は文化二年（一八〇五）春、豊後日田・長福寺（東本願寺）の学寮を借りて教育活動を開始した。同年八月には、町内の町家を借りて成章舎と改称した。文化四年（一八〇七）にはさらに移転して桂林園と改称し、文化一四年（一八一七）に咸宜園と称した。天保元年（一八三〇）四九歳の時に、弟の廣瀬旭荘に経営を譲るが、天保七年（一八三六）に旭荘が堺さらには大坂に移ったので再び経営にあたる。咸宜園はその後、廣瀬青村[*3]・廣瀬林外[*4]に引き継がれ、明治三〇年（一八九七）に廃止されるまで約九〇年間存続した。梅原徹[*5]によると、塾生は全国から集まり、実に四六一七人にのぼり、「近世最大規模の私塾」であった。

咸宜園独自の教育体系としては、入門者の年齢・学歴・身分を剝奪し平等に扱う「三奪法」や、毎月の勉学に成績によって等級を定める「月旦表（評）」（一九の等級に分類）などがあった[*6]。また、藩校や昌平黌とは異なり、他藩や農民・町人に対しても門戸を開放しているが、注目すべき点は僧侶が多いことである。

井上義巳[*7]によると、淡窓時代五〇年・青村時代七年・林外時代一〇年を通じて、入門者の合計を四一一二人としているが、うち僧侶は一三九三名（三三・八％）と指摘している。さらに入門簿からは宗派まではわからないものの、真宗勢力の強い地域（長門・周防・安芸・摂津・美濃など）からの入門者が多いことを指摘し、僧侶の三分の二は真宗、その残りの半分を浄土宗、そして禅宗が続くと述べている。

参考として主な国別の出身者を引用し、括弧内には僧侶の数と僧侶が占める割合を掲げる。

＊3　廣瀬青村（一八一九―一八八四）は、豊前の矢野徳四郎の四男に生まれた。名は範、通称は範治、名は範、字は世叔、号は青村（青邨）。咸宜園に入門し、のちに都講となり、さらに淡窓の養子となった。維新後は、岩手県のち修史局に出仕、その後は私塾「東宜園」を開いたほか、東京華族学校教授（のち学習院）・宮内省文学御用掛をつとめた。

＊4　廣瀬林外（一八三六―一八七四）は、旭荘の長子。のち淡窓の養子となる。淡窓歿後、青村に代わって咸宜園を継承した。維新後、上京して修史局に勤務した。

＊5　『近世私塾の研究』（思文閣出版、一九八三年）。

＊6　清浦奎吾は、晩年（大正期）に録音したレコード（廣瀬資料館蔵）の中で、咸宜園について以下のように述べている。

入門者の多い地域

豊後　一一二七人　（三三三人、二八・七％）
筑後　五七〇人　（二〇九人、三六・七％）
豊前　五五三人　（一八七人、三三・八％）
肥前　四二六人　（一一八人、二七・七％）
肥後　一九六人　（七二人、三六・七％）
筑前　二六六人　（五四人、二〇・三％）

真宗の強い地域

長門　一五三人　（四七人、三〇・七二％）
周防　七四人　（三二人、四三・二四％）
安芸　九五人　（三二人、三三・六八％）
摂津　四九人　（三一人、六三・二七％）
美濃　三四人　（三一人、九一・一八％）
近江　三三人　（一七人、五一・五二％）
三河　二三人　（一六人、六九・五七％）

私は慶応元年の六月、即ち十六歳のとき初めて郷里を離れ、豊後の国日田の広瀬淡窓先生の創立せられました咸宜園の塾に入学致しました。

　淡窓先生の教育の方法は、経学文章その他種々の科目により研究せしめ、而してその学力を試み、汝南の俗に月旦評ありと云うことに倣いまして及落を定め、人格養成に勉め、上級生には学問の外に各々その器に応じて夫々職務を行わしめ、学問実務ならび進む方法を設けられてありました。その詳細は『淡窓全集』に載っておりますが、時間の制限がありますから、ここには省きます。

　淡窓先生一代の門人は三千人と申しております。そのうち最も卓越した人物は長州の村田惣太郎、後の大村益次郎、因州の松田道之、豊後の島惟精、同じく長三洲、同じく中島子玉等であります。私が入門いたしました頃は、淡窓先生は既に物故せられまして、広瀬孝之助、即ち

尾張　一四人　（一一人、七八・五七％）
加賀　九人　（三人、三〇％）

地域性から推測するに、安芸・防長などは西本願寺、美濃・近江・三河・尾張などは東本願寺の僧侶が多かったと考えられる。特に東本願寺の勢力の強い中部地方は、僧侶の割合が五〇％を超え、中でも美濃は入門者合計三四人中、僧侶は三一人であり、実に九一・一八％を占め、東本願寺の僧侶が相当数を占めていたことは間違いない。

さて、浄土宗徒である淡窓が主宰する咸宜園に、なぜ真宗僧が多数学ぶようになったかについては、淡窓が受けた教育によるところが大きい。

淡窓は、はじめ父の三郎右衛門に『孝経』の素読を受けた。その後、父の依頼により東本願寺の日田・長福寺の住職・法幢から『詩経』の素読を学んだほか、法幢の父・宝月や、法幢の弟・法海（肥後八代・光徳寺）、竹田村（現日田市東町）広円寺の法蘭[*8]からも指導を受けている。このように淡窓は東本願寺の僧侶から学問を習う機会が多く、最初に私塾を開いた場所も東本願寺の長福寺であった[*9]。日田の長福寺および広円寺は、九州における東本願寺の学問的役割を果たしていた寺院であり、淡窓はそこで学ぶことによって真宗と接点を持つようになった。

これまでに、梅原徹は咸宜園における防長の西本願寺僧の人脈による入塾方法について[*10]、

林外先生時代でありました。塾の規律は随分厳粛であったが、併し一方には英気を養うためとて寛容な所もありました。晩食後点灯頃までは散歩も許され、また塾内において朗々と詩を吟ずることなどが最も盛んでありました。この吟じ方は流暢淡雅、一種の宜園調と当時世人は評しましたけれども、世間の吟調とあまり変わったところはないように思います。

咸宜園の旧門生にして今日生存しておる者は蓋し私ぐらいのものでありましょう。この頃日田郡の教育会は咸宜園詩吟調の絶えなんことを虞れまして、私にレコード吹き込みを依頼せられた。

私は既に八三歳で発音も十分でありません。早く云えば顔と同様に声にもまた皺がよったと云うもの、しかし咸宜園詩吟調を後の世に残すということは誠に喜ぶべきことでありますから、皺声にて笑いの種となるを厭わず、書生時代常に口に致し

溝田直己は旭荘塾（堺咸宜園）における東本願寺僧による人脈を通じた入塾について詳述しているが、[*11] 咸宜園においても東本願寺僧による同様の入塾方法が存在していたに違いない。

幕末維新期に、本山内や破邪僧・布教僧として活躍した東本願寺の僧侶の中には、小栗栖香頂・小栗憲一などの咸宜園出身者が多数いたほか、松本白華と同じく大坂の旭荘塾や、咸宜園出身の劉石舟について学び、維新後は本山寺務所改正係の一員となった白川慈孝のように、咸宜園系統の教育を受けた者が目立つのも、以上述べた背景によるのである。

幕末期に咸宜園で学び、のちに上海別院輪番となった渡辺蘭谷の漢詩集『遠明堂詩鈔』[*12] には、当時の咸宜園[*13] あるいは大坂の旭荘塾で、廣瀬林外や廣瀬青村をはじめ、柴秋村、劉士新（秋月新太郎）、松田道之、深水成章、吉田清徹（文輔）、児島長年、横井忠直のほか、成島柳北との交流をうたった詩が収録されており、真宗僧の咸宜園における交流や、柳北と東本願寺との関わりの一端がうかがえる。

また、東本願寺における咸宜園の影響として維新後には、本来破邪顕正の機関であった護法場の教育内容が咸宜園風に変化するまでになった。南條文雄は、明治三年（一八七〇）当時の護法場について以下のように述べている。[*14]

> 得度した私は、即日護法場に入つた。名前は同じ護法場だが、私が高倉学寮に通つた時とはまるで内容が変つてゐた。当時は破邪顕正のための護法場といふことから耶蘇教の漢訳聖書までも研究した程だが、この時は寧ろ漢学の道場になつてゐた。寮長（場長と

ましたところの淡窓先生の詩、二三詩を吟じます（以下略）

このほか、篠田鉱造「明治の咸宜園祭」（『明治文化』第一四巻第一一号、一九四一年）は、最晩年の清浦から聞いた咸宜園の様子を記録する。

＊7　『廣瀬淡窓』（吉川弘文館、一九八七年）。

＊8　法蘭（一七二八—一七九四）。字は曇茂、号は銭塘、日田の人。肥前の徂徠学を修めた僧大潮の弟子となり、のち江戸に遊学して服部南郭の門に入る。

＊9　その後、淡窓は福岡の亀井南冥・昭陽親子に学んでいる。

＊10　『近世私塾の研究』（＊5に掲出）。

＊11　「廣瀬旭荘の堺開塾について—堺開塾に至る経緯と門下生のネットワークについて」（川邉雄大主編『浄土真宗と近代日

は云はずにかう呼んだ）の伏成といふ人は廣瀬淡窓の門人で、豊後日田の咸宜園を出て来た人であつた。当時は宜園流の詩とか淡窓調の詩吟法[*15]とかいつて大変持て囃されたもので、宜園は詩の最高学府であり淡窓は詩宗の雄であつた。そんなわけから、寮長の伏成師が淡窓の家風を取り入れて来たので護法場の規矩はすつかり宜園風に変つてゐた。先づ、詩を作るには題を課された所で線香を一本点け、それのとぼり終へぬうちに一詩を作ることや、論孟諳記などいふことはみな宜園風の規矩である。論孟諳記では孟子の有名な『養浩然之気』の一章をやつたことがあるが、これは聞く方がみんな本を持つてゐて講者だけが講本なしで講釈するのである。護法場では論語孟子、蒙求の三書を諳記講釈すれば社長にするといふ定めであつた。（中略）宜園の規則をその儘移した護法場の新規には、輪読といふこともあつた。これは主として四書と五経が選ばれて、それを学生が輪次朗読するのである。そして読違ひをする度に一失、二失と勘定して、夫が重なると席順を落とされるのであつた。線香一本で作る詩の方もそれと同じで、寮長の甲乙をつけたその点数で席順が上下するのであつた。（以下略）

幕末維新期に活躍した主な真宗僧は以下の通りである。[*16]

東本願寺

釈徳令（筑後八女・光善寺、修文館を主宰）・平野五岳（豊後日田・専念寺）・唐川即定（咸

本―東アジア・布教・漢学』、勉誠出版、二〇一六年）。

＊12　明治二四年（一八九一）刊。本書には、任釣渓・鄭香山・孫靄人・蔣文虎・鄭之驤らの序文を収録するほか、陳曼寿、孫靄人、蔣文虎、廣瀬青村、横井継祖、吉田織城の評語を掲載する。

渡辺徹鑒（一八四〇―一九〇七）は、三河国碧海郡桜井村法行寺に生まれ、一九歳で咸宜園に入門し六年間学ぶ。二七歳で浄照寺に入り、第一六世住職となる。明治一二年（一八七九）、上海別院輪番。

＊13　「将辞宜園留別先生及同僚諸君」。

＊14　南條文雄『懐旧録』（大雄閣、一九二七年）。

＊15　清浦奎吾が晩年に録音したレコード（＊6に掲出）によると、咸宜園内では詩吟が盛んで、宜園調と当時は評されてい

宜園塾主、真宗大学教授）・小栗栖香頂（豊後戸次・妙正寺、中国布教）・小栗憲一（同寺、真宗中学校長・のち善教寺住職、琉球・朝鮮布教、香頂の弟）・関信三（三河一色・安休寺、猶龍のち安藤劉太郎、白華とともに洋行）・雲英晃耀（同寺、高倉学寮擬講、関信三の兄）・渡辺徹鑑（三河若林・浄照寺、上海別院輪番）・伏成（伊豆三島・成真寺、護法場寮長）・奥村圓心（肥前唐津・高徳寺、朝鮮・千島布教）、田原法水（豊後大野・常満寺、琉球布教）、武宮現真（肥前・真光寺・琉球布教に尽力）・松本白華（大坂旭荘塾、海外視察・中国布教）。

西本願寺

月性（周防大島、妙円寺、勤王僧、咸宜園客席生）・良厳（越前・唯宝寺、のち石丸八郎、教部省十一等出仕兼中講義）・赤松連城（周防徳山・徳応寺、維新後渡欧）・普寂（肥後鹿本・明照寺、のち清浦奎吾、第二三代内閣総理大臣）。

さて、幕末期の日本仏教とくに東西両本願寺にとって重要事項の一つがキリスト教対策であった。東西両本願寺の排耶活動は他宗と比べて活発であり、長崎など各地の開港地に諜者を派遣したほか、キリスト教に反駁する排耶書が書かれたが、香港・上海などで印刷された漢訳聖書・漢訳洋書および排耶書が参考にされた。

慶応四年（一八六八）に設置された「護法場」では、漢訳聖書・漢訳洋書を用いてキリスト教、

たが、世間の吟調とあまり変わったところはないように思う旨を述べている。

＊16　このほか、幕末維新期に活躍した人物に、長三洲（文部大丞、侍読）、村田惣太郎（のち大村益次郎、兵部大輔）、松田道之（琉球処分官、東京府知事）、島惟精（岩手・茨城県令）、中島子玉（漢学者）、秋月橘門（葛飾県令）、秋月新太郎（橘門の子、貴族院議員）、石井南橋（明治日報社主）、廣瀬林外（咸宜園長、正院記録局）、上野彦馬（写真家）、横田国臣（検事総長・大審院長）、朝吹英二（実業家）、中村元雄（内務次官・貴族院議員）、帆足杏雨（画家）、河村豊洲（海軍軍医総監）、勝屋明浜（最後の咸宜園講師）、米倉一平（米穀界の重鎮）、横井忠直（陸軍参謀本部編纂課課僚・陸軍大学校教授・好太王碑研究）、亀谷省軒（大坂旭荘塾出身、儒者、修史局記録局長）などがいる。

図２　田原法水写真（真光寺蔵、裏面に「吾友・田原法水之真像・琉球国開教使」とあり）

とくに新教（プロテスタント）の研究が行われていただけでなく、「論語」の講義も行われていた。[*17]

一方、本山の教育機関である高倉学寮においても、仏学・真宗学の他に漢学の講義が行われている。

当時、咸宜園や高倉学寮のほかにも、地方学寮・私塾などで学んだ僧侶も多かった。

以下、参考として幕末期に生まれ育った主な僧侶の出身地・学歴・師弟関係・事蹟を掲げる（原坦山以外は全員東本願寺）。

○原坦山（一八一九—一八九二）：磐城出身（曹洞宗、のち破門）・東大講師
　神林清助（江戸）→昌平黌（内山清蔵）→多紀安叔（楽真院法院、医学）

○小栗栖香頂（一八三一—一八八二）：豊後出身・北海道・中国布教・宗名恢復（一向宗→浄土真宗）
　帆足杏雨→高倉学寮→臼杵藩校→咸宜園

○松本白華（一八三八—一九二六）：加賀出身・中国布教
　江戸遊学・得度→京坂（宮原節庵・海原謙三・劉三郎・広瀬旭荘塾）→高倉学寮→玉川吟社・

＊17　南條文雄『懐旧録』（＊14に掲出）。

香草吟社（東京）

○田原法水（一八四三―一九二七）：豊後出身・琉球布教（図2）

矢田希一塾（長梅外）→咸宜園（広瀬林外）→細川千巖・小栗栖香頂（大分小教学院）

○南條文雄（一八四九―一九二七）：美濃出身・サンスクリット研究

菱田海鷗（書）→僧兵→高倉学寮（護法場）→英国留学（牛津大学）

○北方心泉（一八五〇―一九〇五）：加賀出身・中国布教・書家

高倉学寮→遙及社（松本白華）→慎憲塾[18]（石川舜台、陽明学）→教師教校（浅草）

○井上圓了（一八五八―一九一九）：越後出身・哲学館・京北中学校創設者・「妖怪博士」

石黒忠悳塾（長岡）→長岡洋学校→教師教校→豫備門→東大

○白瀬矗（一八六一―一九四六）：出羽出身・陸軍中尉・千島探検・南極探検

佐々木節斎塾（国学者）→小教校（山形）→教師教校（浅草）→陸軍教導団（騎兵）

○清沢満之（一八六三―一九〇三）：尾張出身・宗門改革・大谷中学・大学長

渡辺圭一郎塾→第五義校（学制発布（一八七二）により愛知県第廿三番小学校と改称）→名古屋外国語学校（のち英語学校）→愛知県医学校（名古屋西別院）→育英教校（のち上等普通教校・上等教校と改称）→豫備門→東大

＊18　鹿野久恒『傑僧石川舜台言行録』（仏教文化協会、一九五一年）、九〇頁。「塾は左右二組に分れて、金沢及び其の附近の青年僧、越中からついて来た弟子等凡そ五十名餘の学生が居り、講義は宗乗（真宗学）餘乗（一般仏教学）漢学（陽明学）及び漢詩を作ること及び基督教々義の批判を行ひ講義には（老師）一人で教へ授けたのである。それで笠原研寿が左塾長（この時笠原は十七歳であつたと云ふ）谷了然が右塾長で、塾を開いて呉れと云つたものは若い者ばかりぢや。北方心泉と金浦神皡、今から考へても、根気よくつづけたものぢや」

同書によると、同塾では須弥山暦なる暦を印刷している。

第三節　明治維新後の東本願寺

明治維新後、東本願寺は以下のような改革を行った。

一、本山改革
二、海外宗教事情視察
三、翻訳局開設（洋書の翻訳）
四、留学生の英国派遣（サンスクリット習得）
五、海外布教の開始（琉球・上海・北京・釜山）
六、教育制度の改革

まず、本山改革では、寺務所を設置し、従来は坊官（寺侍）が行っていた宗務を僧侶が直接執行するようになった。

次に海外宗教事情視察では、明治五年（一八七二）、大谷光瑩（現如）・松本白華・石川舜台・関信三・成島柳北（幕臣）が、欧洲で東洋学者のロニーなどと接する中で、サンスクリット学をはじめとした東洋学の発達を実際に目にした。

明治六年（一八七三）に一行は帰国し、[19] 東本願寺は本山内に翻訳局（局長：成島柳北）を開設し、サンスクリット・キリスト教文献などの翻訳を開始した。従来、日本仏教は漢訳聖書・

＊19　関信三は、その後も英国に残留し勉学を続け、帰国後は幼稚園の設立に尽力した。

＊20　当時、翻訳局で翻訳を行

漢訳洋書などの漢文文献によって仏教をはじめサンスクリット・キリスト教等の知識を得ていたが、この翻訳局の設置により漢文を介さず欧文から直接、これらの知識を受容しようとしたことは大きな転換点であった。[*20]

その後、明治九年（一八七六）に笠原研寿・南條文雄をロンドンのオックスフォード大学に留学させ、マックス・ミューラーのもとでサンスクリットを学ばせた。

一方、明治六年（一八七三）に小栗栖香頂が北京に派遣された。その結果、中国仏教だけでなく当時清朝の庇護を受けていたチベット仏教（ラマ教）にも関心を持つようになり、明治三〇年代に東本願寺は寺本婉雅・能海寛をチベット探検に派遣する。

海外布教も開始され、琉球[*21]（明治九年）・上海（同）・北京（明治一〇年）・釜山（明治一一年）に別院が設置された。各別院内に語学学校（上海・江蘇教校〈南京語・上海語〉、北京教校〈北京語〉・直隷教校、釜山・韓語学舎〈朝鮮語〉）も設置され、日本から派遣された留学生が現地語を習得した。その後、中国布教は規模が縮小されるものの、中国語教育は大阪・難波別院内に設置された教師教校支那語科で行われ、卒業生の松林孝純・松ヶ枝賢哲はそれぞれ蘇州と杭州に派遣され、現地語を習得した。

そして、この時期に東本願寺では、教育制度の改革も行われた。

明治六年（一八七三）、高倉学寮と護法場は貫練場と改称され、明治八年（一八七五）には新たに教師教校・育英教校、大教校・中教校・小教校が設置された。そして、後述するよう

ったとされる書籍は次の通りである。

『英国学士』維爾遜著・日本成島柳北訳述。

『聖蘇区律文典』

『散斯克単語篇』（木版二冊、明治九年刊）。

『散斯克小文典』（木版三冊、明治一〇年刊）。

『散斯克字典』（現存木版三冊）。

『榜葛利文典』（稿本二冊）。

『利夔薜陀』（稿本）。

『佛陀史』（稿本）。

『波斯経』（稿本八冊）。

『古印度史』（稿本八冊）。

『耶蘇伝』（稿本二冊）。

『羅馬加特力教沿革』（稿本）。

『耶蘇教諸派沿革史』（稿本）。

『耶蘇教諸派大意集』（稿本）。

『莫爾門史』（稿本）。

＊21　琉球では布教活動は田原法水らによって秘密裡に進められたが、真宗は禁教となっていたので、明治一〇年（一八七七）には門徒が捕縛される法難事件が発生した。

に、本山は内地留学生という制度のもと、宗門および門徒の子弟を、東京の一高・帝大に入学させることとなる。

一方で、幕末期に尊王佐幕の政治闘争の中で幕府側についていた東本願寺は、維新後は明治新政府との関係を構築することが急務となった。咸宜園門下の松本白華や小栗憲一の努力により、三条実美や江藤新平との関係を築くことに成功したが、両者とも「明治六年の政変」（征韓論争）によって下野した。その後、大久保利通との関係を構築したものの、暗殺によって再び頓挫した。

そして、咸宜園出身者の相次ぐ死により、咸宜園の人脈も途絶えることとなる。

第四節　真宗出身者の東京留学

幕末期、漢学塾・学寮などで学んでいた僧侶は、明治以降は新たに設置された宗門学校や、公立学校において学ぶこととなった。維新後、宗門内に新たに設置された教師教校で学んだ井上圓了は、真宗出身者としてはじめて大学豫備門・東京大学に進学・卒業している。

なかでも、育英教校は各地の真宗寺院などから優秀な子弟を集めた学校で、主な卒業生に稲葉昌丸・徳永（のち清沢）満之（当時在家）らがいる。彼らは内地留学生として上京し、大学豫備門（のち一高）・東京帝国大学に進学している。

だが、宗務の長が石川舜台から渥美契縁に交替したため、東京留学や海外布教などは縮小・中止を余儀なくされ、かわりに元治元年（一八六四）に禁門の変（蛤御門の変）により焼失した本堂再建が優先事項とされた。

明治二〇年（一八八七）、清沢満之は東大を卒業し、一高や哲学館で教鞭を執っていたが、翌明治二一年（一八八八）に京都尋常中学校長となった。同中学は従来、京都府立であったが経営難のため東本願寺に譲渡されたものであった。明治二二年（一八八九）、清沢によって東京留学生が再開された。当時、同中学生徒で東京留学生として一高に進学した人物に、藤岡勝二・清川圓誠・月見覚了・近角常観・春日圓城・伊藤賢道・高橋慶憧・秦千代丸が、三高（京都）に進学した人物に吉田賢龍がいる。当時、大谷教校（東京・浅草）で学んでいた常盤大定も、この制度で一高へ進学しており、彼等の多くはその後、帝大へと進学した。

前述のように、南條文雄以前の世代は学寮・漢学塾で学んでいるが、井上圓了や清沢満之らは学寮・漢学塾と近代教育の両方を受けた過渡期の世代であり、これ以降は近代教育を受けた世代となっている。

なお、清沢の後任校長に東京大学で学んだ稲葉昌丸が就任しているが、第三代校長に東大時代に清沢と同室で後輩であった沢柳政太郎（のち文部次官・東北帝大総長・京都帝大総長）が就任した。

【資料①】北方心泉「備忘録」（本稿末尾に掲載）に見られるように、この東京留学制度に

図３　彰化学堂写真（真光寺蔵、明治 33 年〈1900〉年 11 月 3 日義民祠内撮影）
前から２列目中央が堂長の武宮環。

より明治二〇年代後期以降、一高・東京帝大に入学する真宗寺院の子弟が増加した。[*22]

東京では明治一七年（一八八四）に、井上圓了によって「哲学会」が結成されたほか、明治二五年（一八九二）一月に一高・東京帝大や哲学館などの学生により東都諸学校仏教青年連合会（のちの全日本仏教青年会）が結成され、夏期講習会が開催されており、多くの宗門出身の学生が参加している。

明治二八年（一八九五）、清沢満之・稲葉昌丸・今川覚神・清川圓誠・月見覚了・井上豊忠の若手僧侶六名が教界時言（白川党）を

＊22　【資料①】からもわかるとおり、多くの学生は宗門の費用によって進学したものと思われる。

結成し、『教界時言』を刊行して本山の改革を提唱したが、彼らの多くは東京帝大の卒業生（選科を含む）であった。これに当時真宗大学生であった多田鼎・佐々木月樵・暁烏敏[*23]らが加わったほか、帝大や哲学館などで教鞭を執っていた村上専精・南條文雄・井上圓了らがこれを支持し、翌明治二九年（一八九六）に宗務の長であった執事の渥美契縁を辞職に追い込んだ。

また、明治三二年（一八九九）には清沢満之によって浩々洞が、明治三五年（一九〇二）には近角常観によって求道学舎が創設され、宗門出身学生が参加した。

このほか、日清戦争後に東本願寺が本格的に再開した中国布教に参加する者もあった。杭州日文学堂長となった伊藤賢道（明治三一年、帝大文科大学漢学科卒）や、彰化学堂長となった武宮環（明治三〇年、文科大学博言学科卒〈選科か〉）などはその一例である（図3）。

第五節　帝大における真宗出身者

明治三四・三五年（一九〇一・〇二）頃に書かれたと思われる【資料①】北方心泉「備忘録」を見ると、東京帝大に学んだ宗門出身者の特徴として、文科大学に在籍した者が多く、中でも哲学科・漢学科に比較的集中していることがあげられる。

次に、【資料②】小栗憲一「日記」（明治四〇年〈一九〇七〉）中に見られる新聞記事切抜（本稿末尾に掲載）を見てみると、明治四〇年当時、すでに哲学科内に印度哲学専修（明治四〇年

＊23　暁烏敏（一八七七―一九五四）、石川の人。東本願寺と石川県が出資・設立した共立尋常中学（金沢）を中退、のち大谷尋常中学（京都）に編入。真宗大学を卒業後、東本願寺留学生として東京外国語学校露語別科に入学するが、中退している。のち宗務総長。蔵書は金沢大学図書館暁烏文庫に所蔵する。

一期生卒業）・倫理学専修（明治三八年一期生卒業）・宗教学専修（同）が設置されているため、同学科内の哲学及哲学史や支那哲学専修（旧漢学科）よりも、むしろこれらの専修で学ぶ学生が増加している。

つまり、【資料①】北方心泉「備忘録」が書かれた明治三〇年代初頭は、文科大学内に印度哲学科・宗教学科等が設置されておらず、そのため、彼らは哲学科・漢学科に所属し、梵語・印度哲学・東洋哲学・宗教学などの講義や講座を通じて宗教学・仏教学を学んでいたのである。

なお、上記以外の東西本願寺出身の東京帝大文科大学の卒業生に、島地雷夢（哲学科、明治三六年卒、西）、梅上尊融（文学科・言語学専修、明治三七年卒、西）、大谷勝真（支那史学、明治四一年卒、のち学習院・京城帝大教授、東）などがいる。

このほか、真宗以外では臨済宗出身の鈴木大拙が明治二八年（一八九五）に、文科大学哲学科（選科）を卒業している。

しかも、学生だけでなく、井上圓了・南條文雄・常盤大定・村上専精・吉谷覚寿（以上、東本願寺）、高楠順次郎・島地大等（以上、西本願寺）、姉崎正治（真宗仏光寺派絵所の子）[*24]、長井真琴（真宗高田派）のように東京帝大の教員になった者もおり[*25]、真宗関係者が文科大学のインド哲学など特定の分野において教員・学生のかなりの数を占めていたものと思われる。

彼らは、「帝大派」と呼ばれ、宗教法案反対運動（明治三二年〈一八九九〉）などでは積極

＊24　姉崎が東京で学ぶにあたって、真宗仏光寺派による金銭面をはじめとする様々な支援があったものと考えられる。

＊25　曹洞宗からは、木村泰賢・宇井伯寿が東京帝大の教員となっている。

図4　京都帝国大学第1回印度宗教学会卒業生送別写真（高徳寺蔵、明治42年〈1909〉5月29日撮影）。前列左から奥村円洵、薗田宗恵、松本文三郎、瀧浦文彌、羽渓了諦、石原諦秀。後列左から小野徹昭、原直乗、赤松智城、藤井黙恵、平島円琳、青木鷲山。

的に活動するなど、宗門にも影響力を持った。

明治三九年（一九〇六）には京都帝国大学に文科大学が、大正一一年（一九二二）には東北帝国大学（仙台）に法文学部が設置され、ここでも奥村円洵（奥村円心の子）をはじめ真宗寺院出身の学生が哲学・印度哲学を学んでいるほか、薗田宗恵のように教員となる人物がいた（図4）。

一方、宗門の教育機関である貫練場は、貫練教校（明治一二年）・真宗大学寮（明治一五年）と改称され、明治二九年（一八九六）にはこれに替わって真宗大学および真宗高倉大学寮が設置された。明治三四年（一九〇一）年、真宗大学は東京巣鴨に移転・開校したが、初代学監（学長）に清沢満之、第二代に南條文雄、第三代に佐々木月樵、第四代に村上専精、第五代に稲葉昌丸と、いずれも白川党をはじめとした本山の改革運動に従事した人物であるだけでなく、佐々木以外は東京帝大出身者あるいは教師だった人物である。

なお、真宗大学は明治三七年（一九〇四）に専門学校令により認可され、明治四四年（一九一一）には同校と高倉大学寮を合併して真宗大谷大学と改称、大正二年（一九一三）に京都・上賀茂小山へ移転、大正一一年（一九二二）に大谷大学として大学令による設立を認可されている。

このほか、井上圓了が創設した哲学館（のち東洋大学）でも多くの真宗寺院出身者が学んでおり、チベット探検に派遣された能海寛や、田中善立（代議士）や安藤正純（鳩山内閣文相）のように代議士・閣僚を輩出している。[*26]

第六節　おわりに

以上見てきたように、近世おける真宗僧の教育（仏教学・漢学など）は、本山の学寮や私塾などで行われていた。とくに、幕末期に咸宜園で学んだ真宗僧は多く、その後宗門内で積極的に活動した。

維新後は学寮に替わって新たに設置された学校で子弟の教育が行われるようになった。また、新門主らの海外視察を契機として、サンスクリット研究にも関心が持たれるように

＊26　明治二三年（一八九〇）の第一回選挙では、金尾稜厳（西本願寺、広島、衆議院）が還俗して代議士に当選しているが、石川舜台（東本願寺）・林道永（黄檗宗）は落選している。その後、東本願寺では田中善立・安藤正純が代議士に当選している。

なり、南條文雄らを留学させサンスクリットを習得させた。

一方、宗門の優秀な者は東京（内地）留学生として大学豫備門（のち一高）・東大（帝大）に進学した。東大（帝大）における仏教関係の教育・研究は、欧米式の学問によって行われることとなったが、担当教員の多くは仏教者であった。

帝大へ進学した者の多くは文科大学に在籍し、明治二〇年代から三〇年代前期にかけてはとくに哲学科・漢学科といった学科に在籍していたが、のちに文科大学内に印度哲学科・倫理学科・宗教学科が開設されると、この方面に在籍する者が増加し、宗教学・仏教学（含インド哲学）を学んだ。

つまり、宗教学科・印度哲学科が開設されサンスクリットやチベット語・パーリ語などを用いた研究が行われる以前においては、漢学科は哲学科とともに宗教学とくに仏教学を研究するにあたって有効な学科であると見なされ、そこに在籍し関連する講義を聴講していたのであった。

そして、明治期における真宗寺院出身の東京帝大卒業生および教員は「帝大派」と呼ばれ、本山の改革運動（白川党・浩々洞）にも主導的な役割を果たしたほか、海外布教にも従事した。さらに東京帝国大学をはじめとする帝国大学の教員、あるいは宗門大学の教員となり、日本の宗教学・仏教学・インド学をはじめとする各分野の研究に従事した。このほか、中学・高校の教員となるものも多く、政界・実業界で活躍した卒業生もいたのである。

また、井上圓了によって設立された哲学館などに進学する真宗出身者も多数おり、のちに京都帝大・東北帝大が設立されると、そこで宗教学（含印哲・梵文）を学ぶ者もいたのである。

【資料①】

北方心泉「備忘録」（明治三四・五年頃、常福寺蔵）※印は筆者註

南條文雄」（越前）梵学　○私費生 ×帝大外　※英国留学、東京帝大文科大学梵語学嘱託講師、哲学館
　講師、大谷大学長

井上圓了」（越後）哲々　十八年卒業　※哲学、政治学、理財学、和漢文学科卒　教師教校、
　豫備門、哲学館創設者

清沢満之（三河）哲々　廿年々　※育英教校、豫備門、京都尋常中学校長、白川党、真宗
　大学初代学監

今川覚神（カ、）物理　廿年々　※豫備門、白川党、済々黌教師

×井上豊忠（羽前）政治　廿六年々（？）※白川党

×村上専精（三河）宗餘乗　？　※哲学館講師、東京帝大初代印哲教授、大谷大学長

稲葉昌丸（大阪）動物　廿二年々　※育英教校、豫備門、白川党、真宗中学・大谷大学長、
　第七・十一代寺務総長（一九一四〜一五、一九二〇）

柳祐信」（越前）哲々　廿一年□　※清沢・稲葉とともに上京

清川円誠（越後）哲々　二十七年卒　※一高、白川党、選科か？
月見覚了（近江）歴史　廿八年々　※一高白川党、選科か？
藤岡勝二」（京ト）博言　卅年卒　※京都尋中、東京帝大教授（アルタイ語系言語研究）
吉田賢龍（カ、）哲　卅年卒　※京都尋常中、三高、広島文理科大学初代学長
○金　義鑑（尾）哲　同
○武宮　環（肥前）博　同　※長崎・真光寺、選科か？彰化学堂長、父親の現真は咸宜園出身
近角常観（江）同　卅一年卒　※京都尋中、一高、宗教家
伊藤賢道」（イセ）漢文同　※京都尋中、一高、漢学科卒（首席）、杭州日文学堂長、『台湾日々新報』漢文欄編輯長、台湾総督府官房調査課、台北帝国大学図書館
七里辰次郎」（尾）国史　同　※仏教史家
常盤大定（陸前）哲□　同　※大谷教校（浅草）、一高、帝大教授（印哲）、中国仏教遺跡調査
旭野恵憲（江）漢文　々
春日円城（？）史学　卅二年々　※第十二代寺務総長（一九二七〜二九）
秦敏之（和泉）同　同　※首席卒業、シンガーミシン裁縫学院創始者
石川成円（三河）地質　同　※首席卒業、小川琢治の一級先輩
高橋慶憧（江）英文　同

虎石恵実（□□）　？　同　※哲学科卒　新潟出身、函館高等女学校長
○今川一（カ、）　化学　同
○富士沢信隆」（カ、）　哲　々
○丸山環（江）　？　卅三年卒　※八高教授、第三代六高校長
和田鼎（三河）　史学　同　※東洋女学校教頭
佐々木宗要（大阪）　哲　同　※京都府立医大英語学初代教授
村上龍英（三河）　漢文　卅四年々　※五高漢文教師
鳥居賢順（カ、）　政治　〃
南浮智成（江）　政治　卅三年々　※彦根高商教官、私立東華高女第六代校長
永井濤江（羽前）　哲　卅四年、
西派学士（※西本願寺）
藤井宣正　埼玉尋常（哲）　二十四年卒　※新潟、文学寮教頭、埼玉県第一尋常中学校長、
大谷探険隊員、客死。島崎藤村『椰子の葉蔭』のモデル。妻瑞枝は藤村『破
戒』のモデルとなった真宗寺院蓮華寺の長女。その妹つるえは「故郷」
作詞者・高野辰之の妻
薗田宗恵　文学寮　（〃）　廿五年、　※大谷探険隊員、北米布教、京大非常勤講師（宗教学）
龍口了信　広業尋中（国史）廿七年、　※広島　高輪中学創立者、衆議院議員

山内晋（※晋卿）鹿児嶋尋中（漢文）※島根、京都帝大教員（漢文）、三高教授、九州帝大専任講師、勧学

廣田一乗　東京私立（哲）廿九年、※新発田中学第二代校長、比較宗教学会創設メンバー

佐竹観海　同（同）三十年、※東京

野々村直太郎　同（同）同　※鳥取、京都帝大教員（倫理・論理・心理学）、龍谷大教授（のち辞任、僧籍剥奪）

酒生慧眼　※明治三一年・国史学科卒　福井出身　東京高輪大学長、大阪商業学校長

※参考

榊亮三郎（大阪）明治二八年・博言学科　西本願寺文学寮教師　三高・京都帝大（梵語学・梵文学）教授

姉崎正治（京都）明治二九年・哲学科　真宗仏光寺派絵師の子、文科大学宗教講座開設

真岡湛海（三重）明治三二年・哲学科　真宗高田派

島地雷夢（山口）明治三六年・哲学科　二高卒、島地黙雷（西）の子、のちクリスチャン、西本願寺

梅上尊融（大阪）明治三七年・文学科　茶人、大谷尊由の弟、本願寺派執行長　西本願寺

大谷勝真（京都）明治四一年・支那史学　東本願寺第二一世法主大谷光勝（厳如）の孫、大谷勝尊の子、学習院・京城帝大教授
宇野圓空（京都）明治四三年・哲学科（宗教学専修）
亀谷凌雲（富山）明治四五年・哲学科（宗教学専修）　小樽中学・富山中学教師　東本願寺（のちクリスチャン）
八淵呉龍（熊本）大正九年・印度哲学科　西本願寺
南條文英（福井）大正九年・東洋史学科　成蹊高校教師　東本願寺
花山信勝（石川）大正一〇年・印度哲学科　四高卒、東大教授、巣鴨プリズン教誨使　西本願寺

【資料②】

小栗憲一「日記」（明治四〇年、善教寺蔵。新聞切抜）

◎僧侶の帝国大学卒業生

僧侶出身にして、本年（※明治四〇年（一九〇七））東京帝国大学を卒業したる人々は、英吉利法律科・豊水道雲（真宗、広島）（※大審院第一民事部長、鳩山一郎と同期）、独逸法律科・□岡応晋（真宗、愛知）、哲学史科・金仙宗諄（不明、愛知）、支那哲学科・相馬種丸（真宗、大分）（※浄雲寺、長崎中学教諭）、朝倉暁端（真宗、福井）（※第二十八代本願

寺派執行長（一九四三〜四六）、印度哲学科、長井真琴（高田派、福井）（※印哲、帝大講師、東洋大教授）、独文科、日野香水（真宗、山形）、倫理学科、今沢滋海（不明、愛媛）（※真言宗、日比谷図書館頭、図書館協会会長、図書館員教習所教員、成田中学校長、成田図書館長）、若槻道隆（真宗、長野）（※台湾総督府内務局文教課視学官、同図書館代理館長、台南工高（現成功大）校長）、生姜塚慶量（真宗、新潟）、五島法眼（不明、山口）、観山覚道（真宗、広島）（※崇徳中学初代校長）、大峡秀栄（不明、山形）（※宮崎中学教頭）、佐々木義宜（不明、東京）（※慶応大学教授）、佐藤鉞巌（真宗、愛知）、宗教学、鈴木宗忠（不明、愛知）（※東北帝大教授・宗教哲学）、早船慧雲（不明、埼玉）（※新潟医科大学）、林光宜（真宗、福井）、国史科、長沼賢海（真宗、新潟）（※東京府立一中教諭、広島高師教授、九州帝大教授）の十九氏にして、中にも今沢、長沼の両氏は何れも首席を以て卒業せられたり。

【資料③】

東京帝国大学仏教関係年表

明治一〇年（一八七七）　東京大学・文学部設立。

明治一二年（一八七九）　原坦山（曹洞宗）、和漢文学科講師となり仏教典籍の講義を担当（〜明治二一年（一八八八））。印度哲学開講の濫觴）。

明治一四年（一八八一）　和文学科漢文学科に印度哲学・支那哲学を追加。

明治一五年（一八八二）哲学科に東洋哲学〈印度哲学〈※吉谷覚寿・東〉及支那哲学〈井上哲次郎〉〉科目増設。

明治一八年（一八八五）南條文雄、講師として梵語を講義（～二四年。梵語学開講の濫觴）。

明治一九年（一八八六）帝国大学令。文学部→文科大学
明治二三年（一八九〇）村上専精（東）、印度哲学講師。

明治二四年（一八九一）井上哲次郎、「比較宗教及東洋哲学」講義を担当（～三一年）。

明治二五年（一八九二）東都諸学校仏教青年連合会
明治二六年（一八九三）帝国大学令中改正勅令。講座制実施。印哲・梵学は講座なし。

明治三〇年（一八九七）帝国大学を東京帝国大学と改称。

明治三一年（一八九八）姉崎正治、「宗教学」講義。

明治三二年（一八九九）清沢満之、浩々洞設立。

明治三四年（一九〇一）梵語学講座設置、高楠順次郎担任。

明治三五年（一九〇二）近角常観、求道学者設立。

明治三七年（一九〇四）文科大学学科規則改正、文・史・哲の三学科へ。印度哲学科設置、高楠順次郎が印度哲学史を開講。

明治三八年（一九〇五）宗教学講座設置、姉崎正治担任。

明治四〇年（一九〇七）印度哲学科、第一回卒業生。

大正六年　（一九一七）印度哲学講座設置、初代教授に村上専精。

大正七年（一九一八）大学令。三学科→一九学科。
大正八年（一九一九）帝国大学令。文科大学→文学部。梵文学科設置（昭和七年、印哲と合併）
大正十年（一九二一）印度哲学講座増設、第一講座（村上専精）・第二講座（木村泰賢）
大正一二年（一九二三）印度哲学科、第一講座（木村）・第二講座（常盤大定）。（大正一五年（一九二六）、第三講座（島地大等））

【附記】本稿は、拙稿「幕末明治期の真宗僧と漢学―咸宜園から東京帝国大学へ―」（拙編『浄土真宗と近代日本―東アジア・布教・漢学』〈勉誠出版、二〇一六年〉所収）を加筆・訂正したものである。

【謝辞】本校執筆にあたって、本誓寺前住職故松本梶丸氏・常福寺前住職北方匡氏・善教寺住職桑門超氏・高徳寺住職奥村豊氏・真光寺住職武宮至高氏には、資料の閲覧・撮影などに御高配を賜りました。厚く御礼申し上げます。

【参考文献】
東京帝国大学編『東京帝国大学卒業生氏名録』（一九二六年）
東京帝国大学編『東京帝国大学五十年史』上冊（東京帝国大学、一九三二年）

東京帝国大学編『東京帝国大学学術大観』総説・文学部（東京帝国大学、一九四二年）
吉田久一著『清沢満之』（吉川弘文館、一九六一年）
圓地與四松『昭和四十年度　会員名簿』（向陵駒場同窓会、一九六五年）
常光浩然著『明治の仏教者』上下（春秋社、一九六八・六九年）
江上波夫編『東洋学の系譜』第一・二集（大修館書店、一九九一・九二年）
新田義之著『ミネルヴァ日本評伝選　澤柳政太郎―随時随所楽マザルナシ―』（ミネルヴァ書房、二〇〇六年）
川邉雄大著『東本願寺中国布教の研究』（研文出版、二〇一三年）
江島尚俊・三浦周・松野智章編『近代日本の大学と宗教』（法藏館、二〇一四年）
川邉雄大編『浄土真宗と近代日本―東アジア・布教・漢学』（勉誠出版、二〇一六年）

第四章　中村正直――儒者の基督教及び西欧思想の受容

野村純代

第一節　啓蒙思想家中村正直

中村敬輔《けいすけ》、諱《いみな》は正直《まさなお》。号は敬宇《けいう》、無思散人、無思陳人、無所争斎など。徳川幕府の官学たる昌平黌《しょうへいこう》最末期の御儒者《おじゅしゃ》でありながら、幕末にイギリスに留学。帰国後、サミュエル・スマイルズ「セルフ・ヘルプ（自助論）」を『西国立志編《さいごくりっしへん》』と題して翻訳・出版。福沢諭吉『学問のすゝめ』と並んで「明治の二大啓蒙書」と称されるベストセラーとなった。「明六社」の一員であり、明治に入ってキリスト教の洗礼を受ける。明治四年（一八七一）、解禁前に天皇にキリスト教への改宗を勧めた「擬泰西人上書」を発表したり、漢訳聖書、漢文布教書『天道遡原』などに訓点を施すなど、当時のキリスト教布教に影響を与えた。ジョン・スチュアート・ミル『オン・リバティ』を『自由之理』として翻訳、自由民権運動の思想背景に影響を与えたとも言われる。ここでは、漢学から出発して後、洋学者、啓蒙思想家、教育者として活躍した正直の洋学思想受容、およびキリスト教への接近と儒教との融合の試みについ

中村正直先生眞影

中村正直肖像　国立国会図書館蔵

て見ていきたい。

生い立ちと世相

天保三年（一八三二）生まれ。幼児より神童の誉れ高く、元農民で、株を買って士族となった、教育熱心な両親のもと漢学にはげんだ。三歳で句読・書法を習い始め、一〇歳で昌平黌の素読吟味を受け学業勉励の廉を称され、白銀三枚を賞賜された。一五歳で井部《いべ》香山《こうざん》の漢学塾に入り、一八歳で昌平黌の寄宿舎に入る。その後、二四歳で教授となり、三一歳という異例の若さで昌平黌の儒者という最高位についた。

正直が多感な年齢であった幕末には外国船の来港が相次ぎ、日本の開国を迫っていた。嘉永六年（一八五三）、正直二二歳の年に黒船が来航した。そうした社会情勢は、彼の学問姿勢にも影響を与えたであろう。しかし、幕藩体制のもと、二〇〇年以上の長きにわたり鎖国していたこの時期、洋学を学ぶことは一部の洋学者にのみ許されており、洋書を読むことは国禁であった。[*1]

しかし、正直は井部香山の漢学塾にいた時、師に代わって蘭方医桂川《かつらがわ》甫《ほ》周《しゅう》の娘に経学を

＊1　石井研堂『自助的人物典型　中村正直伝』（東京成功雑誌社、一九〇七年）三〇頁に「幕府の譯官、或は蘭醫の外は、蕃書を読むこと國禁たり。世人亦、異端を以て目し、之を嫌忌すること甚し。此時にありて、先生奮然之を讀まんとす。其の事の難き、今日の想像の及ぶ所に非ず。果たして、事遂に師香山氏の覺る所となり、痛く呵責せられしといふ。」とある。

教えに行ったことがきっかけで蘭学に興味を持つ。時代の要請を背景に強い探究心を持った正直が、両親を説得して洋書を読み始めたのは一六歳の時であった。その後、昌平黌に入学して漢学に精励しつつも洋書を読み続け、人から怪しまれ叱責されてもやめなかったという。佐久間象山《さくましょうざん》とも親交があった正直は、開国論者として命を狙われることもあったが、恐喝に屈することなく洋学を学び続けた。*2

ペリーが来航した二二歳の時、正直は十箇条の誓詞を書き残している。その六条目に、「蘭書の業、半途にして廃すべからざる事。*3」とあり、嘉永癸丑（一八五三）八月一七日夜五時、書名の後に血判を押している。蘭学だけでなく独学で英語を学び、文久二年以後、彼の下に入門してきた箕作奎吾《みつくりけいご》（蘭方医箕作元甫の孫、英国留学団の一人）に発音の仕方などを学んだ。

留学前の洋学観

自筆稿本『敬宇文稿』に、留学前の正直の洋学に対する姿勢を窺うことのできるものがある。ひとつは安政元年（一八五四）に書かれた「振学政策《しんがくせいさく》」（「甲寅文稿」所収）、正直二三歳の時の文である。序文と六つの政策からなり、「二ニ曰ク　洋学之禁宜シク除クベシ」がある。その中で、『史記』に匈奴伝あり、『漢書』に西域伝《さいいきでん》のあるように、古《いにしえ》より西洋の事跡は正史にも記載され知られていたものである。しかるに今の儒生は外蕃《がいばん》を侮って洋書を読もうとしない。けれども当今、外国の形勢情状は日々動いている。洋学の禁を解くべきである、とい

＊2　＊1同書、第一一章「開国説の主張」三六頁。
＊3　＊1同書、一九頁。

う。原漢文。*4

もうひとつは、安政五年（一八五九）に書かれた「洋学論」である（『文稿』「雑文」所収）。まず、冒頭で「洋学者、吾道之所不能外也、（洋学は、我々の学びの道にとって外すことのできないものである）」といい、また「洋学雖出於夷狄、独不可比技芸之末乎（洋学は夷狄《いてき》から出たものだからといって、ただ技芸の末のみにとどまるものではない）」とし、天文、地理、算数、器械、航海、医術の六者を漢土と比べて得失を論じる。西洋人の技芸を取り入れることを厭う必要はない。西洋人が崇奉するキリスト教も、その淵源は西洋ではないのである、という。当時の思潮の特徴とされる採長補短説、佐久間象山《さくましょうざん》のいわゆる「東洋道徳、西洋芸術」と軌を一にする部分が認められる。この言葉には、儒学に内包される「中華」意識が感じられ、これが西欧の学術を学ぶ際の障害となり、儒者が時代から取り残される要因になっていくことは、後に正直も「漢学不可廃論」で書き残している。そうした状況に対する危機感の現れが「振学政策」であり、イギリス留学団に加わることであった。

自ら志願して英国留学へ

慶応二年（一八六六）、正直は幕府がイギリスに派遣した留学団の取締として加わった。大久保利謙《おおくぼとしあき》氏は「ところで敬宇は聖堂御儒者であり、すでに三十五歳であった。学問・年齢といい、また儒者の元締であるのに、洋学書生の取締として洋行するとは当時のことゝてい

＊4　「中村敬宇の初期洋学思想と『西国立志編』の訳述及び刊行について―若干の新資料の紹介とその検討―」（大久保利謙歴史著作集5『幕末維新の洋学』、吉川弘文館、一九八六年）所収。

かにも奇異あった」と述べ、中村家の仏壇から発見された新資料として「留学奉願候存寄書付」を紹介し、正直が英国留学に同行することができたのは、自ら願い出たからであることを示した。[*5] 以下、大略を示す。

一、「通天地人、謂之儒」と往古から伝えるように、中国・日本の学を心得るのは当然の事ながら、それ以外の外国の政事風俗、言語などについても知っておくべきは儒者の職分の内であると考える。今日に到っては日耳曼《ゲルマン》、法蘭西《フランス》、英吉利《イギリス》、花旗《アメリカ》などの文物隆盛学術日進の国が既にこの国と和親通商することとなり公使も置かれ日本に住む外国人も輻輳する時運になった上は、御儒者の中に二人は右諸国の政治や学術を心得る者がいてもよいのではないかと考える。

一、新井白石『采覧異言《さいらんいげん》』の跋に、「外国人と応接する際通訳に任せてしまうのはよくない」と言っているのは至極名言と考える。他にも中国の林則徐《りんそくじょ》の例を『海国図志《かいこくずし》』から引く。外交上も翻訳は極めて緊要の事であり、和漢の学に通達した者でなくては外国の学問を修めても正確妥当な翻訳は成し難いことである。

一、西洋開化の国においては、すべての学問を二つに分けている。一つは性霊の学、つまり形而上の学。もう一つは物質の学、つまり形而下の学である。文法の学、論理の学、人倫の学、政事の学、律法の学、詩詞楽律絵画雕像の芸などは性霊の学であり、万物窮理の学、工匠機械の学、精煉点化の学、天文地理の学、本草薬性の学、稼穡《かしょく》樹芸の学

＊5　＊4同論文、二二八頁。

は物質の学である。これまでに我が国で学ばれているのは専ら物質の学のみで、性霊の学を十分に心得ている者はいないようだが、西洋の国において重要なものとして学ばれているものであるから、我が国でもこれを知るものがなくては差し支えがある。性霊の学を学ぶ事は御国益にもなるのである。これを学ぶのは、年少の者ではなく、儒学を学んだ者でなくては是非善悪を熟察し邪正利弊を深究することは成し難いことと考える。私（正直）がこの留学団に選ばれたなら、及ばずながらこれ等の学問を講究したいと考えお願い申し上げる次第である。

留学中

こうして英国留学を果たした正直は、幼時からそうしていた如く、寝食を忘れる勢いで勉強し、寄寓先のロイド氏に体調を心配・忠告されていた。石井研堂《いしいけんどう》『中村正直伝』によれば、「時に、先生は年三十六、留學生は、皆十臺位《じゅうだいくらい》の少年（中略）、されば、英書を習ふに、撥音其の他、先生よりも、少年の方、善く早く覺え込むを常とせり。併し教師常に、『中村は、覺えることは遅いが、一旦覺えたことは、決して忘れない。他の少年たちは、覺えるも早いが、忘れるも亦早い』と、先生の成跡《せいせき》を賞」した。[*6] また、留学中に英国で得たものについて、同書は「先生の留学は僅《わずか》に短時日に過ぎざりしも、日夕目覩耳聞する所のものは、人皆眞神《しんじん》を敬信して、時勢自裁の信念堅きに在り、人皆人類の天職として其職業に勉め、職業を為すを俗事と卑め

＊6　＊1同書、五七頁。

ざるに在り。（中略）これ等、邦人の善風美俗は、即ち邦家の隆昌なる大原因なるを看取するや、由來東洋的なりし先生の思想は、忽ちこの西歐思想の長所を攝取《せっしゅ》して調和融溶、模範的紳士の素を成形せしや勿論なり。」と言っている。*7 留学期間は五年の予定であったが、明治維新により幕府が倒れたため資金が尽き、一年半で慌てて帰国の途についた。明治元年六月横浜港から江戸に行き、その後徳川亀之助に従って静岡に移った。

第二節　『西国立志編』の訳述・刊行

英国から帰国するとき、友人フリーランドから贈られた一冊の本がある。サミュエル・スマイルズ『セルフ・ヘルプ』である。その第一篇冒頭に「天はみずから助くるものを助く」（Heaven helps those who help themselves.）ということわざを載せ、「みずから助く」の精神をもって近代社会の発展を担い、世に功を顕《あらわ》した人びとの行状を載せている。当時、イギリスのみならず、オランダ、フランス、ドイツ、デンマークなど多くの国で翻訳されて広く読まれた。正直は繰り返しこれを読んで大いに感じ入り、帰国後間もなく翻訳に取りかかった。大久保一翁の助力などを得て明治四年に『西国立志編』と題して刊行され、『明治の聖書』と呼ばれる大ベストセラーとなる。

その「第一篇序」において言う「余この書を訳す。客過《よ》ぎりて問う者あり。曰く、子何ぞ

＊7　＊1同書、六〇頁。

兵書を訳さざる、と。（中略）…西国の強きは兵によるというか。これ大いに然らず。それ西国の強きは、人民篤《あつ》く天道《てんどう》を信ずるによる。人民に自主の権あるによる。…スマイルズ曰く、国の強弱は、人民の品行に関わる、と。また曰く、真実良善は、品行の本たり、と。」後に、正直は『西洋品行論』も訳出している。

また、「自助論　原序」に、「この書、すでに『セルフ・ヘルプ』（みずから助く）と名づけて、世に行われたれば、今また改むることをなさず。しかれども、一言を述べて、読者の誤解を防がざるを得ず。いかにとなれば、もし人ただ表題によりて、セルフィッシュネス（みずから私《わたくし》するの意*8）と混淆し、みずから私《わたくし》することを賛美するの書なり、と思うときは、作者の意とまさに相背反《あいはいはん》することとなり。けだし作者、主として少年の人に、みずから勤《つと》めて当然の志業を做《な》し、勤労を惜《お》しまず、辛苦《しんく》を厭《いと》わず、淡薄《たんぱく》をもってみずから奉じ（あるいは清廉《せいれん》の節を守ると訳す）、ついにその志業を成就し、自己の功労に倚仗《いじょう》してこの世に自立し、ひとえに他人の扶助恩顧《ふじょおんこ》に倚頼《いらい》すべからざることを勧《すす》めんがために、この書を作るといえども（中略）…そのみずから助くるの職分を尽くすの中に、他人を助くるの意は、おのずから包含《ほうがん》すること明らかなり。」という。

また、「緒論」において正直は「余また近ごろ西国古今の儁傑《しゅんけつ》の伝記を読み、そのみな自主自立の志《こころざし》あり、艱難辛苦《かんなんしんく》の行いあり、天を敬《けい》し人を愛するの誠意に原《もと》づき、もってよく世を済《すく》い民《たみ》を利するの大業を立つるを観《み》て、ますますもってかの土文教昌明《ぶんきょうしょうめい》、名四海《しかい》に揚《あ》

＊8　原文（講談社学術文庫）ママ（自分本位、利己心、くらいの意味）。

がる者は、実にその国人《こくじん》勤勉忍耐の力によりて、その君主は得て与《あずか》らざることを知るあるなり。」といっている。[*9]

この時期、国の発展のために、盛んに西欧の文物が取り入れられたが、世の人びとの中には西欧の思想や宗教よりも、自然科学や技術を学ぼうという傾向があった。しかし正直は、西欧が発展した理由を、人びとが篤く神を信じ、「みずから助く」の精神をもって、勤勉に勤めたことにあると看取した。『西国立志編』に書かれた思想、内容は、まさしくその考えを証明するものであった。その思想の中には、「みずから助く」るだけでなく、世の人びとをも助けようという考えが含まれているのである。

『西国立志編』の影響

時代の趨勢を受け、開国、明治維新という大変革を経たこの時期、世の人びとの価値観も革新を余儀なくされた。旧来の思想が否定されていく中、これに代わる思想が求められる。そこに刊行された『西国立志編』は増刷が追いつかないほどの勢いで読まれた。年少者の教科書としても用いられていた。『中村正直伝』には「世の先覺者、争ひて通俗の譯書を出せしが、就中、其最なるものを、福澤先生の著譯書となす。(中略)物質上の新潮流を導きたる力は、其右に出るもの無く、…之に対して、専ら精神界の新潮流を導き、國内を滋潤《じじゅん》せしめたるを、先生の譯書と爲す。[*10]」という。『中村正直伝』が書かれた時には『西国立志編』刊行後三十余

＊9　『西国立志編』の引用は、講談社学術文庫（一九九一年）によった。

＊10　＊1同書、六九―七五頁。

年が経っていたが、「恐らくは、方今、社會に立ちて名有るものにして、多少とも『立志編』の教育を受けざる者稀なるべし。」とする。証左として、雑誌成功社が識者に実施した調査の結果を示す。「青年の『品性修養に最も必要な書目』という質問に答えた二六氏中の半数が『立志編』『品行論』を挙げたというほどの影響であった。

第三節　儒教とキリスト教の融合の試み

正直は帰国してから明治五年夏まで静岡にいた。官学昌平黌は解体されたが、静岡に開かれた学問所で一等教授を務めた。馴れぬ田舎での貧しい暮らしに堪えながら、『セルフ・ヘルプ』の翻訳を行いつつ、正直は儒教とキリスト教の融合を試みていた。これを示す著述が二つある。ひとつは「敬天愛人説《けいてんあいじんのせつ》」、今ひとつは「請質所聞《きくところをただすをこう》」である。[*11]

敬天愛人説

明治元年に書かれた自筆稿本であり、現在静嘉堂《せいかどう》文庫に所蔵されている。「敬天愛人」といえば、今では一般的には西郷隆盛の言葉として知られている。しかし、これは静岡で中村から教えを受けた薩摩藩士から西郷に伝わり、彼がそれに共鳴して用いたのが『南州遺訓《なんしゅういくん》』に取られて広く世に顕れたものである。[*12] 明治三六年（一九〇三）に刊行された『敬宇文集』

＊11　前田愛「中村敬宇」『幕末・維新期の文学』（法政大学出版局、一九七二年）、＊4同書。全文の訳注は野村純代「中村正直『敬天愛人説』訳注稿付解説　―儒教とキリスト教の架け橋を探る試み―」（『東洋大学大学院紀要』第四四集、二〇〇七年）。同じく拙稿「中村正直『請質所聞』訳注稿（一）」（『東洋大学大学院紀要』第四五集、二〇〇八年）。「中村正直の『請質所聞』訳注稿（二）」（『白山中国学』、通巻一八号二〇一三年）。

＊12　沢田鈴蔵・増村宏「中村正直の敬天愛人」（『鹿大史学』第一九号、一九七一年）。

に収録され、のち『明治文学全集3　明治啓蒙思想集』にも収められた。上下編。
　上編には、「明治戊辰」と冒頭に著述の年が記されている。三七一字（句読点除く）と言う短い文中に合計十五カ所、中国古典、及び我が国の儒者の書からの引用がある。『尚書』「仲《ちゅう》虺《き》之誥《しこう》」「説命《えつめい》」『詩経』に始まり、『孟子』、張載《ちょうさい》「西銘」、『朱子語類』、薛瑄《せっせん》『読書録』、貝原益軒までが「敬天」の用例である。天道、天命の存在、天地は父母であること、人は天に事えるべきことを述べた節を引く。

敬天愛人書（京セラ）

　続いて『論語』顔淵篇、『後漢書』魯《ろ》恭《きょう》伝、『程氏文集』、『西銘』、真徳秀《しんとくしゅう》『西山政訓《せいざんせいくん》』、薛瑄『読書後録《どくしょこうろく》』から、「愛人」の例を引く。万民は、天が生んだものであり、天が人を愛することは、父母がその子を愛するようなものである。人（為政者）にとり、万民は同胞であり、老若男女、天下の様々な病に苦しむ人、兄弟や夫や妻のいない孤独な人々、すべて分け隔てなく敬い慈《いつく》しむべきである。政治を執《と》る者は、すべての人に対して仁でなければならない。

敬天愛人説　下編

　天はわが父である、から書き出される。人は私と同様天によって生みだされた兄弟である故に、天を敬わずにはいられず、人を愛さずにはいられない。人の言動はすべて天により明らかに照らし出されて、善悪の一念が心に動けば、もう天の視察から逃れることはできないのだ。天道の下す災難と幸福には、遅いと速いの違いがあるとはいえ、それでも決して間違えることはない。人がこの仁を天から授かって自らの心とすれば、それが人を愛する仁愛の心となるのだ。

　昔から善人君子は、誠敬《せいけい》のこころがけで身をつつしみ、人には仁愛の心をもって接してきた。状況に応じて柔軟に、その守るべき本分をまっとうした。天道が信賞必罰《しんしょうひつばつ》であることを信じていたからに他ならない。（中略）こうしたことを考えれば、天を敬《うやま》うことは、道徳を実践していく土台となるべきものである。国に天を敬う民が多ければ、その国は必ず栄える。国に天を敬う民が少なければ、その国は必ず衰える。何をもって「人を愛する」というのか。天を敬うからこそ、人を愛するのだ。わが同胞を愛するのは、わが父なる天を敬うがゆえにそうするのである。だから人々は互いに愛しむことを知り、智者は愚者をいたわり、強い者は弱い者を手助けし、富める者は貧しい者を救済し、多数は少数を虐《しいた》げない。国家は一家のようであって、幸福と利益は大きく高い。民人が互いに愛しむことを知らなければ、自分の好き勝手に振る舞うばかりになり、他人をいたわることなく、互いに悪口を言い合い、それぞれの利害関係で勝手に派閥をつくるだろう。国家は壊れて散り散りになり、災禍《さいか》の土台ができあがる。ある人が言った、「天を愛さずにはいられず、人を敬わずにはいられない」と。「敬」「愛」は、切り離して考えてはならない。天は人よりも尊い。ゆえに専ら「敬」に努めれば、自然と「愛」はそこに確かにあらわれてくる。人は、私と同等であるから、専ら「愛」に努めれば、おのずと「敬」はあらわれてくるのだ。

儒家思想とキリスト教の共通点

『孝経』天子章第二に「子曰く、親を愛する者は敢えて人を悪《にく》まず。親を敬う者は敢えて人を慢《あなど》らず。愛・敬　親に事《つか》うるに尽きて、而して徳教百姓に加わり、四海に刑《のっと》る。*13」とあるように、「敬」「愛」は儒教の中でも最も重要な徳目である。上編では、儒学、中でも寛政に幕府の正統とされた朱子学の教えにのっとり「敬天」と「愛人」の内容を確認し、下編ではそれをキリスト教の教えにも通じるようにまとめている。維新の後とはいえ禁教下の当時のことで、明瞭にキリスト教について書く事は慎重に避けたものと思われる。明治三六年に「敬宇文集」に収録されるまでは公刊されていない。

先述した大久保利謙氏の研究によれば、この「敬天愛人説」を正直は執筆後そう間を置かずに大久保一翁《おおくぼいちおう》に見せ、一翁がこれを称揚《しょうよう》し、続編の執筆を勧めた旨の書簡の存在を明らかにしている。一翁は幕府の高官で正直とも親交があり、西洋文化にも理解があった。維新後は静岡藩権大参事となり、その頃のやりとりがうかがえる資料である。その書翰における大久保一翁の指摘では、中国の書物の中にも「敬天」「愛人」二字ずつの用例はあるが、「敬天愛人」と四字で用いる例は見た事がないこと、「敬天愛人」の考え方は万国に通じるもので

*13　書き下しは、加地伸行『孝経　全訳注』（講談社学術文庫、二〇〇七年）によった。

あり、若者で洋書を読む者の中には「敬」「愛」といった高次の概念は洋書には書かれていないと考える者もいるので、「天を敬し人を愛することは万国に通じるものである、と説く「敬天愛人説」は重要である、といっている。[*14]

「敬天愛人」の用例

ちなみに、「敬天愛人」四字での用例は、岡本さえ『中国近世の比較思想』（東京大学出版会　二〇〇〇年）八一頁所引「建福州天主堂碑記」（佟国器、一六五五年）中にあり、「東海西海の心は同じであり、その理は同

會士分寓四方測度閩學何子
德川乃就八閩省會建堂瞻禮
余因思夫中國居亞細亞十之
一亞細亞又居天下五之一東
海西海心同理同敬天愛人之
說皆踐脩之所不能外也而西
士不憚險阻風波來相勸勉者
是其教真以敬天地之主為宗
敬以愛天主所愛之人為務也
愛為之捐貲鳩工闢其舊基煥
其堂室崇奉
天主耶穌聖母天神永為耶穌會

敬天愛人　用例写真

じである。敬天愛人の説は皆が践《ふ》みおこなうところであり、それ以外はありえない。」（同書より引用）という文脈で使われている。明末清初期の福建地方の天主教文献では、比較的よく見られる文脈であるという。

果たしてこうした文献を正直は目にした事があったのか。大久保一翁自身も蕃書調所《ばんしょしらべしょ》総裁をしたことのある、洋書には詳しい立場の人物である。[*15] その彼が知り得なかったことを正直が知っていたのか、そうではなく「敬天愛人」は正直の創意によるものなのかは、一翁の書翰に対する正直の返信を目にできない今、断言することは

＊14　＊4同書。

＊15　松岡英夫『大久保一翁』（中公新書、一九七九年）。

できない。翌年、正直は更に儒教とキリスト教の思想的融合を試み、「請質所聞」を著した。

請質所聞

明治二年一一月下旬に書かれた序文がある自筆稿本。静嘉堂文庫所蔵。公刊されたことはない。儒教古典から「上帝」「天」についての定義を確認する前半の一部、終盤に正直が儒教とキリスト教に通じる考え方として支持する張載『西銘』を引用している部分は、正直の言葉をそのまま見ていただくために、原文と訳を示したが、紙幅の関係もあり、例を挙げて説明する部分については、大要をまとめた。一部字体の不統一もあるが、原則として本文のままとした。

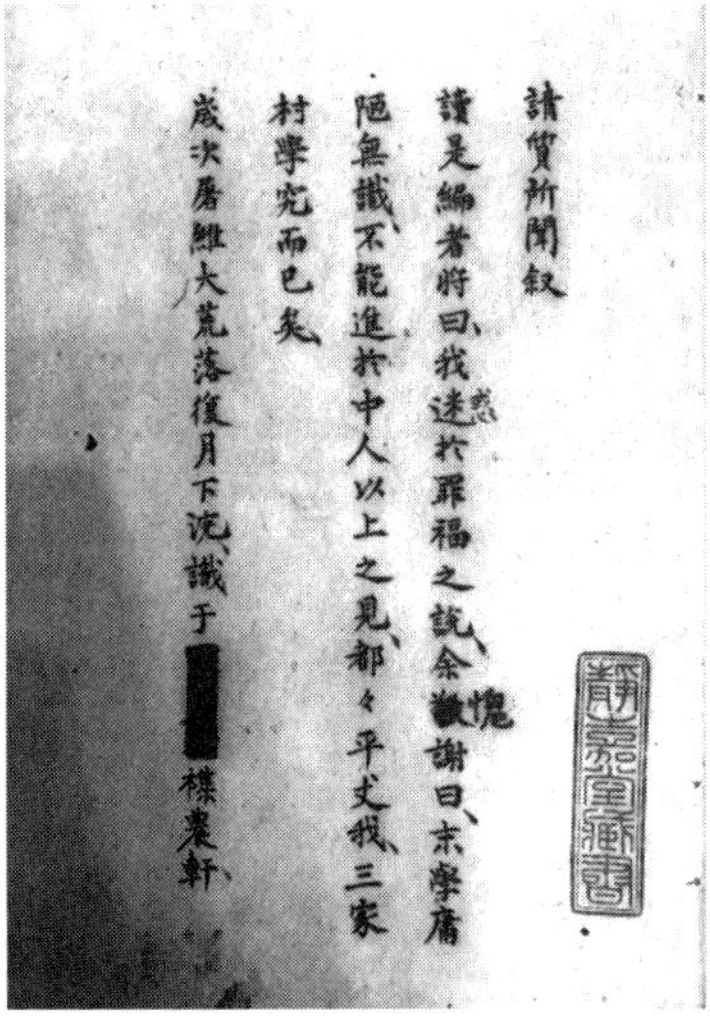

請質所聞叙
讀是編者將曰、我迷惑於罪福之說、余愧謝曰、末學庸
陋無識、不能進於中人以上之見、都々平丈我、三家
村學究而已矣
歲次屠維大荒落復月下浣、識于[redacted]榡棗軒

請質所聞　叙　静嘉堂文庫美術館蔵

【原文】

一部尚書、曰皇天、曰上帝、曰天者、指不勝屈。蓋鮮為造化之主宰、即無所不知、無所不在、無所不能之神。則義理覚躍然。孔子曰、獲罪於天、無所禱也、亦指無形之神也。「斬釘截鐵之語」、聞者三日耳聾。為善者、必受賞。為悪者、必受罰。決不差忒。書曰、天道福善禍淫、

六字、金言也。問、聖賢君子之行善、好之如飢渇。豈為欲受上帝之賞起見哉。豈亦有一點責報之心哉。今子之所説、毋乃為中人以下設為是言歟。曰、否々、自是二事、不可相混。善人行善以自慊于心。自是一事。上帝賞善人自是一事。有物必有則。旨哉言。則字觧為律法。覚妥當、謂萬物各必有一定之律法。亘古亘今、決不可易者也。

【口語訳】

『尚書（書経）』という一冊の本にすら、「皇天」と言ったり、「上帝」と言ったり、「天」と言ったりしているところは、指折り数えたらきりがない。思うに造化の全てを司る存在と解釈したならば、つまり知らないことはなく、存在しない所はなく、できないことはないという神である。その意味が、躍動的にたちあがってくる。孔子が「天に対して犯した罪は、祈ったところで意味は無い」と言っているのも、またこの無形の神のことを言っているのだ。「毅然とした言葉」は、「聞く者は三日で聾になる」。『書経』に善を行う者は、必ず褒美《ほうび》を受ける。悪を行う者は、必ず罰を受ける。決して間違えない。「天道は善に福し淫に禍《わざわ》いす」と言っている、この六字は、すばらしい金言である。問うて言う。「聖賢君子が善を行う様子は、まるで飢えているかのように好んで行っているのだから、それは上帝からの褒美《ほうび》が欲しいがために（善を行おうと）考えているはずがない。またほんの少しでも報酬を求める気持ちのあろうはずがない。今あなたがおっしゃる所では、むしろ中人以下のためにこの言を設けたのではないでしょうか。」と。言う、「いやいや、これは二つのことであって、一緒くたにしてはいけません。善人が善を行うのはその心に適っているからであります。これはこれで一つのことなのです。上帝が善人を賞するのは、これはこれで一つのことなのです。「物有らば必ず則有り」とは、うまいことを言ったものです。「則」の字は律法と解釈すれば、しっくりとします。万物には必ずそれぞれに定まった律法があって、昔から今に至るまで、決して変えることはできないものだ。という意味なのです」と。

【大要】

尚書・詩経を根拠として、上帝は天と同じで、唯一無形の造化主であるとする。自然科学に法則があるように、天道にも定まった律法があるという。例として、ギリシャの賢人フォション、ローマの小カトーの例を挙げる。また、イギリスのウースター、ニューコメン、ワット、ニュートン等は原理から類推することによって発明や発見をしたことを述べる。こうした宗教思想の説明に自然科学の法則を援用する論法は、中国の漢訳布教書『天道遡原《てんどうそげん》』などにも見られるものである。*16

「福」字の正しい意味は、社会的地位の高さ、財貨の豊かさ、身体の健康、子孫の繁栄ではない。霊魂が永く在って、鍛えるほどに純粋になることだ。肉体のない霊魂は常に生き続ける。故に人は肉体が滅びて墓に入っても終わりではない。禍福には、肉体のものと霊魂のものの二種類がある。帝王は、人に肉体の禍福と生死、霊魂の禍福は与えられるが、霊魂の

*16　*11前田愛、前掲書、および吉田寅『中国プロテスタント伝道史研究』（汲古書院、一九九七年）。

生殺与奪《せいさつよだつ》の権は上帝だけが持っている。

道理を窮めていても無実の罪を被る者は、その身は痛めても魂は楽しんでいる。仏教者が言う法身とは、霊魂の事ではないだろうか。上帝の霊は万殊《ばんしゅ》の一本、一本の万殊（上帝の霊は、すべての被造物《ひぞうぶつ》にあらわれる本質のおおもとである。人の霊は、おおもとから別れたすべてのものに個別のものとしてあらわれた本質である。）普通の人々は、この世の患難《かんなん》災厄を苦しみとするが、君子はいかなる境遇にあろうとも自得《じとく》しない事はない。この世を恋しく思うのは惑いであるから、この世を厭《いと》うのも又惑いである。

人を傷つけ、陥《おとしい》れ、欺《あざむ》き、殺す者には、禍いがあるだろう。人に傷つけられ、陥れられ、欺かれ、殺される者は幸福である。故に、たとえ人が私を傷つけ、陥れ、欺き、殺しても、私は人を傷つけ、陥れ、欺き、殺してはならない。

人が造化主のましますことを知るのは、心に根ざしているからだ。人の心は親に頼るように神を崇め頼り、愛し護られることを心のよりどころにして心身の安全を得るのだ。ゆえに上帝を知らぬ人間は困難に遭遇しても頼るところが無く、心の憂い悲しみをどうすることもできない。

【原文】

予最喜張子西銘數語、曰、乾稱父、坤稱母、予茲貘焉、乃混然中處、故天地之塞、吾其體、天地之帥、天地字改作上帝亦通吾其性、民吾同胞、物予與也、大君者吾父母之宗子、與前段一少年所言吾父同意其大臣者、宗子之家相也、凡天下疲癃残疾惸獨鰥寡、皆吾兄弟顛連而無告也。不愧屋漏為無忝、存心養性為匪懈。富貴福澤、将厚吾之性、貧賤憂戚庸玉汝於成、存吾順事、没吾寧也、論事天之道、備矣、

【口語訳】

私は張載の『西銘』中のいくつかの語を最も喜ぶ。「乾（天）を父とし、坤（大地）を母とする。我々は天地の間に混然として、その中に居るのであるから、天地の間に充ちているものは、わたしのこの体でもあり、天地の間に存在するものを率い導くものは、天地の字を改めて上帝としても意味は通じる私の（中にあり、私を主宰する）この性である。人びとは私の兄弟であり、万物は私の仲間である。大いなる君主は私の父母（＝天地）の家長である。前段で一少年が言う吾が父と意味は同じであるその大臣は、家長の家臣の長である。すべて天下の中の、様々な病に苦しむ人、障害を持つ人、兄弟や子孫のいない人びと、夫や妻のいない（または失った）孤独な人々は、みな私の兄弟であり、大変に苦しんでいながらもそれを告げる術を持たない者たちである。見えない場所だからと言って、良心に恥じることがないようにし、自分が生まれながらに持っている心（惻隠《そくいん》、羞悪《しゅうお》、辞譲《じじょう》、是非《ぜひ》、の四端《したん》の心）を保ち、その本性をそこなわないように育てて怠らないことだ。富貴や幸福や恵は、きっと私の性を豊かにし、貧賤や憂いは、（その経験によって）玉を磨くようにあなたを作り上げるだろう。」と。

（これらの言葉の中に）天に事える道を論じて、余すところ無い。

最後は、以下の文で結んでいる。

夏・殷・周の三代以前に天や上帝を説くことは、あたかも生きているかのごとくであるが、漢・唐以後に説かれる天は、まるで死んでしまったかのようだ。『詩経』や『書経』で天が人に禍福を与える、と説くところでは、後世の理学の大家たちは、耳を覆って逃げ去ってしまう。

儒教思想からキリスト教へ接近、それ以外の原始的多神教の在り方にも言及し、仏教も包摂しようとしている。正直が影響を受けたキリスト教は、留学先である一九世紀イギリスのそれである。三位一体説、神の子イエス・キリストには言及していない。自然科学の「自然＝神の書物」[*17]という思想を反映して、自然科学の発見や発展、類推することの大切さについて述べている。こうしたキリスト教に基づく倫理観が西欧の近代化を導いたのであると看取した正直は、さらにその思想は儒教のそれにも通じている、と考えた。天を敬い人を愛し、天に事える道である。ここで正直が儒教思想としているのは、漢・唐以前の儒教であり、「天命」「天道」という語にも現れるとおり、宗教性を持った儒教である。寛政異学の禁以来、朱子学（＝理学）を正統と定めた、官学昌平黌の御儒者であった正直の儒学思想は、必ずしも朱子学のみではなかった。彼が十五歳の時に師事した井部香山は折衷学派とされる。また正直が入学

＊17　芦名定道『自然神学再考―近代世界とキリスト教―』（晃洋書房、二〇〇七年）四九頁。

した当時の昌平黌御儒者は佐藤一斎であった。一斎の儒学は朱子学・陽明学の折衷学派だといわれ、正直もその影響を受けたものと考えられる[*18]。

新しき世に生きるための思想の模索

中村正直は、下級士族の子として儒者を目指す中で、西欧の侵攻という時代の趨勢により洋学に親しみ、漸くキリスト教に傾倒していく。彼の父は元農民で、同心の株を買って士族になった。向上心があり教育熱心な父母の期待を背負い、時に喀血しながらも奮励努力した。結果、若くして官学昌平黌の御儒者に昇ることができた。石井研堂『中村正直伝』に「當時の『御儒者《おじゅしゃ》』なる者は、一代二名を定員とし、之を今日の帝国大學教授に比する時は、其の聲望《せいぼう》の高きこと數等の上にあり[*19]。」とある通り、当時望み得る最高の立身を果たしたといって良い。しかしながら、幕府が倒れて静岡で苦難の日を送った。

幕末の世に「立志」を果たした正直が、幕府と共に潰えた「志」を立て直そうとした思索の痕跡を、「敬天愛人説」「請質所聞」の二つに求めることができる。「請質所聞」はそもそも公刊されなかった稿本であり、「未熟な思索の破片が散在しているにすぎない[*20]」とされる部分もあるが、『西国立志編』をはじめとするその後の著作に表れる発言、社会における行為の源泉となる思索の跡を探る材料として興味深く、また明治初年にいち早く西洋の教法を内面深く取り込もうとした試みは評価されるべきであろう。その後、『西国立志編』出版の

＊18　『西国立志編』「自叙千字文」中に「一斎盟《いっさいめい》に主《しゅ》たり。」「尤《もっと》も余姚《よよう》が三不朽《さんふきゅう》を具《そな》うるを重《おも》しとす。」とある。書き下しは、講談社学術文庫に拠った。

＊19　＊1同書、二一六頁。

＊20　＊11同書、二七五頁。

成功により明治の世に知られ、正直は再び出世の道を進むことになる。

前田愛「中村敬宇」に言う。「敬宇におけるキリスト教受容の意義は、それが彼個人の内面の劇として深められるよりも、むしろ社会的発言の形式で絶えず増幅され、拡散したところにあった（このことは彼のキリスト教理解が、理神論的、自然神学的であったことと無関係ではない）。敬宇はひとりのキリスト者としてよりも、元昌平黌教授、明六社同人、『自由之理』『西国立志編』の訳者というような社会的資格をかりてキリスト教擁護論を展開したのである。敬宇のばあい、その漢学者としての声名の高さはキリスト教に対する世人一般の反感を緩和したと思われるふしさえある。[*21]」。現在の我々が想像する以上に、当時における正直の発言の影響力は強かったのである。

明治の世になって後、洋学者、啓蒙思想家、教育者としての活躍は、正直が「自ら助く（だけでなく、人をも助ける）」の精神を、率先して実行していった生き様であり、漢学者から出発して洋学、キリスト教を受容した一知識人の姿である。

【参考文献】
前田愛「中村敬宇」（『幕末・維新期の文学』法政大学出版局、一九七二年）
石井研堂『自助的人物典型　中村正直伝』（東京成功雑誌社、一九〇七年）
大久保利謙「中村敬宇の初期洋学思想と『西国立志編』の訳述及び刊行について―若干の新資料の紹介とその検討―」（大久保利謙歴史著作集5『幕末維新の洋学』吉川弘文館、一九八六年）
『西国立志編』（講談社学術文庫、一九九一年）

＊21　＊11同書、二七六頁。

研究の窓

儒教とキリスト教

中村　聡

儒教は英語ではConfucianismという。正確にいえば、孔子教ということになる。本来は儒教全体を言った単語ではないはずだ。儒教を一つのものとして捉えて、キリスト教との関係性を考えてしまうことから混乱が生じてしまうのである。

中国哲学の泰斗、服部宇之吉《はっとりうのきち》は、儒教を「孔子教」と呼び三つに分けて考えている。

「先ずは孔子敎とは何ぞと云ふことに就いて述べやう。吾人の謂ふところの孔子敎、或は民國五六年頃支那で、憲法問題として國敎として爲すべきや否やを論議された所の孔子敎、又歐米の學者の謂ふところのConfucianism（これは英語で、直譯すれば孔夫子敎）の三者は全然同じものであるか、或は名同じくして實異なるものなるか、といふことを本講義の劈頭に説明する必要があると思ふ。[*1]」

出てきた順に整理しておこう。（一）は、儒教の中の孔子学派である。元来の儒の中で、孔子に始まりその弟子たちが受け継いできた、孔子系統の儒教を言っている。（二）は、民国初期に孔子教を国教として憲法に規定しようとした、政治的な動きを指している。（三）になると、中国に渡来した欧米のキリスト教宣教師たちの問題となる。もちろん天主教（カトリック、特にイエズス会士）宣教師が最初に東アジアの哲学、思想、宗教を欧米に紹介したわけであるが、服部がここで言っている中心は近代（一九世紀）になって、アヘン戦争前後から中国に渡来してきた耶蘇教（プロテスタント）各派の宣教師たちであろうと思われる。宣教師たちが欧米に紹介したアジアの知恵が、新しい学問として欧米で取り上げられていく。この（三）グループにキリスト教との関係性が見られる。

「先ず第一に欧米人の所謂コンフューシァニズムなるものに就いて考へて見ると、是は佛陀(Buddha)の教のことをBuddhismといひ基督(Christ)の教をChristianityといふと同じ命名法である。即ちConfucius（孔夫子の英譯）の教の意である。」[*2]

欧米人は仏陀の教えをBuddhismと言い、キリストの教えをChristianityと呼んでいるのであるから、Confucianismは孔子の教えなのだ。明快な命名法である。

ブッダはそれまでに印度にあった宗教に大きな改革をもたらした。キリストも従来のユダヤ教にひじょうに大きな改革を加えた。インドにおける宗教（インド教）はブッダ出現以前と以後とでは大きく違っている。それは中国にもいえることであって、孔子以前と以後では中国の教えは異なる。それでは、ブッダやキリストの場合と同じように、孔子が従来の中国の教えに大きな改革をもたらしたのでConfucianism（孔子教）というのかといえば、欧米人はこのような区別を全く考えていない。孔子は「述べて作らず、信じて古を好む」[*3]と言っているし、『中庸』では「仲尼は尭・舜を祖述し、文・武を憲章す」と言っている。欧米人はこれらを根拠として、孔子は孔子以前の聖人である先聖の教えを祖述したのだと考えている。だとすると、孔子以前と以後の教えには違いはないことになり、「孔子教」という言い方をしても、それはブッダの教え＝Buddhism、キリストの教え＝Christianityというのとは意味が異なる。欧米人は先聖の教えも、孔子の教えも、全部ひっくるめてConfucianismと総称してしまっている。さらに、欧米人は孔子以後、さまざまな時代に経や伝を解釈した学説思想も区別することなく、全部Confucianismとしてしまっている。欧米人の説は孔子の真意を得ていない。欧米人の名のつけ方が悪いのであって、別の言葉を作って「儒教」という広い名称にしておけばよかったのに、儒教としてしまったが故に、名実が一致しなくなってしまったのである。

孔子以前の中国の思想を見ると、

「天神、地祇、人鬼を祭ることが頗る顯著なる地位を占めて居り、又詩經を見ても鬼神の賞罰といふことが道德の事と結び著《つ》いて現はれて居るものが多い、全体的に於て頗る宗教的に見える。そこで現に支那學者として有名なる英國のジャイルス[*4]教授（Dr. H. Giles, ケンブリッヂ大學教授、其の子Dr. L. Gilesも支那學者である）の如きは、コンフューシァニズムは宗教と見なければならぬ、之を宗教と見ないのは大なる誤りであるとまで論じて居る位である（尤も歐米人のかかる見方には、孔子の教に最初に大なる關心を抱いたのが支那に傳道のために渡來せるキリスト教宣教師であつたことが與つて力あることも見逃せぬ）」。

天神、地祇《ちぎ》、人鬼《じんき》などを祭ることが主で、『詩経』を見ても、神的な部分と道徳的な部分が結びついて表現されており、思想というよりは、宗教的な色彩を帯びているように見える。英国の中国学者ジャイルスなどは、そのような部分を取り上げてConfucianismは宗教と見るべきで、宗教と見做さないのは誤りであるとさえ言っている。しかし、このような見方は、最初に孔子の教えに興味をもったのが、中国に渡来した宣教師であることが深く関係している。ここで重要なのは、アヘン戦争以後の南京条約を始めとする不平等条約の下で中国に渡来したプロテスタント宣教師たちが、孔子教を宗教として見做していたということである。彼らが儒教を宗教と見做したからこそ、一八六七年に中国にやって来たジャイルスも孔子教は宗教であると捉えたのだ。服部はそのように判断した。

「歐米の學者には漢唐の學說は之を調べるには少しく困難があり、宋學者の說の方が寧ろ研究するに便利であるから、彼等は大概宋學者の説を以て經傳を解釋し、而してそれが直に孔子の眞意を得て居るといふやうに思つて、孔子の教を宋學者の説で直に説明解釋又理解して居る。[5]」

欧米の学者たちには漢唐時代の学説を学ぶには無理があり、宋学の方が研究に便利だということで、大概は宋学の説によって経伝を理解し、それこそが孔子の真意であるとしている。なぜなら、

「一般の欧米人は無論原書即ち經籍を見ないで、唯レッグ (James Legge[6]: 英人、始め宣教師として支那に渡來したが後に廿一ヶ年を費して西紀一八六六年始めて四書五經の英語全譯を完成"Chinese Classic"の名の許に、香港にて刊行、一躍不滅の名を爲した) やジャイルスの翻譯せるものに由つて讀んで居るから、孔子の眞意を捉へることが一層出來難い、レッグの譯には同じ仁といふ字でも、處によりて色々に譯して居り、Benevolence とか Humanity とか色々使ひ分けてゐる。是は外國語に譯する場合には、同じ仁といふ字でも譯語を變へた方が、原文の意味がよく現はれると考へた爲めである。但、その結果として孔子の仁の意義を求めることが出來るが、歐米人は譯字が異なるが如く原語も違ふと思ひ得る次第で、仁に關して得る知識も吾々とは異なるを免れない。[7]」

欧米人が経書を読んで研究しているにしても、原文に当たっているわけではなく、レッグ、ジャイルスといった研究者が英語訳したものを読んでいるにすぎない。厳然として原語の壁が障害となり、そこから読み取れる内容も限度がある。同じ翻訳であっても、日本語訳と英語を始めとする欧米の原語に訳されたものとの間には、大きな違いがある。したがって、彼らの言う儒教・Confucianism というものについても原文、あるいは日本語訳で我々が研究しているものとは異

なっていると考えたほうがよい、とうのが服部の結論であろう。

欧米人宣教師は、なぜ宋学（朱子学）から解釈し、儒教を宗教として捉えようとしたのだろうか。天との関係において比較したとき、原始的儒教および朱子学では天の意思が明示的に示されるのに対し、孔子儒教では示されていない。宗教の定義は多く存在するが、仮に超越的存在の意志の記述によって宗教を定義するならば、朱子学は宗教である。しかし孔子儒教は宗教ではなく、むしろ孔子の思想の体系である。次に天子の正当性に朱子学が天の意志に基づくものであるのに対し、孔子儒教では人々の意志に基づいたものである。

これらによって示唆されることは、原始儒教や朱子学と比べたとき、孔子儒教の持つ異質ともいえる近代性である。超越的存在である天を社会から切り離し、人々にとって望ましい社会を人々の手によって構築しようとする意志がうかがえるからである。*8

言い方をかえれば、朱子学の方が、キリスト教徒にとっては、解釈しやすかったということになる。孔子儒教では、儒教はあくまで人間社会の中の倫理や道徳として捉えられ、天の存在を否定はしないものの、人智を超えた天の意志が人間社会を支配するというような考え方は見られない。それに対し、朱子学では天というものを想定し、その天の意志が理としてすべてのモノに反映し、性としてモノの中に存在し続けると考える。キリスト教においても、唯一絶対的な神が万物を創造し、常に万物を運営し続けていると考える。したがって、一九世紀にアジアに渡来したプロテスタント宣教師が、朱子学を拠りどころとして儒教を解釈し、儒教を伝統的に中国を支配した宗教であると見做したことも理解できる。

一八九三年にシカゴで万国宗教会議が開催され、儒教について論争されたことがある。中国側は儒教を人としての倫理・道徳として主張したが、アジアに渡来していたプロテスタント宣教師たちは、あくまでも宗教であると主張し続けた。双方とも儒教を多角的に捉えることができなかったのであろう。

【註】

＊1　服部宇之吉『孔子教大義』（冨山房、一九三九年）一頁。

＊2　同書、一頁。

＊3　『論語』述而篇。

＊4　Giles, Herbert Allen（一八四五―一九三五　漢名：翟理斯）イギリスの外交官であり、中国学者。『華英辞書』の編纂によって知られる。オックスフォードで生まれ、チャーターハウス・スクール卒業後、一八六七年に中国（清）に渡り、各地の領事館で勤務した。一八九三年にイギリスに帰り、一八九七年にケンブリッジ大学の中国学教授となり、一九三二年に退官した。息子のライオネルも中国学者であり『孫子』の研究で知られる。

＊5　『孔子教大義』三頁。

＊6　Legge, James（一八一五―一八九七　漢名：理雅各）スコットランド出身でロンドン伝道協会の宣教師、中国学者。儒教や道教の古典を英語に翻訳したことで知られる。一八三九年にマラッカに派遣され、英華書院の校長に就任。アヘン戦争後に香港に移った。王韜らの助けを借りて、四書五経を始めとする経典の翻訳を行った。一八七三年にイギリスに帰国し、一八七五年にオックスフォード大学の初代中国学教授に就任し、生涯その職にあった。

＊7　『孔子教大義』四頁。

＊8　榊原健一・中村聡「原始儒教・孔子儒教・朱子学―公理論的アプローチ―」（『新しい漢字漢文教育』〈全国漢文教育学会〉第六七号、二〇一八年）二〇頁。

第Ⅱ部　漢学と儒教文化

第一章　儒葬の近代——葬制と墓制の視点から

吉田博嗣

はじめに

我が国における「葬制」や「墓制」は古来の習俗に加えて仏教の伝来や儒教思想の影響などを受けて変化してきたが、とりわけ明治時代における近代国家の成立後は神道の国教化や「廃仏毀釈」に代表される仏教排除など、従来の神仏習合や祖先祭祀などの慣習を変えざるを得なくなった。

日本では一般的に「死」に対する意識や祖先祭祀は長らく仏教の影響が強く作用し、葬儀の習俗も仏教式が中心であった。しかしながら葬法にいたっては土葬又は火葬、一部には風葬などがあったが、階層や地域性、宗旨の違いなど様々な理由により選択ができないこともあった。[*1] そのような中で、一七世紀には儒教思想に影響を受けた儒者たちが葬儀や遺骸の祀り方（「治葬」）、墓の造立など葬礼の実践を『家礼』に求めるようになった。当時は徳川幕府による寺請制度が施行されていたが、徳川家や大名家、一部の士分や儒者・儒医など限ら

＊1　林英一『近代火葬の民俗学』（仏教大学、二〇一〇年）八八—一一三頁。

れた階層や職種において儒葬（儒礼葬祭）が実践されていくようになる。大半の士庶は仏教式で葬祭を行うことが一般的であったが、吉田家など神祇道家や伊勢神宮、会津藩・水戸藩・岡山藩の神職のほか、吉田家の免許状を所持する一部の神職などに限られ神葬祭が許されていた。[*2]

維新後まもなく、明治元年閏四月一九日に神葬祭の許可は制度化され、その後は神道と政治とが強く結び付いた宗教政策が執られた結果、神仏分離や廃仏毀釈といった流れにつながっていくのである。

明治四年七月には従前から行われていた「宗門人別帳」に代わる「氏子調」が全国的に始まり、翌五年二月には「新戸籍法」が施行された。

また同年七月には政府により「士民一般ノ葬地」とする公的墓地として二か所の神葬墓地（一つは後の「青山霊園」）が定められたが、その一方で同六年八月には東京府に対して既存の寺院墓地であっても朱引内（都心部）では埋葬してはならぬとの達しが出されたことに対して東京市民は大きく反発した。政府（太政官）は明治七年六月に「墓地取扱規則」を制定し、東京府下において先に定めた二か所の神葬地を含め計九か所の墓地を改めて指定することになる。その中には徳川将軍家の菩提寺で寛永寺側にある天王寺（一部は後に「谷中霊園」となる）なども含まれていた。

府下の仏教信徒や神職・氏子については、葬儀や墓地に関して大きな変化であったが、そ

＊2　小笠原弘道「明治初期の神葬祭政策と民衆の動向」（『現代密教』一四号、智山伝法院、二〇〇一年）一五〇頁。

の間にも「自葬の禁」（明治五年六月布告）や「火葬禁止令」（明治六年七月布告）などが出されるなど、明治初期には墓地や埋葬に関する法制度が急速に進められていった。

このような社会制度の変化に対して儒教信奉者らはどのように対応したのだろうか、近世期における大名墓は例外として儒者の墓など寺院境内に限らず建立されている例も多く、都内では林氏墓地（新宿区）や大塚先儒墓所（文京区）など屋敷地内に墓地を設けることが多々あり、地方においても寿蔵と称して生前に新兆を構える例が散見される。

本稿では明治初期の宗教政策や急激な社会変化に伴い、葬制や墓制にも影響が及ぶ中で、幕末以降、近世社会を下支えしてきた儒者たちの墓がどのように変化していったのかをいくつかの事例から考えてみたい。

第一節　近世の儒葬――大名家や儒者の思惟

儒葬とは

近世における学問や思想とは儒教・儒学を基本とした学問体系が構築され、徳川幕府は朱子学を中心にその支配体制をより強固なものにしようとした。

ここで取扱う「儒葬」とは、本来は朱熹の『家礼』にもとづく儒教式の葬儀のことを指すのであるが、その普及と受容、そして実践には各地で多様な展開があったことがわかっている。[*3]

また当時の主な葬法であった土葬や火葬についても、各地に所在する資史料からは階級差や地域性、宗旨による宗教的理由などによりその選択には一定の制約があったことは先にも述べたが、[*4]儒教では遺骸の祀り方に関する規範があり、火葬は身体を毀損するもので「孝」の教えにもとるものとして思想的にも忌避されたことなどから儒者たちは土葬を選択することが多かった。

国内における儒葬の初例は林羅山（一五八三―一六五七）の長兄叔勝《よしかつ》（一六一三―一六二九）の葬儀とされているが、叔勝は生前に「吾れ死すとも浮屠の礼儀を用うる勿かれ」と遺言し、仏教式を廃した葬儀として『家礼』が実践された。

また、叔勝の弟で鵞峰《がほう》（一六一九―一六八〇）の著作である『泣血余滴』は、実母の荒川亀の葬儀を儒礼にもとづき実践した詳細な記録として知られ、徳川光圀に始まる水戸藩の儒教葬祭儀礼に影響を与えるなど儒葬の普及に影響を及ぼしたと考えられている。[*5]

儒葬の広がり

元和二年（一六一六）、徳川家康はその遺命により久能山に葬られ、後に日光山へ改葬された。さらに「東照大権現」という神号を用いて日光東照社に祀られたことが知られる。松原典明によれば、一七世紀中頃から大名家では儒教思想の影響を受けて朱熹の『家礼』に基

＊3　松原典明『近世大名葬制の考古学的研究』（雄山閣、二〇一二年）二〇七―三〇七頁。

＊4　前掲＊1、九四―九七頁。

＊5　吾妻重二「日本近世における儒教葬祭儀礼―儒者たちの挑戦」（『宗教と儀礼の東アジア』勉誠出版、二〇一七年）一二〇―一二二頁。

づいた遺骸の祀り方が行われるようになり、大名家の多くが「儒葬」（土葬）となったことを指摘している。[*6] 従前の仏教式とは異なる新たな葬礼として「儒葬」が広がっていく背景には、葬祭を行うにあたり儒教思想に関する知識を有した儒者の存在が不可欠となっていった。

特に顕著な例として岡山藩の池田光政による和意谷墓所の造営がある。光政は儒臣の熊沢蕃山から儒教思想の影響を受けているが、墓所では儒教式の墓標又は墓碑とその背後にある「馬鬣封《ばりょうふう》」が配されたが、[*7] これは『礼記』に示された墳丘様式であるとされる。造営の総奉行としてその任にあたったのは津田永忠なる人物で、永忠は大名庭園の「後楽園」など大規模な土木事業に従事したことでも知られ、その一族の墓も同様に儒式の墓を造っている。この和意谷墓所では明治期まで儒葬が実践されていた。

儒者の葬墓――儒者たちの選択

国内では一七世紀から儒者の間で儒教式の墓や墓所が造られていくが、その代表的な例は「林家墓地」（国史跡・新宿区）と「大塚先儒墓所」（国史跡・文京区）であろう。

「林家墓地」は幕府の儒官で林羅山を初代とする代々儒官を務めた林家の墓所である。当初は羅山の別邸があった上野忍ケ岡に墓地を構えたが、元禄一一年（一六九八）、牛込山伏町に屋敷地を拝領したため併せて墓地も改葬して敷地内に移転した。初代の羅山から一二代までの当主とその家族が葬られているが、墓地は明治時代以降に縮小され、現存する計八一

和意谷墓所　左：池田光政墓

＊6　松原典明『近世大名葬制の考古学的研究』（雄山閣、二〇一二年）八五―八八・三一一―三一四頁。

＊7　儒葬では品階により墳墓型式が異なるが、光政の父輝政の墓には「亀趺碑」が築かれており、その背後には光政と同じ「馬鬣封」を持つ。

基の内、八代述斎から一一代復斎までの四墓に儒式の特徴を見ることができる。

現存する儒式墓を見ると、手前から事績を刻んだ墓碑が半面して建っており、その奥正面には墓標とその背後に土壙の痕跡と思われる土留めの石組が残る。

次に、「大塚先儒墓所」は林羅山の門人で水戸家の儒臣であった人見道生（卜幽軒・一五九七―一六七〇）が葬られた墓地で、後に徳川幕府の儒官とその家族が葬られる墓地となった。当初は人見が「抱地」として邸宅を設けていた場所とされ、寛文一〇年（一六七〇）に没した際に当地に葬られた。その後、室鳩巣《むろきゅうそう》（一六五八―一七三四）も人見邸の側に屋敷を構えて葬られている。また、「寛政の三博士」の柴野栗山（一七三六―一八〇七）・尾藤二洲（一七四五―一八一四）・岡田寒泉（一七四〇―一八一六）や、後に三博士に加わった古賀精里（一七五〇―一八一七）など計六四基がある。*8

この墓所全体が儒式の墓地として考えられているが、その中で室鳩巣や柴野栗山、尾藤二洲など土壙を有する墓と、古賀精里など墓標のみの墓に大別される。さらに墓標の形態にも圭頭や円首などの差が生じているほか、墓標の銘に官職名が付く場合とそうで無い場合など一族ごとに特徴がある。

このほか儒式の墓としては、中江藤樹（一六〇八―一六四八・滋賀県高島市）や伊藤仁斎（一六二七―一七〇五・京都二尊院）などの墓が知られるが、それらの特徴もまた墓標とその背後にある土壙の存在であろう。

*8　文京区役所『文京区史』巻二（一九六八年）四七九―五〇二頁。

大塚先儒墓所　柴野栗山墓

中江藤樹墓

中江藤樹は、近江出身の儒者で「陽明学」の教えを広めた人物として知られる。慶安元年（一六四八）、四一歳で病没した。遺骸は藤樹書院に近い玉林寺に儒式で葬られたとされる。円首の墓標の背面には土墳が築かれているが当初の形状は不詳である。その後、寛文五年（一六六五）には藤樹の母が、宝永六年（一七〇九）には三男の常省が同じ墓所に葬られているが、墓標や土墳などの形状は三基ともに同一である。墓所の入口には左右に燈籠を配置し、石門と墓域全体を石製の斎垣が巡っているが、これらは後に整備されたものである。

また、伊藤仁斎は京都出身の儒者で「朱子学」を批判し、「古義学」を提唱する立場をとっていた。また私塾「古義堂」を開いて門人を教授した。仁斎は宝永二年（一七〇五）に、その長子の東涯は元文元年（一七三六）に死没したが、儒式による同一型の墳墓を造立して二尊院に葬られている。墓は正面に墓碑を据えて、その背後には円形の土墳を築き、墓碑と土墳以外の平面には玉石が敷かれている。また墓域の周囲は間知積を用いた石垣を築いて区画し、平面は半円形に近い形状をしているが、この様式は中村惕斎《てきさい》の『慎終《しんしゅう》疏節《そせつ》』に描かれる「墳墓」に類似するものと指摘されている。*9

そのほか、近世後期の儒式の墓としては「頼家之墓」（広島県史跡・広島市）や「菅茶山の墓」（広島県史跡・福山市）が知られる。

「頼家之墓」は安芸竹原の出身で広島藩儒として活躍した頼春水（一七四六—一八一六）やその弟の杏坪（一七五六—一八三四）、春水の孫で山陽（一七八一—一八三二）の子になる聿庵《いつあん》

伊藤仁斎墓（背面より撮影・二尊院）

伊藤東涯墓（二尊院）

（一八〇一―一八五六）など頼家一族の墓三〇基あまりが眠る墓所である。その中で山陽の両親で春水と室の梅颸《ばいし》（一七六〇―一八四四）、聿庵、山陽の曽孫の古棋（一八六八―一九三二）の四基は同じ向きに建立されており、墓碑の背面に円錐体の形状をした石製の「墳」を有している。春水の没年は大塚先儒墓所の柴野栗山や尾藤二洲などと同時期であり、形状的には柴野・尾藤の墓に見る土墳と形状的には類似している点などは興味深い。春水の葬礼に関する記録は未見であるが、杏坪など墳は有していない墓も含めて儒式の影響を受けている可能性が高い。なお、『日本外史』を著した山陽の墓は京都の長楽寺にあるが、山陽の葬礼に関しては『山陽凶変始末』なる記録が伝わる。

次に、「菅茶山の墓」であるが、菅茶山（一七四八―一八二七）は備後福山の儒者で、京都の那波魯堂（一七二七―一七八九）に師事した後、郷里で私塾「金粟園」を開いている。その後、塾生が増えたことから塾舎を増築した際に「黄葉夕陽村舎」と塾名を変更した。寛政八年（一七九六）、塾は福山藩の郷学となり、「神辺学問所」となったが通称は「廉塾」と呼ばれている。先の頼山陽も茶山に学んだ門人の一人である。現在は「廉塾ならびに菅茶山旧宅」として国の特別史跡に指定されている。

文政一〇年（一八二七）、八〇歳で没した茶山は黄葉山の麓に葬られたが、墓所には菅家一族のほかに門人の墓二基を含む計二六基がある。茶山の墓は前正面に石門と石灯籠二基があり、周囲には斎垣が巡り、祠堂の中には墓碑と円形の墳がある。墓銘は日野《ひの》資愛《すけなる》（一七八〇

＊9　松原典明『近世大名葬制の考古学的研究』（雄山閣、二〇一二年）二六九―二七〇・二九六―二九七頁。

「頼家之墓」　手前：頼春水墓（背面より撮影・多聞院）

―一八四六）により「茶山先生菅君之碑」と刻され、四面に及ぶ碑文は頼杏坪の撰による。墓碑と墳の構成や位置関係は先の頼春水の墓などと類似する。茶山の葬礼に関しては『文恭先生喪儀』に詳しい。[*10]

また、豊後日田出身の儒者廣瀬旭荘（一八〇七―一八六三・大阪市統国寺）の墓も古写真により当初は墓標の背後に石組の「墳」が存在していたことが知られるなど、[*11]この時期は墓標又は墓碑に「墳」を組み合わせた墓が儒者の間に広がっていたことがわかる。当然ながら「墳」の下部には遺骸が葬られていたと思われる。

江戸後期には『家礼』にもとづく儒葬の実践は徐々に少なくなる傾向にあるが、葬墓の一部に儒教思想が反映された行為は継続されていたことがわかる。

しかしながら、江戸時代を通じてみた場合、儒葬の実践に関しては大名家や主な家臣、士分を除けば、儒者や儒医とよばれた医家などの一部にその様相を見るのみで、儒葬が士庶全体にまで広がっていたとは言えない。岡山藩領のように儒教を信奉した池田光政の影響が強く後世まで反映されて儒葬が近代まで継続した例は稀である。

第二節　近代の儒葬

近代における儒葬とその影響

「菅茶山の墓」左：菅茶山墓

廣瀬旭荘古墓（旧邦福寺、現統国寺）

明治政府による「神葬祭」の許可や「寺請制度の廃止」、「自葬の禁」、「火葬禁止令」などの宗教政策は、葬制や墓制に関して近世とは異なる大きな変化となった。

明治期における儒葬の例は未見の資料も多く、限られた事例ではあるが地方における近世から近代へと連続して墓が営まれた中に見られる儒式墓や、新たな儒式の墓所として造営された事例のほか、葬墓の一部に儒教の影響がみえる墓などについて紹介する。

岡山県では岡山藩主池田光政の儒教思想に対する強い思惟により領内では士庶関係なく、儒葬を普及させようとしたことから、光政の祖父や父母を祀った和意谷墓所が所在する旧和気郡などでは庶民層の一部に儒葬が広がっており、その影響は近代まで継続した。

岡山藩では儒教の普及に関連して、寛文六年八月に切支丹の取り締まりを寺請から神職請に変更し、同九年には藩内の領民の内、九八％が神職請となって領民は寺から離れていったとされるが、このことによって全ての領民が儒葬を実践したという訳ではない[*12]。

北脇義友によれば、寛文六年に藩から示された葬送規範の「儒道ヲ尊ヒ切利支丹請ニ神職ヲ立ル下民葬祭之大畧」には、墓石の正面や裏面に刻む内容などが詳しく示されており、実際には一部記載の無い内容のものもあるとしているが、近代まで概ね規範に沿って墓が造られたとされる。

また墓の構成は墓標と墳の組み合わせが基本形式となり、墓標に戒名を用いないことなどが共通するとしているが、西谷墓地（備前市吉永町）を例にして明治時代に入ると墳の大き

＊10　岡野将士「資料紹介「文恭先生喪儀」」（『広島県立歴史博物館研究紀要』第一二号、広島県立歴史博物館、二〇一〇年）。
＊11　吉田博嗣「廣瀬家史料に見る葬送儀礼について―淡窓・旭荘を中心に―」（『近世大名葬制の基礎的研究』雄山閣、二〇一八年）二七七―二七九頁。
＊12　北脇義友「池田光政による儒葬墓とその影響―旧和気郡の儒葬墓から―」（『石造文化財9』石造文化財調査研究所、二〇一七年）四三頁。
＊13　前掲＊12、五一―五三頁。

さが縮小されたと指摘する。[*13] それまでの墳の規模は横が一一〇cm前後で、縦は一九〇cmほどを測っていたものが急速に小さくなったとし、以前は寝棺であったと想定しているが、その後、棺や遺骸の葬り方がどのように変化したかについては言及していない。また、墳に関しては規模の変化だけではなく、土墳の盛り土が流失した形跡が無いことから土墳そのものが省略されていった可能性について触れている点は注目したい。[*14]

そのほか、北脇は明治時代の藩主池田家の葬礼についても触れており、葬儀は神式で行われるようになったが、墓石の背面に馬鬣封又は墳を有する墓の造立や墓誌の作成などが続いていたことについても論じている。[*15]

次に大分県の例について、豊後岡藩（大分県竹田市ほか）は藩主中川家が池田光政との姻戚関係や交友の中で儒教に傾倒したとされており、儒礼を取り入れて儒式の墓を造っていたことが知られる。豊田徹士は、藩主家による儒教の信奉と造墓の実践が一族を超えて家臣に至るまで広がった結果、明治時代以降、現代に至るまで儒式の墓としての認識が無いままに模倣した墓塔型式として継承している事例があることを指摘している。[*16] 豊田は「儒教式墓」ないしは「儒式墓」とは「前面に墓碑、その背面に跳び箱様の石製馬鬣封」を有する墓のことであると定義した上で、明治時代の儒式墓の例としては近習物頭の小河一順の墓や、御嶽神社の神職の墓のほか、大正時代には在方の医師や画家の例もあり、さらに明治期から平成期まで継続して造立された武藤家墓所などを例示している。しかしながら、近代における儒

＊14　前掲＊12、五〇―五一頁。北脇は働村の儒葬墓を例に時代が下るとともに土墳の規模が小さくなり、併せて盛土の高さも低くなる傾向を捉えて、埋葬主体の上部にある土墳よりも墓石の重要性が増していったのではないかと推測している。

＊15　北脇義友「岡山藩における墓誌について」（『近世大名葬制の基礎的研究』雄山閣、二〇一八年）二九一―二九二頁。

＊16　豊田徹士「近世豊後国農民祖先祭祀の一例」（『石造文化財10』石造文化財調査研究所、二〇一八年）四八―四九頁。

＊17　豊田徹士「岡藩における「儒式墓」」（『石造文化財6』石造文化財調査研究所、二〇一四年）七一―七三頁。

式墓は、これまで見てきたような儒教の思想的影響を強く受けた墓とは異なり、墓銘に戒名などが刻まれている点など儒教思想の影響が希薄となっているとしている。*17

［楠本端山（一八二八―一八八三）］

肥前平戸藩出身の儒学者で幕末から明治にかけて活躍した端山は、豊後の廣瀬淡窓の咸宜園で学んだ後、江戸で佐藤一斎や大橋訥庵などに師事した。また、その弟の碩水（一八三二―一九一六）も廣瀬淡窓や佐藤一斎に師事した。漢学者の三島中洲は中国北宋の思想家で二程子（程明道・程伊川）に因んで「西海の二程」と呼んでいた。端山・碩水の兄弟は明治一五年（一八八二）に故郷で私塾「鳳鳴書院」を開いているが、現在も天保三年（一八三二）に建築した旧宅が現存し、その南側に墓所が営まれている（長崎県佐世保市）。

この墓所は端山が病没した明治一六年以降に整備されたもので、墓域内には端山とその夫人（近藤氏）の墓が左右に並び立ち、その後方には端山の弟で山田節斎など一族の墓が続いている。端山の墓は正面に中国風の石門を設けて、南面する墓標とその背後には土墳を築いている。墓標には「端山先生楠本伯子之墓」とあり、戒名などを持たない儒教式で周囲は斎垣を巡らし、墓域内では平面には玉石を配するなど特異な墓所である。端山は生前の大橋訥庵に儒教式の墓について教えを乞うたとされ、その教えにもとづき墓を造立したとされる。儒教式の墓を採用した端山の墓を含む計七基と旧宅は「楠本端山旧宅と楠本家墓地土墳群七

「楠本家墓地土墳群七基」　楠本端山墓

楠本端山墓（背面より撮影）

基」として長崎県指定史跡となっている。なお、碩水と夫人（浦上氏）の墓は端山の墓の南隣に西面して立ち、墓標には「楠本碩水先生之墓」と刻まれ戒名を持たないが、端山の墓とは異なり儒教的要素は希薄で積極的に儒式墓を採用したとは言えない。

［土屋矢之助（一八二九—一八六四）］

土屋矢之助は長州萩出身で通称を矢之助、名は榥、字は松如、号を蕭海とした。坂井虎山や羽倉簡堂に学んだ後、藩校明倫館の助教や侍講を務めている。同郷の吉田松陰とも親交が深く、尊攘派として活動したが元治元年（一八六四）に早世した。その事蹟は矢之助の末弟で後に義子となった平四郎（一八四〇—一九〇八）の著作『土屋矢之助伝』に詳しい。*18 墓は当初、郷里の光善寺に建立されたが、明治初年に平四郎により青山墓地に移され、さらに同二五年には現在の勝国寺（世田谷区）に建てられた。当初の墓の詳細は明らかでないが、西江錦四郎によれば墓は儒葬であったと報告されている。*19 現在は、墓手前から石灯籠二基が左右に配置され、墓標は圭頭、銘は長三洲の書丹で「贈正五位蕭海土屋先生の墓　贈従五位長荧書　明治二五年十一月」と刻まれている。墓標の背面には基壇二段積みの円墳があり、墳は円形の石で覆われている。西江は円墳の内部構造は不詳だが、大塚先儒墓所の墓と同一構造の可能性があると指摘する。本例は幕末に埋葬された墓であるが明治期に改葬、移築された儒式の墓として取り上げた。

［廣瀬青邨（一八一九—一八八四）］

＊18　土屋平四郎「土屋矢之助伝」（日本史籍協会編『野史台維新史料叢書』十三、東京大学出版会、一九七四年復刻）。

＊19　西江錦四郎「土屋矢之助研究（二）」（『経済研紀要』（第二七号）国士舘政経学部附属経済研究所、二〇一五年）。

青邨は豊前下毛郡出身の咸宜園出身者で後に廣瀬淡窓の養子となり、淡窓没後は咸宜園塾主として活躍したほか、府内藩校で教授するなど儒者として活躍した人物である。維新後は京都府や岩手県に出仕したほか、東京神楽坂で私塾「東宜園」を経営した。明治一七年（一八八四）に東京で没している。当初は青山墓地（霊園）に葬られたが、昭和一三年に多磨霊園に改葬された。また、咸宜園の主な歴代塾主が眠る長生園（大分県日田市）にも墓標がある。多磨霊園の墓所には、入口の左右に石燈籠二基を配し、正面奥には角柱形の墓標が二基並び立ち、向かって右は青邨の墓標で「青邨廣瀬先生之墓」とあり、その左には室の信（ノブ）の墓標で「青邨先生室廣瀬信子墓」との銘がある。また青邨の墓標右には墓碑「廣瀬青邨墓銘」があるが、篆額は三条實美、撰文は川田剛（甕江）、書丹は長炗（咸宜園出身の長三洲）、刻字は井亀泉（酒井八右衛門）による。造立年は碑銘に「明治一八年一一月立石」とあるが、『廣瀬青邨詩鈔』には墓碑銘とは別に墓誌の項目があり、[＊20]墓誌の内容は現存する墓碑の碑文とは明らかに異なっている。青邨の前妻で日田の長生園に葬られた佐玖（サク）の葬礼では諡を「貞閑孺人（墓標は「貞閒合原氏之墓」と刻む）」と定め、遺骸を納めた甕の蓋石に墓誌を刻むなど儒葬を行ったとされていることから、当初の青山墓地での青邨の墓には地中に墓誌が存在していた可能性がある。[＊21]

［長　三洲（一八三三―一八九五）］

豊後日田郡出身で通称は光太郎、名は炗、字は世章、号を三洲・韻華などとした。官僚、

＊20　吉川孔敏編『廣瀬青邨詩鈔』（私家版、一九七〇年）七頁。

＊21　吉田博嗣「近世後期の豊後日田における葬礼の実践について―廣瀬淡窓・咸宜園とその周辺―」（『近世大名の思想と礼楽』勉誠出版、二〇二〇年予定）。

廣瀬青邨墓（多磨霊園）

漢学者、書家として活躍した。弘化二年（一八四五）、一三歳で廣瀬淡窓の咸宜園に入門し、成績は月旦評で最高位の九級に達している。安政二年（一八五五）、大坂の廣瀬旭荘塾で都講を務めて教授し、万延元年（一八六〇）には長州藩の藩校明倫館で講義を行い、奇兵隊に加わるなど勤王の志士として奔走した。維新後は新政府に出仕し、明治五年八月に発布された「学制」の創設に貢献した。その後は文部大丞、教部大丞に任じられたほか学務局長や侍読、東宮侍書などを歴任した。三洲の父は日田郡出身で専称寺に生まれた梅外（一八一〇―一八八五）で、名は允文、字は世文、号を南梁とした。初めは医業を開いていたが廣瀬淡窓に学んだ後、英彦山座主の祐筆を務めつつ自ら私塾を開いていた。幕末には長州藩の藩校教授もした。明治四年、東京で三洲とともに漢詩結社「玉川吟社」や、同一三年には「斯文学会」などの立ち上げにも尽力した。明治一八年に没した当初は青山墓地に葬られたが、現在は多磨霊園に改葬されている。現在の墓は長梅外からの累代墓となっており、墓標は角柱形で「長氏塋墓」と刻まれ、その背後には円形に石組みされた内側に「土墳」の痕跡を見る。古写真では土墳の高さが一メートル以上あったことがわかる。明治二八年に没した三洲の遺言によれば、父の梅外は遺言により神葬としたが、自らは先祖が寺院の出自であることから仏教を信奉するとして仏式による葬儀を望んだとある。[＊22] 親交の深かった三島中洲が撰文した墓碑銘が伝わるが碑石は現存しない。[＊23]

長梅外・長三洲古墓（現在、多磨霊園）

＊22　中島三夫『長三洲』（私家版、一九六八年）三〇五―三〇八頁。

＊23　中島三夫『長三洲』（私家版、一九六八年）三〇一―三〇三頁。

おわりに

江戸時代においては、江戸幕府による寺請制度の施行により一般の庶民は仏教を信奉し、葬祭や先祖供養などは寺院とのつながりが大きかった。一方で神葬は神道の影響を受けた大名家の一部や限られた神職の間でのみ祭礼行為が実践されていたが限定的で大きな社会変革までには至っていない。江戸時代を通じて学問や思想の中心となった儒教・儒学を信奉する大名家や儒者らは、葬儀や遺骸の祀り方（「治葬」）、墓の造立などの葬礼を『家礼』にもとづき実践した。

近世大名家の墓所では品階に応じた行為として、「墓石」の規模や「亀趺碑」の有無、「馬鬣封」や墓誌などにその特徴が見られるが、本稿では「儒葬」の実践に欠かせない存在であった儒者の墓に着目して述べてきた。

儒者の儒葬のあり方については中村惕斎の『慎終疏節』などが伝わるが、近代の史料は乏しく埋葬主体など墓の下部構造のことはよく分からない。近世では墓標や墓碑など墓石の形態（圭頭や円首など）のほか、墓を構成する墓石と壙の存在、さらに石門や斎垣など墓域への意識も高かったことがわかっている。ただし、このような行為の背景には儒教の影響だけではない、いわゆる神儒混淆があったことはすでに指摘されているとおりである。

明治期には儒教・儒学あるいは漢学の類は社会的需要が減少し、その必要性から一部の漢学者を除けば急速に儒教への意識は希薄となっていった。当時は漢学者の多くが新政府などで公務に従事するものが多く、明治初年の「神葬祭」の法制化を始め、明治五年の青山墓地の建設など仏教とは隔たる神葬墓所が形成されたことにより、葬儀においても神葬祭をおこなうことが増えたと思われる。その結果、儒葬が採用されることは少なくなり、青山墓地においても著名な漢学者や蘭学者らが墓を造っているが、いずれも戒名や法号を持たない墓でありながら儒式墓としての特徴は特段見られない。

神道や神葬礼が近代社会の中で広く浸透する中で、仏教排除の動きもすぐに復したことなど葬礼に関して言えば、神儒仏の混淆が一層進んだ感がある。その点においては前近代から接続する「墳」の存在など儒式墓の形態的特徴は徐々に失われていったと思われるが、本来、儒葬にとって重要なのは遺骸の祀り方（「治葬」）ともされており、埋葬主体の様相は葬礼の記録などが無い限り知り得ることもできず、儒葬が全く無くなったとも言い切れないのである。

幕末までは各地で儒葬の墓が造られていたが、明治時代に入ると楠本端山の例など従来の『家礼』にもとづく墓の造立は極めて少なくなった。その中で、明治期以降も頼家之墓や岡山県、大分県における儒式墓の展開のような事例は今後も増えていくものと思われる。型式だけを踏襲し、儒教思想とは無関係な儒式墓様なるものが造立された例もあるので注視する必要がある。また、当初は青山墓地に葬られ、現在は別の霊園や墓所に改葬された例や、墓の整理縮小に伴い改変された結果、儒葬における「墳」の存在が失われた例もある。そのほか、葬礼に関する歴史資料の発見や改葬などに伴い実施された発掘調査では儒葬や埋葬された墓誌の存在などが明らかとなっている。

一方で近代になると漢学者の墓に顕著となるのは、墓標とは別に墓碑を建立することである。墓碑には故人の事績が刻んであるが、本来の慰霊や先祖供養とは異なり、追悼や顕彰などの意味が強く含まれた墓碑が建立されていく傾向となる。その設立には交友関係が大きく関与し、撰文や書丹には当代きっての文章家や書家があたっていることは注目される。

近代における儒葬では従来の『家礼』にもとづく葬儀や、大名墓に見る亀趺碑や馬鬣封の存在、儒者の間に広まった墓碑や土墳、墓誌の存在のほかに墓域を区切る石門や斎垣などといった明確な事例は徐々に見えなくなるが、墓の形態だけでは明らかな「儒葬」と言えなくても儒教の影響を受けた葬礼の実例は各地で継承されていた可能性があると考えたい。

【参考文献】

岩田重則『墓の民俗学』（吉川弘文館、二〇〇三年）
近藤啓吾『儒葬と神葬』（国書刊行会、一九九〇年）
前田俊一郎『墓制の民俗学―死者儀礼の近代―』（岩田書院、二〇一〇年）
松原典明『近世大名葬制の考古学的研究』（雄山閣、二〇一二年）
松原典明編『近世大名葬制の基礎的研究』（雄山閣、二〇一八年）
矢野敬一『慰霊・追悼・顕彰の近代』（吉川弘文館、二〇〇六年）

第二章　漢訳仏典と「日本仏教」

桐原健真

第一節　漢文は生きている

今日の日本社会において、古典中国語としての漢文はもはや書記言語として機能していないと言ってよい。しかしながら、実は漢文テキストがいまだ現役で機能している分野が存在する。それは、学校教育や学術研究のような狭い分野ではない。すなわち仏教界である。

漢文というと、しばしば儒学者あるいは漢学者の専権事項であり、四書五経に始まる儒学テキストが第一に想定されがちである。事実、近世日本を対象とする思想史的叙述などでは、漢文書記者としての仏教者が取り上げられることは少ない。しかし同時代における出版状況を考えたとき、漢文テキストである仏典およびその注釈書が極めて大きなシェアを占めていたことは確かであり、諸宗本山が集中する京都は、それゆえに出版文化の一大中心地であった。また漢文テキストの流通と受容という側面から言えば、本末制度によって構成されたネットワークと学林体制は、ようやく近世中期以降に広く整備されるようになった私塾や藩校と比べても、規模や内容において明らかに充実していた。

中世以来の神儒仏三教一致の思想的潮流のなかで、これら三教はいずれも伝統的に漢文テキストをその教説の基礎としていた。しかし近世後期に「漢意」を批判した神道は和文を基礎とする独自の道を歩むこととなり、また儒学は近代以降にもっぱら語学の一つとしての「漢学」となり、あるいは近代的な学知としての「支那学」（中国哲学・中国史学・中国文学）へと分化していき、教説としての総合性を失っていった。こうして、神儒仏三教のなかで、近代以降、そして今日に至るも漢文テキストをその教説の基礎としているものは、ただ仏教だけになってしまったと言ってよい。事実、僧侶であれば勤行において日常的に漢文経典に接し、また仏式での葬祭では、列席者は漢文経典の読誦を聴くのが一般的になっているのである。

しかし職業的宗教者である僧侶は別として、一般の在家者が、こうした漢文テキストを、その意味内容まで十分に理解して受容しているかは疑わしい。もちろん在家の篤信者などは、みずからの宗旨にあわせた経典を読唱したり、ときには返り点も何も付いていないまったくの白文である般若心経を写経したりすることもあるに違いない。あらためて考えてみると、こうした漢文テキストの存在形態は、非常に興味深いものがあるが、ここでは今日に至るも漢文テキストの主たる担い手になっている仏教が、いかに明治という新しい時代を迎えたのかということを中心にみていきたい。

第二節　明治仏教における二つの困難

明治初期の仏教界は、国内外における二つの困難に直面していた。一つが国内における神仏分離政策やこれに続く廃仏毀釈である。神道国教化を模索する新政府の施策のなかで、仏教者たちは政治的・経済的な特権性を剥奪され、また伝統的な三教一致思想を教学的に否定されることとなった。そしてもう一つが、彼ら自身の存在自体を問うような、国外からもたらされたより本質的な困難であった。それがキリスト者による大乗非仏説論である。

大乗非仏説論とは、大乗仏教の教義や経典は仏説すなわち仏陀の金口直説ではないとする主張を指す。すでに近世中期の儒学系知識人である富永仲基（一七一五―四六）が、『出定後語』（一七四五）において、大乗仏典は、釈迦の死後、その金口直説の上に新たな教説が追加された結果であると指摘しており、その主張自体はそう目新しいものではない。しかし、明治の仏教者たちにとっては、こうした主張が海外から、とりわけ在清プロテスタント宣教師によって説かれたところに大きな問題があった。

宣教使たちは、仏教に対するキリスト教の優越性を説き、入信をうながすことを目的としたのであり、その意味で、彼らの説く大乗非仏説論は形を変えた排仏論であったとも言える。もとより在清宣教師たちは、清国内にいる仏教徒に向けて仏教批判を投げかけたのであり、日本の読者を意識していたわけではない。しかしそれらはみな漢文で記されていたため、日本知識人もまたこれを読むことができたのである。

清国内で出版された漢訳洋書は、海外知識の重要な源泉として幕末維新期の日本にも広く流入していた。そこにはキリスト教宣教を目的とした著作も含まれており、たとえばイギリス人宣教師のジョゼフ・エドキンズ（一八二三―一九〇五）が著した『釈教正謬』（一八六六）はその一つである。この書に接した養鸕徹定（一八一四―九一、浄土宗初代管長）は『釈教正謬初破并再破』（一八七三）を著し、強く反駁している。このような応酬が可能であったのも、それが東アジアの共通言語としての漢文によって著されたからであった。

こうしたキリスト教宣教師による大乗非仏説論は、一九世紀のヨーロッパにおけるサンスクリット学などの成果を取り入れつつ、近代文明を背景に構成されていた。それは、一種感情的であった日本国内の排仏論とは質的に異なるものであり、それゆえ日本の仏教者たちは、みずからの教説の正当性を弁証するための回答を模索する必要に迫られたのである。

第三節　大乗即仏説の弁証

こうした大乗即仏説すなわち大乗仏典は釈迦の金口直説であることとの弁証を試みようとした際、日本の仏教者たちにとって大きな問題が存在していた。すなわち彼らの教説の基本となっている大乗仏典は、基本的に漢訳されたものだという事実であった。もとより近代以前の日本の仏教者も、みずからの用いている経典が漢訳されたものであり、原典としての梵語（サンスクリット語）仏典が存在するという事実は認知していた。江戸後期の真言僧である慈雲飲光（一七一八―一八〇四）が、近代的なサンスクリット研究移入以前としては最大の成果ともいうべき『梵学津梁』（一千巻余）を編んだことは、そのことをよく示している。しかし多くの場合、それが漢文という神聖にして普遍なる言語によって記されていることは、多くの仏教者を満足させるに十分であった。

しかし近代以降、日本の仏教者は、ヨーロッパのサンスクリット研究に基づく仏典の文献批判と、これに立脚した大乗非仏説論に直面する。それゆえ志あるものは、みずからの教説の基本となっている大乗仏典が釈迦の金口直説であることを証明するために、よりオリジナルに近いであろう梵語仏典にアプローチすべく、サンスクリット研究の中心地であるヨーロッパに留学したのである。彼らは大乗非仏説論を乗り越えんがために、遠く泰西へと旅したのであるが、しかしそこでの学究自体は彼らの目的をかえって打ち砕くものともなった。すなわち、オックスフォード大学でマックス・ミュラー（一八二三―一九〇〇）に師事し、帰国後に明治仏教学界をリードした南条文雄（一八四九―一九二七、真宗大谷派）は、次のように書き残している。

たしか明治十二年〔一八七九〕の十二月下旬のころ……マ博士（Max Müller）のところ

から私あての書信が来た。「かねて君の切望している『極楽荘厳経』（無量寿経）の梵文の写本を、ロンドンのアジア学会から借り出したからすぐ来い」という書信であったから、私は心から喜んで先生の宅を訪ね、大切に携えて宿に帰り、辞書と首っ引きで、とにかく一斑を窺いえたが、不思議なことには、真宗の教義中最も大切な点とされている第十八願成就の文中、至心廻向の一句に相当する文のないことを発見し、笠原〔研寿〕君の帰って来るのを待ちかねてこれを話して、数日間ほとんど寝食を忘れてこれを謄写したのであった。（南条　一九二七、一二七〜一二八頁）

いわゆる浄土三部経の一つである『無量寿経』に記された法蔵菩薩による四十八願のうち、称名念仏による浄土往生を説く第十八願は、浄土真宗のみならず浄土教全体においても最重要なものと考えられ、「本願の中の王」（法然　一一九八、一一八頁）とも言われた。こうした箇所が梵文テキストに存在しないことは、浄土教の教説それ自体の存立を危うくしかねないものであり、若き南条にとっては大きな問題として認識されたことであろう。大乗が仏説であることを弁証しようという試みは、かえってみずからの教説が依拠する漢訳仏典が原典から逸脱したテキストであることを証明してしまったのである。

第四節　「日本仏教」言説

今日の学術的な立場からみれば、大乗仏典に記された釈迦のことばなるものが、歴史的存在としての釈迦の金口直説ではないという認識は一般的なものだと言える。大乗仏典と呼ばれるものは、釈迦が没してのち数百年を経て、紀元前後ごろに初めて現れたというのが、これまでのサンスクリット研究における一つの結論だからである。こうした認識は、一九世紀ヨーロッパの学術世界においてもすでに現れており、それは明治の仏教界でも次第に認知されるようになっていた。したがって、学術的な正しさから言えば、宣教使たちの唱える大乗非仏説論は正当であったと言える。

しかし、事実の正しさは主張の正しさを必ずしも担保するものではない。宣教師たちが、仏教者を改宗させるために学術的成果を振り回したことは、文明の暴力と言ってもよいだろう。そうした「暴力」に抗すべく、明治日本の仏教者のなかには、自分たちの信じるものはあくまでこの日本において弘通しているところの「仏教」であって、サンスクリット学の対象としての「Buddhism」ではないのだという主張すらなされた。仏教の革新を唱え、哲学館（現・東洋大学）を開設したころの井上円了（一八五八―一九一九）は次のように述べている。

余がいわゆる仏教は、今日、今時、わが国に伝わるものをいい、その教の初祖たるものこれを釈迦と名づくるなり。ゆえに、耶蘇教者中、インドに仏教の原書なし、大乗は仏説にあらず、釈迦は真に存するものにあらず、等と喋々するものあるも、余が毫も関せざるところなり。（井上　一八八七、五四九頁）

自分たちの信じる大乗教説は、自分たちの信じる釈迦による金口直説なのであり、学術的な事実やキリスト者からの批判は一顧だにすべきものではないのだ――と円了は断ずる。それはある意味で信仰を学術に優先させた態度であり、さらに言えば、「今日、今時、わが国に伝わる」漢訳仏典の正統性を宣言するものでもあった。かくてこの列島における仏教をめぐる語りは、それが本来有していたであろう普遍性よりも、「わが国」という固有性を強調した「日本仏教」へと変質していくこととなる（クラウタウ　二〇一二）。

しかしながらこうした語りは、あくまで国内的な弁証であり、ヨーロッパから続々ともたらされるサンスクリット研究の成果は、もはや黙示しがたくなっていく。それは、漢訳仏典に留まらず、大乗仏教そのものの正統性を脅かすものとなり、それゆえ日本の仏教者たちは、原典たる梵語仏典を求めてヒマラヤ山脈の奥地にみずから足を踏み入れるようになるのである。

第五節　求法僧・河口慧海

一九世紀後半、崑崙山脈とヒマラヤ山脈によって南北を挟まれた高原に位置するチベットは、世界中のサンスクリット研究者にとって文字通り「法蔵」の地であった。すなわち、当時、厳しい入国制限を設けていたこの国には、いまだ知られぬ多くの梵語仏典やこれらをチベット（西蔵）語で翻訳した蔵訳仏典が存在していると考えられたからである。日本の仏教者も、こうしたサンスクリット研究における世界的な潮流に促されチベットを目指した。そのなかには、真宗大谷派の僧で仏教学者であった能海寛（一八六八―一九〇三?）のように、繰り返しこれに挑戦するも、結局は失敗し、消息を絶つものもあった。こうした命懸けの求法の旅に初めて成功したのが、黄檗宗出身の河口慧海（一八六六―一九四五）であった。

慧海は、仏教信仰の篤い家庭に生まれたが、父親は樽桶職人であり、職業的な宗教者ではなかった。すなわち彼はみずからの意思で出家し僧侶となったのであり、彼は「一切衆生を済度」（河口　一九〇〇、一一一頁）することに、その生涯を捧げたのである。

一八九七年に神戸を発った慧海は、インド・ネパールを経て、一九〇〇年にチベットへと密入国を果たす。仏教者として漢文を書記する能力を有していた彼は、福建省出身の中国僧と称して入国した。共通言語としての漢文は、ここでも機能していたのである。彼はラサの大僧院であるセラ寺に学びながら仏典収集に努めていたが、やがて国籍が発覚し、一九〇二年に出国する。帰国後の彼は、さらなる仏典収集を目指して蔵梵仏典購求会を組織し、一九〇五年にネパール、一九一三年にチベットへ入り、ナルタン版大蔵経を始め大量の梵蔵仏典・仏教美術品などを収集し、一九一五年に帰国している。

「仏道を修行して一切衆生を済度せん」（同前）という志を抱き、出家者となった慧海にとって、みずからの信じるものが「大乗」以外にあり得なかったことは言うまでもない。また、彼は体系的な学術的訓練を受けてはいなかったが、円了の哲学館に学んでいたこともあり、日本仏教を大乗仏教の最高の段階と捉える立場を堅持していた。こうした彼にとって梵蔵仏典は、みずからの教説の基礎を成している漢訳仏典の補完的存在であったといえる。彼はみずからがチベット行を発願した動機を次のように記している。

素人にも解り易い経文を拵えたいという考えで、漢訳を日本語に翻訳したところが、はたしてそれが正しいものであるかどうか。サンスクリットの原書は一つでありますが漢訳の経文は幾つにもなって居りまして、その文の同じかるべきはずのものがあるいは同じのもあればまた違って居るのもあります……何にしてもその原書に依って見なければこの経文のいずれが真実でいずれが偽りであるかは分らない。これは原書を得るに限ると考えたのです。（河口　一九〇四a、一巻二二頁）

慧海の属する黄檗宗の本山である万福寺（宇治市）には、鉄眼版と呼ばれる大蔵経がある。

数年にわたりこれを読み続け、漢訳仏典相互にある異同の存在に気づいた慧海は、本来の正しいテキストを定めるために、「サンスクリットの原書」を求めた。しかしそれは学術的な関心からではなく、「平易にして読み易い仏教の経文を社会に供給したい」という願いから発しており、彼はあくまで衆生済度の立場からチベットへ向かったのである。

ここに引いた文章は、慧海が初めてのチベット行から帰国して直後のものであり、そこに漢訳仏典と梵蔵仏典との優劣は必ずしも語られていない。だが、漢訳には異同が多いという事実は、彼にとって必ずしも漢訳仏典やこれに依拠した大乗仏教（とくに日本のそれ）の全面的な欠陥を意味していなかった。このことは、彼がふたたびチベットに向かった際に組織した蔵梵仏典購求会の「趣意書」にも現れている。

現今我が国仏教に於て易解の経典を渇望するの甚だしき。漢訳仏典を重ねて和訳せんと試むる者なきに非ず。然れども果して漢訳の確実なりや否やは現今欧米学者の疑ふ所にして、其の西蔵訳に比して大に劣れりとする者さへあるに至れり。余は此こに漢訳の完不完を説くの暇なしと雖も、兎に角今後仏教の研究上に於て漢訳のみに執着すべからざるは明瞭なる事実にして、其の蔵訳に比較し、其の梵語の原経を対照して、以て仏教本真の原理を発見・証明するは、吾人仏教徒並びに世間学者の義務なりとす。（河口一九〇四b）

欧米には漢訳が蔵訳に劣るものだと指摘するサンスクリット研究者がいることを認めつつ

も、慧海はその当否自体を論じることなく、梵蔵漢の仏典を比較検討することで、日本社会に「三語対照の比較研究上無謬の三蔵」を提供できるのだと主張する。彼が梵蔵仏典を求めたのは、漢訳仏典を上書きするものではなく、あくまで「易解の経典」を日本社会に提供するためであった。その意味では、彼の目指していたのは、「国訳」と銘打ちながら、結局は漢訳仏典を単に書き下しにしただけのものではなかった（『国訳大蔵経』の刊行事業は一九一〇年に始まる）。彼は梵蔵漢三種の仏典を総合し、釈迦の金口直説を定めることを目指したのである。それは衆生済度という彼の本願に由来するものであった。

第六節　漢訳と蔵訳

こうした総合的態度に立っていた慧海にとって、漢訳仏典は、たとえそこに瑕疵があるにせよ、決して全否定されるべきものではなかった。いなむしろこのころの彼は、日本が最高の大乗仏教国であるという認識に立って、漢訳仏典の正当性を強く訴えるような人物であった。それは、仏法東漸過程の発展段階論的な把握と、「大日本帝国」が日清・日露という大戦争を経て、アジアにおける一大文明国になったという自負に支えられていた。すなわち日本帝国がアジアの近代化を主導すべきであるように、日本仏教もまたアジアの仏教を近代化していく使命を有していると彼は考えた。それゆえ彼は、日本仏教の基礎となっている漢訳仏典に対してもまた高い評価を与えたのであり、ときに漢訳と蔵訳とに齟齬があったならば、彼は迷わず漢訳に軍配を揚げたのである。第二回のチベット行（一九〇四〜一五）から帰国した直後の講演で、彼は「三語対照の比較研究」の結果を次のように述べている。

西蔵訳の経典は原本の字句其物に拘泥し、直訳的に翻訳されたもの、支那訳の経典は字句に拘泥せず、意義内容精神に重きを置き、仏が経文を説かれた時の心持ちで、恐ろしく忠実に、適切に訳されて居る、仏と同様には参らぬも尠くとも菩薩地に昇った立派な三蔵方が仏は如何なる三昧、如何なる必要に応じて説かれたものであるかといふことを充分呑み込んで翻訳されて居ることが判明しました。（河口　一九一五、四七四頁）

蔵訳は直訳であり、漢訳は意訳である。漢訳こそ釈迦の精神を正しく受け止めて翻訳したものにほかならないのだ——と慧海は言う。そして「一例」として法華経における「十如是」が蔵訳には存在せず「五如是」に留まっていることを指摘する彼は、だからこそチベット仏教では「一念三千の妙理は現はれて来ぬ」のだと断ずる。この「一念三千」とは、一念に宇宙存在のすべて（諸法）が存するという天台宗の根本教説ともいうべき思想である。こうした教えがテキスト上から本質的に成り立たない点に、慧海は、蔵訳さらにはこれに立脚するチベット仏教の不完全性、そして同時に漢訳の無謬性を結論する。そしてそれは同時に、漢訳仏典に立脚する日本仏教の無謬性を証明するものでもあった。

このように大乗仏教の最高の段階としての日本仏教を宣揚していた慧海であったが、しかしやがてその立場をみずから全否定するようになる。それは蔵訳仏典のみならず梵語仏典の文献批判を続けた彼が、「西蔵の経典が支那訳より優れて、世界唯一の翻訳を有つて居る」(河口　一九二三、一四七頁)ことを知ったからであった。それゆえ彼はかつて「妙理」とまで称えた「一念三千」の思想を、それが「梵文原本」に「十如是」が存在しなかったことを理由に、「全く立つことの出来ないもの」(河口　一九二八)であると断じたのである。それは、単に法華経解釈にとどまらず、漢訳仏典に基礎を置く日本仏教自体もまた「全く立つことの出来ないもの」と結論するものであった。かくて最高の大乗仏教国の僧侶として大乗非仏説論の否定のために梵蔵仏典を求めた慧海は、かえってその日本仏教が非仏説であることを論証してしまったのである。

第七節　『大正新脩大蔵経』の刊行と「日本仏教」

チベットに入るべく慧海がヒマラヤ山中に足を踏み入れていた一九〇一年、日本では村上専精(一八五一―一九二九、真宗大谷派)が『仏教統一論(大綱篇)』で、学術的立場から大乗非仏説論を展開していた。もとよりその主張のために専精は一時僧籍離脱を余儀なくさせられたが、しかしこれ以降、日本国内でも、仏教研究の世界においては次第に大乗非仏説論が通説となっていく。

それでは漢訳仏典は学術的にも信仰的にも価値のないものと見做されるようになったのであろうか。答えは否である。梵蔵漢における「三語対照の比較研究」を徹底させた慧海が、漢訳仏典に基づく日本仏教非仏説論へと逢着したころ、しかし他方では、この漢訳仏典を永遠化する営みが進んでいた。すなわちそれが高楠順次郎（一八六六―一九四五、浄土真宗本願寺派）と渡辺海旭（一八七二―一九三三、浄土宗）が中心となって一九二四年に始まった『大正新脩大蔵経』（大正蔵、一九三四年完結。ただし中国・日本撰述部も含むのですべてが漢訳なわけではない）の刊行事業であった。

むろん大正蔵以前にも、一八八五年のいわゆる『縮刷蔵経』を始めとして活版印刷による近代的な大蔵経の出版事業はいくつか存在した。しかし、大正蔵の特筆すべき点は、それまでの活版大蔵経が基本的に近代以前の版本を活字化するといういわば形態的な変更に留まっていたものを、高麗大蔵経を基礎としつつも、梵語やパーリ語の仏典を含めた原典や諸伝本を校合しつつ、ひとつのテキストを定めていった点にある。それは神聖なテキストとしての仏典を「弘通」させる営みというよりも、二〇世紀初頭における日本のサンスクリット研究や仏教研究の粋を集めた文献学的な出版事業であり、その価値はより学術的な側面にこそあったと言える。

もとより今日の目からみると、大正蔵も少なからぬ編集上の問題点が散見される。しかし、当時の日本における仏教・サンスクリット研究の総力を挙げて編纂された学術的成果それ自体は今なお色あせることはなく、これを越える体系的な仏典の叢書はいまだ現れていないと言ってよい。それどころか、大正蔵をもとに「大正新脩大蔵経テキストデータベース」が公開されているように、大正蔵自体が進化を続けている。さらに近年では、International Image Interoperability Framework（IIIF）を通した諸本との画像比較が可能になり、仏教研究における大正蔵の価値はますます高まっていると言ってよい。末木文美士は、「〔大正蔵〕最大の欠点は、逆説的な言い方ではあるが、余りに優れていて、再検討する気を研究者に起させなかった点ではあるまいか」（末木　一九九三、四一～四二頁）と指摘しているが、まったく卓見であろう。

まさに大正蔵の刊行事業は、「日東学仏の徒」（高楠「〔大正蔵〕刊行趣旨」一九二三）の学術的水準を内外に宣揚する営みであった。のちに高楠が、フランスの碑文・文芸アカデミーから中国学の貢献者に与えられるスタニスラス・ジュリアン賞を受けたことは、その学術的水準の高さを示すものでもある（クラウタウ　二〇一〇、一二三頁）。ただしここで「刊行趣旨」が、漢訳仏典を「吾が大蔵経」と呼び、またその「弘通」を「吾国仏学者の任務」と規定したことは見逃すことのできない点である。それは漢訳仏典こそが日本仏教の基礎的テキストであると位置づけるものであり、同時にこのことは、主として漢訳仏典が流通する東アジア漢字文化圏において、日本が文化的に特権的地位を占めることを宣言するものであった。

もとよりこの事業に携わったものたちの多くは、仏教学者であると同時に仏教者でもあって、漢訳仏典を「至大絶妙の遺教を伝持宣揚するもの」（「刊行趣旨」）と捉えており、そこに不敬さがあったわけではない。しかし、その刊行の背景にあるものがもっぱら学術的関心（渡辺　一九五三）であったことは、大蔵経編纂それ自体に宗教的意味を見出していた近代以前のような心性とは少なからず離れていたと言える。むしろ「刊行趣旨」からは、最高の大乗仏教国である日本こそが、これを担い得るのだという自負がみえるのであり、逆に言えば、この事業を成就したとき、日本は名実ともに最高の大乗仏教国となるのだという認識がそこにはある。

かくて大正蔵は、日本にとって、みずからが東アジアにおける仏教文化の代表者たることを誇示するツールともなっていく。そしてそれは単に学術の世界だけではなく、政治的場面においても機能した。すなわち、ときに日本の外務省が中国大陸の名刹に対して大正蔵を「授経」したように、大正蔵は「仏教文化を通じての日支親善」（張　一九三七）を演出する舞台装置をも用意したのである。

他方で、大正蔵編纂により漢訳仏典が学術的に再編成され、また再評価されたことは、ヨーロッパの仏教研究において「西蔵訳に比して大に劣れり」とされていた漢訳仏典の再権威化をうながすものであった。「吾が大蔵経」は「大聖釈迦牟尼の真教」を「伝持宣揚」するものなのだという認識は、日本の仏教者たちに漢訳仏典の正統性、さらにいえばこれに立脚した日本仏教の正統性を確信させるものともなった。それは、あくまで漢訳仏典のなかでみずからの教義を考える態度であり、「今日、今時、わが国に伝わるもの」のみが自分の信じる「仏教」なのだと断じた円了的な「日本仏教」言説の延長上に位置するものだとも言える。

今日、職業的仏教者の多くは漢訳仏典をそのまま読誦するのが常態である。これに対して疑問を呈するものも、出家・在家ともに存在する。意味が分らないから有難いと考える立場もあるが、わからないものを有難がるメンタリティ自体に対しても批判はある。かつて慧海が梵蔵仏典を収集し、「三語対照の比較研究」を企図したのは、「読み易い仏教の経文」を提供し、一切衆生を済度しようとする菩提心に発していた。現在、現代日本語で仏典を読誦する「意訳勤行」といった試みや、平易な翻訳仏典の提供を使命とする仏教伝道協会のような団体が存在するが、必ずしも一般的ではない。現代日本において、仏教界は漢文テキストにとっての「最後の砦」――あるいは「ロスト・ワールド」――と言ってよいが、はたして今後、漢訳仏典は、そして「日本仏教」の信仰はどうなるのか。やがて大正蔵から百年を迎えようとするこのときにあたって、改めて考えてみる必要があるだろう。

※引用に際しては、適宜句読点や送り仮名を付した。また傍点はすべて引用者の付したものである。

【参考文献】

井上円了『仏教活論序論』一八八七、現代仏教名著全集一『仏教の諸問題』隆文館、一九七一年
河口慧海／奥山直司編『河口慧海日記――ヒマラヤ・チベットの旅』（一九〇〇）講談社学術文庫、二〇〇七年
河口慧海『チベット旅行記』（一九〇四ａ）講談社学術文庫、一九七八年
河口慧海「蔵梵仏典購求会趣意書」、『死生自在』博文館、一九〇四年ｂ
河口慧海「西蔵の密教」一九一五、河口慧海著作集一六『論集Ⅱ』うしお書店、二〇〇二年
河口慧海「西蔵事情」一九二三、河口慧海著作集一五『論集Ⅰ』うしお書店、二〇〇一年
河口慧海「改刊の辞」、『梵蔵伝訳法華経』世界文庫刊行会、一九二八年
クラウタウ・オリオン『近代日本思想としての仏教史学』法藏館、二〇一二年
末木文美士『日本仏教思想史論考』大蔵出版、一九九三年
高楠順次郎「刊行趣旨」（一九二三）、『大正新脩大蔵経総目録』大正一切経刊行会、一九〇三年
張茂吉「厦門の大蔵経授経式――日本寄贈の大正新脩大蔵経を永遠の寺宝として名刹南普陀寺に納む」、『海外仏教事情』四巻四号、一九三七年
南条文雄『懐旧録』（一九二七）東洋文庫、一九七九年
法然『選択本願念仏集』一一九八、日本思想大系一〇『法然一遍』岩波書店、一九七一年
渡辺楳雄「仏教界こぼればなし　大正新脩大蔵経成立のいきさつ」、『世界仏教』八巻七号、一九五三年

第三章　近現代日本の風水——散文化する「観相」行為

平崎真右

第一節　考察の視点——「観相」という視座

「風水」という言葉を聞いて連想するものは何だろうか。ウェブ上で検索をしてみれば、「インテリア」「開運」「運気」といった文字がすぐさま出てくるにちがいない。それに付随した入門書やグッズ類も山ほどみつかるだろうが、現代日本の風水は、まずそのようなものとしてある。

このような現象は、学術的な角度から捉えた場合にはある種の俗化や逸脱とみえるかもしれない。しかし、ものの考え方や思想といったものも時代とともにあることを考えれば、占いやインテリア化した風水も、それを頭から否定することはできない。俗化や逸脱とみなして等閑視するよりは、それがどのように利用または消費され、機能しているのかの様態を考えてみたい。考察の対象が古い沿革を持つ思想や思考形態であればなおのこと、時代や地域での扱われ方とその変遷をたどる作業は一定の意義をもつ。本章では以上の目的のもと、風水を扱っていくこととしたい。

ここで、風水を扱っていく論点を明確にしておこう。まず、風水は紀元前の中国でうまれ、発達した思考認識および世界観、またそれにもとづく具体的な方法としてある。しかし本章では、中国起源の風水の日本での展開をトレースするなかで、それが多様な人々に活用される「知（リテラシー）」としてあった点に注目してみたい。その際には時間軸をこの国の近代、つまり西洋的な「知」が吸収され、自然科学的な思考が前景化していく時期以降にとり、風水がどのような様相を示してきたのかに焦点を絞っていく。

そもそも日本における風水は、「陰陽道《おんようどう》」の範疇《はんちゅう》に属するものとみられてきた向きがあり、その構成要素の感さえある。[*1] この陰陽道は明治三年（一八七〇）に公的機関としての「陰陽《おんよう》寮《りょう》」が廃止されて以降、表舞台からは消えていくが、民間での占いや呪いとしての需要も相まって、風水的な思考や認識は社会のなかに伏流し続けていく。

これらの事情から、日本では時代が現代に近づくほど、風水をそれ自体として論じることにはある種の困難さが伴うことになる。そのため、それら風水の認識や知見をいかした活動を論じるに際しては、その様態を捉えていくための視座を確保する必要がある。そこで、ここでは風水の認識や思考方法の要点である「観相《かんそう》」に着目し、風水を「観相的な知」（以下、「観相」）と再定位することで、近代以降に散見される風水のあり様を捉えていきたい。

この「観相」は、西洋から輸入された科学知識と交差することで近代的な文脈を獲得して

＊1　日本の風水は陰陽道との関係から説明される傾向にあるが、同じことは陰陽道研究の側にも言える。例えば、村山修一『日本陰陽道史総説』（塙書房、一九八一年）や、山下克明『平安時代の宗教文化と陰陽道』（岩田書院、一九九六年）、同『平安時代陰陽道史研究』（思文閣出版、二〇一五年）などを参照。

いき、それは現代にもなお命脈を保つ「知」としてあり続けることになる。この様子を捉えていくことは、近世期までは漢学（漢文学）の範疇に属した知が、近代以降のパラダイムシフトのなかで自らの居場所をみつけていく状況を考えていくことにも繋がっていく。それを追跡する前に、まずは風水の歴史的な展開を概観することからはじめよう。

第二節　日本への伝播とその展開——民間への広まり

本節では、風水の基本的な理念や特徴に関する確認と、日本への伝播と展開についてみていく。[*2]まず、風水とは何か。以下に、日本の風水研究を代表する渡邊欣雄《わたなべよしお》[*3]の説明を、パラフレーズしつつまとめてみよう。

風水とは古代中国に発し、現代東アジア・東南アジア、そのほかにも影響の及んだ（また現在なお及んでいる）、独特の環境判断と影響評価の方法論であり、環境を整えることによっていかに地気の好影響を確保することができるかという思考法である。その特徴は大きく三点が挙げられる。すなわち、

①環境条件が、人間や死者（祖先）に対して強い影響を及ぼす。

②その影響が、地形・水流・気候・地質・植生などの自然環境と、陰陽《いんよう》・五行《ごぎょう》・八卦《はっけ》・天《てん》干地支《かんちし》などの宇宙の運行との相関性をもって及ぶと考える。

＊2　ここで風水の成り立ちには触れないため、易や陰陽・五行説などの関連事項については次の文献類を参考のこと。中国大陸の風水、易や陰陽・五行説の展開について、事典として『中国思想文化事典』（東京大学出版会、二〇〇一年）。研究書として、中国の風水は、デ・ホロート（牧尾良海訳）『中国の風水思想』（第一書房、一九八六年）、韓国の風水は、崔昌祚（三浦國雄監訳、金在浩・渋谷鎮明訳）『韓国の風水思想』（人文書院、一九九七年）など。

＊3　一九四七—

③さらにその影響が、現世の人間や未来の子孫に対し吉凶禍福を伴って現われると考える。
以上を換言すれば、中国における「気」や陰陽の思想、または『易経《えききょう》』に代表される天地運行の判断を介した環境評価の視点を、生者と死者の関係に繋げて理解する思考枠組みであると理解することができよう。このような環境判断が生者／死者の住む場所に適用されるわけだが、それぞれ「家相《かそう》（陽宅《ようたく》風水）」／「墓相《ぼそう》（陰宅《いんたく》風水）」と呼称される。また風水以外の呼称には、時代によって相地《そうち》術、堪輿《かんよ》術、地術などと呼ばれ、判断する専門家を風水師、地理師、陰陽師、地師、地官などとも称し、今日では風水先生、地理先生、陰陽先生、陰陽生、南蛮子、道士などと呼ぶ地方もみられる。

この風水が日本に伝わってきたのは、文献上では『日本書紀』の推古《すいこ》天皇一〇年（六〇二）に百済《くだら》から僧観勒《かんろく》が来朝した際、「天文地理書」を献納した記述が古いものとして挙げられる[*4]。ほかにも、同じく『日本書紀』には都の造営に陰陽師がたびたび「看地形」と風水判断をした記録がみられ、『続日本紀《しょくにほんぎ》』では和銅《わどう》元年（七〇八）に元明《げんめい》天皇が中国の遷都にならい「卜世相土」（風水判断）を行い、四神《しじん》相応の地に平城京を置くことを宣するなど[*5]、おもに政治を司る貴族階層において、良い地気を求めるための環境判断として用いられていたことが知られる[*6]。

さしあたりはこのようにまとめられる風水は、地形の様子をどのように観て、判断するのかに尽きるとも言える。このことは、地形という「相」を「観」るという意味で「観相」と

＊4　『日本書紀　下』（岩波書店、一九六五年）一七九頁。

＊5　『日本書紀』「敏達天皇三年六月」（＊4前掲書）一三九頁。『続日本紀　一』（岩波書店、一九八九年）一三〇頁。

＊6　以上、『沖縄民俗辞典』（吉川弘文館、二〇〇八年）四四六―四四七頁「風水」より。なお、渡邊の著作は風水理解の基礎文献となる。『風水思想と東アジア』（人文書院、一九九〇年）、『風水』（人文書院、一九九四年）などを参照。

＊7　『日本国語大辞典　第二版　第三巻』（小学館、二〇〇一年）一三二八頁。

＊8　例えば、青山英正「古典知としての近世観相学」（『アジア遊学』一五五、勉誠出

呼べるが、そのヴァリエーションには、既述の家相・墓相のほか、人相や手相といった「相」を観る行為全般が含められる。

現在、国語辞典などで「観相」を引けば、「人相を見て、その性質、運命などを判断すること」[*7]と記載され、学術研究上でも「観相」は人相と結びつけられることが多い。[*8] しかし、明治期の百科全書である『古事類苑《こじるいえん》』には、その「方技部《ほうぎぶ》 八」に「観相」が立項されており、そこで下位分類される「地相、墓相、家相、剣相《けんそう》、夢占《ゆめうらない》、字占《じうらない》、墨色《すみいろ》、判占《はんうらない》」といった各行為は、人相的な意味での観相と並列される形で収録されている。[*9] この「地相、墓相、家相」とはまさに風水にほかならないが、本稿では明治期の分類にも依拠しつつ、「（視覚上で）何らかの「相」を「観」て判断を下す行為全般」のことを「観相」と緩やかに定義づけ、その限りで風水と同義のものとして用いていきたい。

さて、中国より伝播した当初はおもに上流階層によって受容されていたと考えられる風水は、[*10]大きく時代はくだるが江戸期ともなれば様相が変わる。江戸期は出版業がマーケットとして盛行するが、人相や家相に関する書籍（まとめて「相書《そうしょ》」と呼ぶ）が京都・大阪・江戸の三都を中心に刊行されるかたちで、風水が民間に流布していった時期でもある。人相関連の相書の刊行点数が増えるのは宝暦《ほうれき》年間（一七五一―六四年）と言われるが、[*11] 家相や墓相関連の相書も刊行されており、庶民のあいだで家相判断（「家相見」と呼ばれる専門家も存在）が行われるようになる時期とも指摘される。[*12] このような「観相」を生業とする人々について

版、二〇一二年）、相田満・高野順子「観相から見る日本文学史の試み 序説」（『国文学研究資料館紀要 文学研究篇』四二、二〇一六年）など。

＊9 「方技部 八」「観相」では、まず「人ノ身体、骨格、面貌、手足等ヲ観テ、其人ノ禍福ヲトスルヲ観相ト云ヒ、此ニ従事スルモノヲ相工又ハ相人、相者ナドトモ云ヘリ（後略）」（『古事類苑 方技部』、閲覧は、和装本「方技部 四」五六一頁、「国会デジタルコレクション」より）と述べ、その後に「地相」「墓相」「家相」の説明が続く。この構成と表記からも、風水と人相をともに「観相」と把握することができる。

＊10 一例として、『源氏物語』「桐壺」（岩波書店、一九五八年）四三―四四頁。

＊11 ＊8青山前掲論文、二〇二頁。

は、例えば石龍子《せきりゅうし》と[13]いう人物が江戸の芝三島町で開業し、多い時で一日五・六〇人、普段は一四・五から二〇人程度の客をとって入門料や秘伝伝授により蓄財していたことが、司馬江漢《しばこうかん》『春波楼筆記《しゅんぱろうひっき》』（文化八年〈一八一一〉）に記されている。[14]さらに江戸の医師・小川顕道《おがわあきみち》[15]の著した『塵塚《ちりつか》談《だん／ばなし》』（文化一一年〈一八一四〉）には、江戸の町に人相・家相・剣相・墨色見といった人々が数百人余りいたことが伝えられる。[16]また、「観相」の受容は必ずしも都市部に限らず地方の農村部にも認められることは、農政学者・農村指導者として知られる大原幽学《おおはらゆうがく》[17]が、畿内や信州など諸国を放浪しながら易占や「観相」によって生活の糧を得ていたことからもうかがえる。[18]

以上は近世期までの風水の展開としては大まかであるが、民間への広まりという点からおおよそを眺めてみた。次節からは、民間へ広まった風水ないしは「観相」の、明治期以降、つまり近代というパラダイム転換期における具体例をみていこう。

第三節　家相と墓相——中山通幽の墓相を中心に

文明開化に象徴される明治期は、近世期までの知の枠組みが大きく転換していく時代であったことはよく知られる。西洋的な自然科学を基調とする思考認識の確立、つまり近代的なパラダイムは、その反面で、前時代までの諸々の習俗や知識体系の否定ないしは書き換え

---

*12　宮内貴久『家相の民俗学』（吉川弘文館、二〇〇六年）五、一四頁。

*13　?—一八一二

*14　『日本随筆大成 第一回』（吉川弘文館、一九二七年）四二三—四二四頁。

*15　一七三七—一八一六

*16　『燕石十種 第一巻』（中央公論社、一九七九年）三〇一頁。

*17　一七九七—一八五八

*18　幽学には、『相学記』や『人相奥義』などの著作がある。『大原幽学全集』（千葉県教育会、一九四三年）を参照。

を進めていく。

家相の場合、明治四―六年（一八七一―一八七三）前後にかけ、各地で淫祠邪教《いんしじゃきょう》の類として禁令の対象とされている。[*19] しかし、家相をはじめとする習俗や知識がすぐさま消えたかと言えばそうではなく、それらが科学的な思考から「迷信」として追いやられていくのは、むしろ明治も後半期である。[*20] 家相については、明治二〇―末年代にかけて家相書出版のピークを迎えたことが明らかにされており、[*21] 文明開化の時代にあってもなお、風水は生活のなかで受容されていたことがわかる。そして風水のもう一方の極である墓相も、近世期までは沖縄（当時は琉球）以外の日本列島では家相に比べて盛んではなかったものの、[*22] 明治に入るとむしろ新しい展開を迎えていく。

明治期以降の墓相の展開やその系譜を考えていく上では、注目すべき人物として中山通幽《なかやまつうゆう》が挙げられる。[*23] 通幽は、現在岡山市内に本部を構える宗教法人「福田海《ふくでんかい》」を創設した宗教者だが、彼の墓相についてはそれを近代墓相学の祖とみなす向きもある。[*24] 通幽が墓相を用いた活動を行っていくのは、明治二八年（一八九五）に福田海の前身「無縁法界講《むえんほうかいこう》」を大阪市内で結成してより後のことだが、それ以前は生国魂《いくくにたま》神社のお旅所で易学や相学《そうがく》（人相）の鑑定をしていた。通幽は一五歳で新井白蛾《あらいはくが》の[*25]『易学小筌《しょうせん》』（宝暦四年〈一七五四〉）を読み、明治に入ってからは西洋的な知であった「骨相《こっそう》」（後述）についても学んでいることから、「観相」で渡世するための準備を青年期より積んでいたと言える。しかし、彼の墓相は書物から得ら

＊19　『日本庶民生活史料集成』第二一巻（三一書房、一九七九年）、「府県史料（民俗・禁令）」を参照。

＊20　例えば、明治四〇年代に出現する「千里眼事件」や「心霊学」といった潮流と顛末を参照。参考書に、一柳廣孝『〈こっくりさん〉と〈千里眼〉』（講談社、一九九四年）。

＊21　宮内貴久『風水と家相の歴史』（吉川弘文館、二〇〇九年）二七頁。

＊22　近世期の墓相関連の書籍には、例えば、西岡玉全『風水秘録』（文化一二＝一八一五年）、小山田与清『墓相小言』（文政三＝一八二〇年）があるが、家相書の刊行点数と比べれば墓相はごく僅少である。なお、本稿では墓相の具体的な方法論については割愛する。

れた知識ばかりではなく、「無縁墓《むえんばか》（＝絶家となり祀り手を失った墓）」を整理するなかで得られた実践的な知でもあった側面を持つ。

そもそも通幽と福田海の主な活動は、地域で放置される無縁墓を整理し、供養することにあった。通幽一代で二〇万基以上とも言われる膨大な数の無縁墓を整理するなかで、その反対に、子孫や家が栄える墓石の造りや墓所のデザイン、供養の方法などを割り出していく。この知見が彼に墓相を語らせる土壌となったのだが、ここでの墓相とは風水として説かれたという以上に、無縁墓整理の副産物として得られたものだったとも言える。もちろん、墓石の形状や墓所のデザインなどを「観」ることで、その墓に関係する人物や家の状況などを読み当てる以上は、「観相」としての墓相であることに変わりはないものの、ここには風水で重視される地気の影響といった要素は限りなく後退している。この点は、日本の風水の特徴として等しく指摘される点でもある。[*26]

その上で注意したいもう一点は、通幽の墓相ひいては無縁墓整理という活動は、当時にあっては一個人や一家というプライベートな範疇のみではなく、それが地域社会や国家というパブリックな次元にまで拡張された言説であったことと、そのために社会事業的な色彩を帯びた行為としてあったことだ。そのことは、墓相の根本に据えられる祖先崇拝の思想が「一身一家一国の礎である」、との言葉にも表れている。通幽と福田海は無縁墓の整理以外にも、多くの寺院や墓地において、その寺院の開祖や、その地の始祖にあたる人物の墓や碑を建立

＊23　一八六三—一九三六。中山通幽と福田海については、中山通幽尊師の一代とその思想刊行会『中山通幽尊師の一代とその思想 第二巻』（福田海本部、一九七一年）、平崎真右「近代社会事業としての墓石整理を考える」（『二松学舎大学）人文論叢』九三、二〇一四年）にもとづく。該当頁は省略する。

＊24　ただし、通幽が自らの墓相観を公にしたのは『主婦之友』昭和四年（一九二九）七月号「墓相と家運の盛衰」であり、その前年七月には村田天然（生没年不詳）なる人物が「『墓相学秘伝書』を上梓して社会に輿論を喚起した」（『墓地墓石大事典』雄山閣、一九八一年、三六四頁）とされる。また、「近代墓相学」なる学問体系が存在するか否かについても、厳密な検討がなされているとは言い難い。

＊25　一七一五—一七九二

していくのだが、そこには個人や家の範疇を超え、村や町、社会や国家にまで功徳《くどく》を及ぼそうとする志向が含まれるのである。

むろん、通幽と同時代ないしそれ以降の墓相家たちがすべて同じ傾向にあったとは言えないものの、先祖供養や死者祭祀の国家管理が強まる明治後半期（例えば「国民道徳論」や「家族国家観」などの言説[*27]を参照）から太平洋戦争期までをとってみても、死者を丁重に祀ることは、個人だけではなく地域や国家にとって有益であるといった発言を、墓相関連の書物にみつけることは比較的たやすい[*28]。ここではその当否や現象については論じないが、次節以降の事例と比べたとき、これらの言説には少なくとも「観相」の知見を社会化していこうとするベクトルを読み取ることができる。

上：整理された無縁墓（＊29）
下：推奨されるお墓（吉相墓）の形（＊30）

＊26　三浦國雄『風水講義』（文藝春秋、二〇〇六年）、＊21宮内前掲書を参照。

＊27　「国民道徳論」については、森川輝紀『国民道徳論の道』（三元社、二〇〇三年）を、「家族国家観」については、松本三之介「家族国家観の構造と特質」（『講座家族 第八巻』弘文堂、一九七四年）、伊藤幹治『家族国家観の人類学』（ミネルヴァ書房、一九八二年）などを参照。

＊28　例えば、今井鴻象『墓相と家運』（東學社、一九三六年）、平野増吉『日本精神とお墓』（雄風館書房、一九三六年）など。

＊29　岡山市吉備津、千日墓地。大正一一年（一九二二）、福田海によって整理。二〇一一年八月、筆者撮影。

＊30　大阪市平野区、瓜破霊園。区画内に余計な石塔がなく、適度に整理された状態が良いとさ

第四節　骨相と近代文学——「内面」を描く手段

明治初期、文部省による国家プロジェクトとして翻訳刊行された百科全書がある。この百科全書は、一九世紀の英国エディンバラで出版社をおこしたチェンバーズ兄弟による『Chambers,s Information for the People』（一八三三—一八三五年）の各項目を訳した啓蒙的な書物だが（明治六—一六年〈一八七三—一八八三〉、通巻九一編）[*31]、そのなかに『骨相學』（明治九年〈一八七六〉長谷川泰訳・小林病翁校）が収録されている。

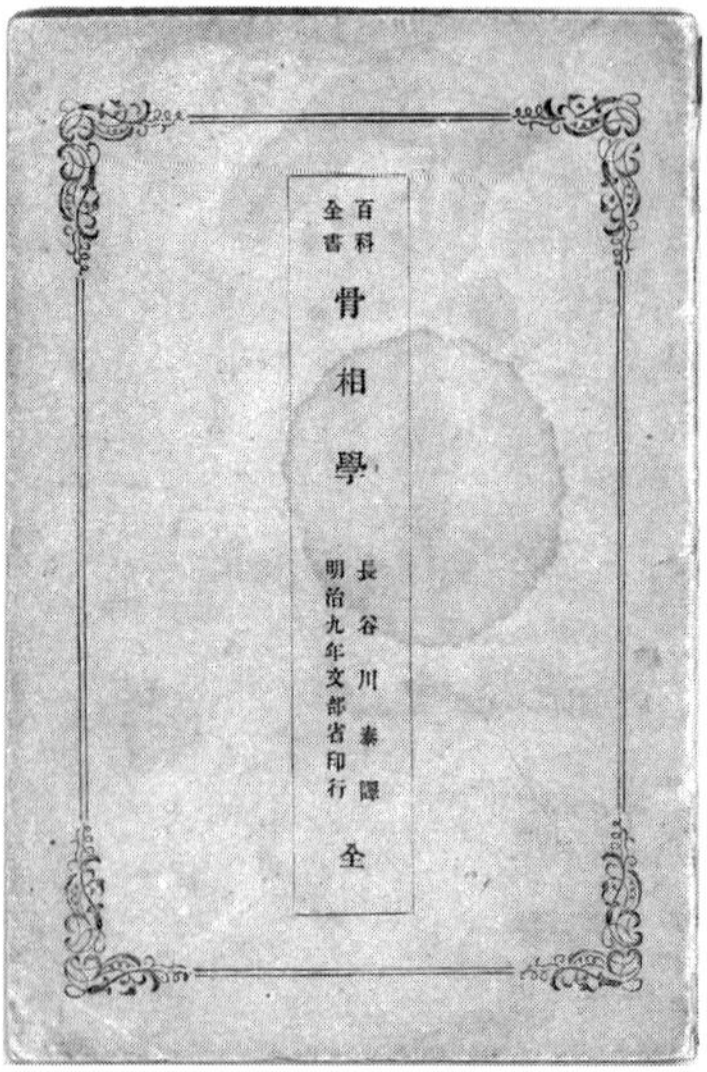

長谷川泰訳『骨相學』（筆者所蔵）

「骨相」とは「phrenology」の訳語で、頭蓋骨や頭の形から人間の性格や性質を読み取ろうとする行為であり、「「phrenology＝骨相学」は古来の漢語「骨相」とは切断されている」[*32]として、これまでみてきたような従来の「観相」とは分けて捉える視点もある。[*33]しかし本章では「（視覚上で）何らかの「相」を「観」て判断を下す行為全般」を「観相」とする立場から、頭蓋骨や頭の形（つまり「相」）を観て人間

れる。なお、写真の墓所は福田海による建立ではないが、推奨される形式の一例として掲載した。二〇一二年八月、筆者撮影。

＊31　同百科全書の刊行形態には装丁の異なる各種異本（有隣堂、丸善版など）が存在し、出版事情は複雑である。福鎌達夫『明治初期百科全書の研究』（風間書房、一九六八年）、長沼美香子『訳された近代』（法政大学出版局、二〇一七年）を参照。

＊32　＊31長沼前掲書、二二〇頁。

＊33　骨相学的な視線は、もちろん近代以前にも認められる（例えば『東山往来』（一二世紀初頭成立）第四一を参照）。しかし本章で扱う骨相は、あくまでも西洋から輸入された科学知識として取り上げており、近代以前からみられる観相がそれと交差することで獲得していく近代的な文脈に注目している。

の性格などを読み取る骨相も、ひろく「観相」の一つとして扱っていく。

さて、骨相は現在では疑似科学として認知されるものの、当時にあっては西洋の最新科学として日本に輸入されていた。頭蓋骨の形からその人物の性格などを読み当てる方法が、人間の性質ひいては「内面」や「人情」を捉えうるものと期待されたこともあり、大いに流行する。この期待が大きかった領域の一つに、人間の「内面」や「人情」の描写を目的の一つに掲げた「近代文学」がある。＊35

近代文学のマニフェストとも言える坪内逍遥《つぼうちしょうよう》＊36の『小説神髄《しょうせつしんずい》』（明治一八―一九年〈一八八五―一八八六〉）には、下巻の「叙事法」のうち「人物の性質を叙する」において、「陽手段」と「陰手段」の二つの方法があると紹介される。そのうち「陽手段」は、「人物の性質

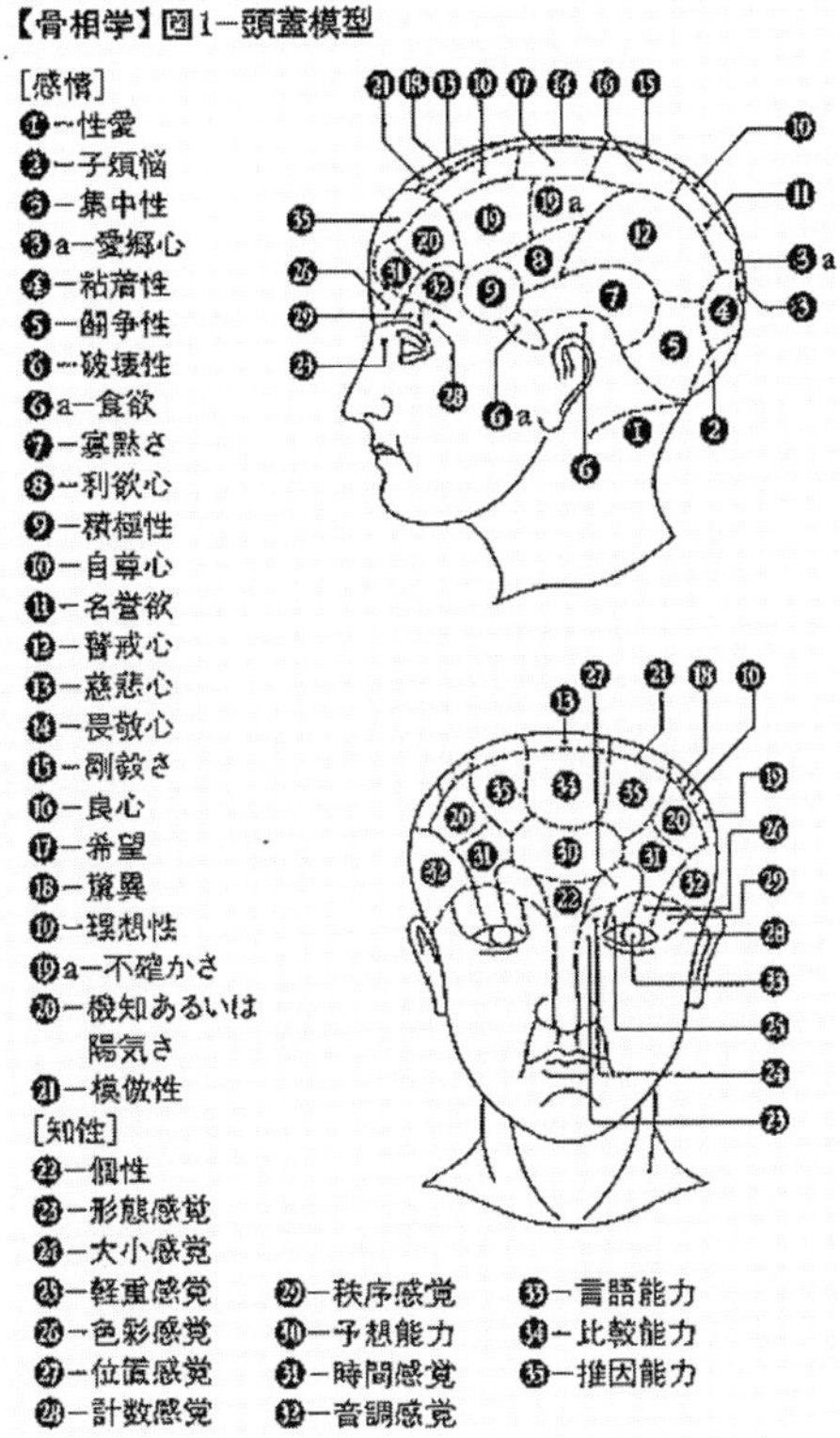

骨相図（＊34）

＊34『大百科事典 5』（平凡社、一九八四年）九七七頁より。

＊35 以下に取り上げる文学作品は、＊31長沼前掲書（第七章）の記述を参考にしている。煩雑となるため、直接的な引用部以外は該当頁を省略する。

＊36 一八五九―一九三五

をばあらはに地の文もて叙しいだして、之れを読者にしらせおく」方法であり、「西洋の作者」が用いるものだと言う。そして、この「陽手段」を用いるためには「あらかじめ心理學の綱領を知り、人相骨相の學理をしも會得せざれば叶はぬことなり」と追記される。*37 ここでは心理学、骨相学という西洋から輸入された科学知識を、人物造形に応用することが述べられるが、それが「人相骨相」と並列されるように、「観相」的な文脈を含んでいることに注目したい。

この『小説神髄』で主張された文学理論は、逍遥自らそれを実践した同年の『当世書生《とうせいしょせい》気質《かたぎ》』に認められる。例えば、主人公の小町田粲爾《こまちださんじ》は次のように描かれる。

其容姿《そのなりかたち》はいかにといふに、年《とし》の頃《ころ》は二十一二、痩肉《やせがた》にして中背《ちうぜい》、色《いろ》は白《しろ》けれども、麗《つや》やかならねば、まづ青白《あをじろ》いといふ、貌色《かほいろ》なるべし。鼻高《はなたか》く眼《め》清《すず》しく、口元《くちもと》もまた尋常《じんじやう》にて、頗《すこぶ》る上品《じやうひん》なる容貌《かほだち》なれども、頬《ほ》の少《すこ》しく凹《こけ》たる鹽梅《あんばい》、髪《かみ》に癖《くせ》ある様子《やうす》なんどは、神經質《しんけいしつ》の人物《じんぶつ》らしく、俗《ぞく》に所謂《いはゆる》苦勞性《くらうしやう》ぞと（……）（第一回）*38

ここで細かく描写される顔のパーツや髪の毛については、その知見がまさしく近世期までの人相（観相）の教養に立つものとも指摘されるが、*39 この人相・骨相を用いた人物描写は、逍遥に次いで二葉亭四迷《ふたばていしめい》*40の『浮雲《うきぐも》』（明治二〇—二二年〈一八八七—一八八九〉）ではより入念な形で展開される。例えばその第一回では、まだ固有名詞の与えられないのちの内海文三と本田昇は以下のように描かれる。描写の調子をみるため、長くなるが引用しておこう。

途上人影《ひとかげ》の稀《ま》れに成つた頃、同じ見附の内より兩人《ふたり》の少年《わかもの》が話しながら出て參つた。一

---

*37　坪内逍遥『小説神髄』（『逍遥選集別冊　第参巻』春陽堂、一九二七年）一五五頁。

*38　坪内逍遥『当世書生気質』（『逍遥選集別冊　第壹巻』春陽堂、一九二七年）一四—五頁。

*39　*8 青山前掲論文、二一二—二一三頁。

*40　一八六四—一九〇九

人は年齢《ねんぱい》二十二三の男、顔色《がんしょく》は蒼味《あをみ》七分に土氣三分、どうも宜敷《よろしく》ないが、秀《ひいで》た眉に儼然《きっ》とした眼付で、ズーと押徹《おしとほ》つた鼻筋、唯惜哉《をしいかな》口元が些《ち》と尋常でないばかり。しかし締《しまり》はよささうゆゑ、繪草紙屋の前に立つても、パックリ開《あ》くなどゝいふ氣遣ひハ有るまいが、兎に角頤《あご》が尖《とが》つて頬骨が露《あらは》れ、非道《ひど》く癯《やつ》れてゐる故《せゐ》か顔の造作がとげ〳〵してゐて、愛嬌氣といつたら微塵もなし。醜《みにく》くはないが何處ともなくケンがある。背《せい》はスラリとしてゐるばかりで左而已《さのみ》高いといふ程でもないが、疲肉《やせじゝ》ゆゑ、半鐘なんとやらといふ人聞《ひとぎゝ》の悪い渾名《あだな》に縁が有りさうで、年數物ながら摺疊皺《たたみじは》の存じた霜降《しもふり》「スコッチ」の服を身に纏ツて、組紐を盤帶《はちまき》にした帽檐廣《つばびろ》な黒羅紗《くろらしゃ》の帽子を戴いてゐ、今一人は、前の男より二ツ三ツ兄らしく、中肉中背で色白の丸顔。口元の尋常な所から眼付のパッチリとした所は仲々の好男子ながら、顔立がひねてこせ〳〵してゐるので、何《なに》となく品格のない男。[*41]

文三は「眉」、「眼付」、「鼻筋」、「口元」、「頤（顎）」、「頬骨」といった顔のパーツが細かく描かれた後、「とげ〳〵して」「ケンがある」と語られるが、第二回では「性質が内端《うちば》だけに學問にハ向くと見えて」[*42]と、その性質が記される。もう一人の男は本田だが、「丸顔」で「こせこせ」した「品格のない男」として、文三とは対比的な顔が描かれる。それは本田の世辞に長け、小器用で要領が良いといった、文三とは正反対な性格の描写に繋がってゆく。

このように、テキストには第一回で示された彼らの顔や容貌《ようぼう》から想像される「内面」が、

＊41　二葉亭四迷『浮雲』（『二葉亭四迷全集 第一巻』筑摩書房、一九八四年）八頁。引用に際し、句読点は適宜補った。

＊42　同右、一三頁。

読み進むにつれ次々と明らかとなる仕掛けが施されている。こういった仕掛けによって、「語り手と読者が骨相学的なまなざしを共有しながら、『浮雲』という文学テクストは展開する」[*43]という読みも生じるのである。

いまみた事例は小説における描写だが、骨相学的なまなざしは「写生文」にもみられる。寒川鼠骨《さむかわそこつ》[*44]の『新囚人《しんしゅうじん》』（明治三四年〈一九〇一〉）は、彼が署名人として名を連ねた新聞『日本』の国分青崖《こくぶせいがい》[*45]による社説が、当時の総理大臣であった山県有朋《やまがたありとも》[*46]への誹謗《ひぼう》とされ官吏侮辱罪となり、それによって巣鴨監獄に一五日間入獄した際の様子を写生したものだ。そのなかに、骨相学的な視線が登場する。例えば、「余（鼠骨）」より一日前に入獄した男（「彼れ」）について、以下のように記される。

> 彼れといふのは二十七八歳の岩畳に出来た男で、余の未熟な骨相学の知識によつて判断する所によると、決して悪い事をするやうな面構へじゃない、（……）或は余の骨相学は少しも真を穿ち得ないのであらうか、余が彼れを善人と思つたのは全く間違ひで、実は善人でなく単に善人らしいのに過ぎなかつたので、まことは外面のみの菩薩たるに止るのであらうか、（……）所が余の骨相学は案外間違つて居なかつたから不思議だよ、彼れは余と同罪であつて官吏侮辱といふ罪名の下に投獄されたのである、（傍線部引用者）[*47]

このように、「余」は男の顔を「骨相学の知識」によって判断し、彼が善人であると見立てるが、ここでは男に直接問いただすことによって「善人」の確証を得るという、「観相」

＊43　＊31長沼前掲書、二四〇頁。

＊44　一八七五—一九五四

＊45　一八五七—一九四四

＊46　一八三八—一九二二

＊47　寒川鼠骨『新囚人』（山本健吉編『明治俳人集』筑摩書房、一九七五年）三〇八頁。

の危うさも同時に記されている点が注目される。

以上、主に近代文学のなかに描かれる骨相学的な視線を概観してきたが、ここでは骨相と言いつつも、実際には人物の顔、つまり人相に傾斜した描写である点は注意してよいだろう。いずれも、描かれる容貌は（頬骨などを除き）頭蓋骨の形状であるよりかは、眉や目つき、鼻筋や口元といった顔のパーツが主であった。鼠骨に至っては骨相学と記しつつも、すぐさま「面構へ」と言い直しさえする。ここには西洋における骨相学と、それを微妙にずらした日本的な受容とでも呼ぶべき一面が垣間みえるが、*48ここでは、作中において人間の顔への言及が前景化される事態は、まさしく近代文学の近代足る所以であったことだけを注意するに留めておく。*49少なくとも、本節でみてきた骨相学的なまなざしは、近代文学の黎明期を考えるうえで重要な指標の一つでもある。

第五節　「私」のための「観相」——近代から現代へ

前節でみた事例は、人間の容貌・外見と内面や性質とが連動する様子であったが、その容貌・外見は必ずしも人間の顔や服装である必要はなく、顔や人体ではないモノ（物）に表れた状態でも良いことは、三節で触れた家相・墓相をみてもわかるだろう。むしろ風水では土地の形状や環境を観て吉凶禍福を測ることが目的であるため、観じた先の分析が人間の内面

＊48　西洋の「観相学(physiognomy)」も人相として用いられる傾向にあるが、バルザック（一七九九—一八五〇）においてはその範囲が「歩き方」にまで拡張されるという（遠藤知巳「観相学と近代社会」（『日本女子大学総合研究所紀要』一三、二〇一〇年）。

＊49　「顔」について近代文学研究では、「「私は私だ」という強烈な自我意識の人間が出現したわけであるが、そういう意識を作中人物に喚起する（……）一つの重要なきっかけとして顔が与えられた」（亀井秀雄『身体・この不思議なるものの文学』れんが書房新社、一九八四年、九—一〇頁）と指摘される。この顔もしくは顔を含めた人物の服装や容貌全体についての描写は、逍遥や二葉亭以外の同時代作者たち、例えば尾崎紅葉（一八六八—一九〇三）を中心とする硯友社同人たちにも共有される関心事となる。

に向かうことはかなりの応用もしくは逸脱とさえ言える。その応用や逸脱こそがまさしく近代的であったわけだが、その近代においても、モノを観ることで人間の内面を、ひいては「私」という自意識を観ようとする視線は同じように生じている。

柳田國男《やなぎたくにお》が*50『遠野物語《とおのものがたり》』（明治四三年〈一九一〇〉）を著すうえでの協力者（インフォーマント）であった佐々木喜善《ささきぜん》は*51、一方で小説家を目指していた人物だが、彼の作品に『紅塵《こうじん》』（明治四二年〈一九〇九〉）なる小品文がある。作品中、詩人の三木露風《みきろふう》*52が喜善の「室（部屋）」を訪ねた際に詠んだ詩が引用されるが、以下はその冒頭部分となる。


不思議な室？

　私はこんな室を見たことがない。

　ごらんなさい此の室に何にがあると思ふ――謎のやうなデスク――それは埃にまみてゐる
たつた一脚――

それに、赤いインクがある。

黒いインクがある。

彼等は、噫彼等は実際不思議な神秘を
一つとして我等に洩らすまいと努めてゐる。

そして冷やかにすまし切つてゐる。（……）*53

＊50　一八七五―一九六二
＊51　一八八六―一九三三
＊52　一八八九―一九六四
＊53　佐々木喜善「紅塵」（「△四月廿日」（『佐々木喜善全集三』遠野市立博物館、一九九二年）二五七頁。

この詩を引用したあと、露風との会話を喜善は次のように記す。

「否実につまりませんよ、本当の落書ですから――」

「然し君に、此の室がそんなに不思議に見えますかね？」

「僕は此の室と、君の顔の謎を解かうとしてゐるが然しだめでせう――」（二五八頁）

ここで露風が喜善の「室（部屋）」と「顔」を主題とする点には、「「たつた一脚」「謎のやうなデスク」しかないこの部屋の光景に、三木は「此の室と、君（喜善）の顔の謎」を解く糸口を見た」[*54]と指摘されるように、部屋と顔を同一視するまなざしがみられる。露風の視線は部屋の状態（つまり「相」）を観ることで、部屋の主（言わば喜善の「私」）を見定めようとする、「観相」的な視線と換言できるものだが、この視線を受けた喜善は、「不思議な室」を様々なモノによって飾ろうとする。

三木君が帰つてから、何にがあると思ふ埃りにまみれたデスク一脚か癪に障つたから家へ行つて書を十冊ばかり持つて来て床の間に並べた。レルモントフのゲラアイ、ナシヌワ、ウレメニイ。アンドレエフのラアズスかジエユ。トルストイのタレチエラワ、ソナタ。ポタベンコの劇本、コロレンコの物語集、ゴリイキイの短篇集、北原君の邪宗門、アナトール、フランスの短篇集、海潮音、現代露西亜の小説傑作集。とスタアフエフと言ふ人の全集、たが此の人の作は初めてだ。壁にはプウシキンをかけた。ゴーゴリの全集の上にはゴーゴリの肖像を立てかけた。机の傍らには尤も僕の好きな八百屋お七の画を立てた。

＊54　大塚英志『怪談前後』（角川学芸出版、二〇〇七年）二六五頁。

机の上には、アカキの四月号と、イスタアシヤ、ハヌデエイと言ふ本をおいた。読むのではない飾りだ。（二五八頁）

過剰なほど多くのモノによって自室が飾り立てられるが、それはあくまでも「飾り」だと自覚されており、「私」という自意識がモノ（ここでは本や絵）による自己演出として、作られた／作りうるものとしてあることがうかがえよう。この『紅塵』以外にも、喜善の小説には部屋に関する記述が間々《まま》みられるが、[*55]自意識の発露や自己表出などが語られるほどに、そこでは「観相」的な視線が人間の内面、さらには「私」へと向けられている状況が確認できる。

ところで、「観相」的な視線が前節でみたような「誰か（他人）」の内面に留まらず、「私」の内面へと自己言及的に向けられていく様子は「私小説《わたくししょうせつ》」の前史、あるいは萌芽的な段階に属するとも言いうるが、そういった「私」をめぐる「観相」のあり方は、なにも小説の世界や明治の青年たちだけに特有なものではない。

モノやそれらに彩られた部屋に表れた状態のうちに、人間の内面や心、ひいては自己表出を観ようとする視線は、（時代は大きく飛躍するものの）現代にも引き続いており、むしろ隆盛しているとも言える。その代表例が「インテリア風水[*56]」や「断捨離《だんしゃり》」といったものだが、ここでは現代的な事例の一つとして、より自覚的な言説を展開する後者の断捨離について触れておきたい。

断捨離とは、「クラター（clutter がらくた）コンサルタント」を名乗るやましたひでこ[*57]に

＊55　一・二例ほど挙げれば、『盆灯籠』（『岩手日報』明治三八年＝一九〇五、六月六―一五日）や『磯』（明治四四年＝一九一一、一月）における部屋の訪問や描写が挙げられる。

＊56　インテリア風水は様々な関連本やグッズが商品として流通するが、一例として、李家幽竹『幸せを呼ぶインテリア風水』（光文社、二〇〇八年）と、「李家幽竹 OFFICIAL WEBSITE」〈https://yuchiku.com/（二〇一九年八月一八日閲覧）〉を参照。

＊57　山下英子、一九五四―

よって提唱される、主に部屋や家のなかの片づけ・掃除のメソッドを指す。二〇一〇年には「ユーキャン新語・流行語大賞」にノミネートされるなどの広がりをみせたが、やました自身は二〇〇一年より断捨離の普及活動を行っている。[*58] この断捨離とは、「モノの片づけを通して自分を知り、心の混沌を整理して人生を快適にする行動技術」[*59]と定義されるが、ヨガにおける「断行」「捨行」「離行」がヒントになったと言う。ここで「自分」や「心」といった内面が、片づけという行為と連動することが示されるが、別の箇所では断捨離が「観相」の一種であることも明記されている。

> 手相、人相、風水など、中国では「相」という概念で、見た目の形象を分析し、運命の状態を見ていく技術を発達させてきました。これは占いに限らず、東洋医学での望診と呼ばれる診断法（顔色や舌の色などの見た目で体質や症状を推し量る）などもそうです。「見える世界」の持つ情報で、そのさらなる裏側にある「見えない世界」の状況を診断する。断捨離でもこの「相」という概念を採用しています。（一二九頁）

ほかにも、「断捨離では（……）意識改革に重点を置いていています」、「埋もれていた自分自身を発掘する作業」（九頁）、「断捨離は、暮らしのメンテナンス作業でありながら自己探求ツールです」（一八〇頁）など、「意識」や「自己探求」といった点が強調される。このため、インテリア風水やそれに類した片づけ・掃除術を視野に入れるとき、[*60] 断捨離はそれらに比べてより自覚的な言説によって構成された「観相」行為だと言える。それはまた、先にみた「部

＊58　「断捨離 やましたひでこ公式サイト」〈https://yamashitahideko.com/〉（二〇一七年一〇月三日閲覧時点）「講師紹介」より。なお、現在は「講師紹介」頁は削除されている模様。

＊59　やましたひでこ『新・片づけ術 断捨離』（マガジンハウス、二〇一二年）五頁。

＊60　近藤麻理恵『人生がときめく片づけの魔法』（サンマーク出版、二〇一〇年）、伊藤勇司『座敷わらしに好かれる部屋、貧乏神が取りつく部屋』（WAVE出版、二〇一七年）など、同工異曲の例は絶えない。これらの片づけ・掃除術には、その自己啓発性に注目した考察も有効だろう。自己啓発書の研究は、例えば、牧野智和『自己啓発の時代』（勁草書房、二〇一二年）を参照。

屋に表された私」という自己意識と響きあうように、モノを通じて「私」を再／発見するための「観相」である点に留意しておきたい。

以上に取り上げてきた近現代における「観相」については、次のようにまとめることができるだろう。

「私」に焦点化されるという意味では、前節までにみた社会化志向の強い「観相」と比較すれば、かなりな程度に内向きのベクトルを帯びた「観相」（非社会的な「観相」）だと言えるが、一方で佐々木喜善の描く「私」をめぐる「観相」と比べてみるとき、断捨離では「私」が一つの商品価値を有した言説・実践として流通する点が特徴的である。著述やメールマガジンの配信以外にも、講習に講演会、テレビ・ラジオなどのメディア出演といった活動や、そもそも「断捨離」と「クラターコンサルタント」が商標登録されている点からも、ここでは「観相」が「術（＝ビジネスツール）」として活用されている様がわかるだろう。その姿は、江戸の市中で活動していた石龍子や人相・家相・剣相・墨色見・家相見といった観相家たちと、本質的な部分では何ら変わるところはない。しかし、「私」と結びついた言説・実践としてある分だけ、近代を経由した、現代に生きる「観相」の一つとして位置づけうるのである。[*61]

＊61　もちろん、現代における「観相」について考える際には、それを求める消費者や、流通に関する様々なメディアの存在も視野に収める必要がある。方法論的には、＊60牧野前掲書が参考となる。

第六節　散文化する風水（「観相」）

本章では、主として明治以降の風水の展開について考察してきたわけだが、そこでの風水は家相や墓相といったものの他、「観相」という視点を導入したことにより、人相や骨相、ひいては内面や「私」をめぐる方向へと広がりを含むものとして扱ってきた。このような広がりを追跡してきたわけは、一節で触れたように、とりわけ明治以降の風水についてはそれをあるまとまりとして捉えることが困難であることにもよる。

日本における風水は、三浦國雄[*62]が「陽宅風水（家相）と庭の風水（『作庭記』などを見よ）に縮んでゆき、気の概念も希釈化され、雄大な宇宙論も矮小化されていった[*63]」と述べたように、土地や気の流れを判断し、良い気に満ちた場所に家や墓を建てるといった、本来の意味での風水から変質した一面が指摘できる。そのことは、風水そのものというよりは、風水「的」なものが表面化する日本的な事情とも言い換えられるだろう。ここには、かつて李御寧《いおりょん》が[*64]論じた「縮み志向[*65]」の日本文化論ではないが、大陸起源の風水が空間的にも思考的にも小さく縮んでゆく傾向にあることが読み取れる。その最たるものが、現代におけるインテリア風水や断捨離として表出していることは、これまでにみてきた通りである。そのことによって、不可視の内面や「私」へと向かった近代的な「観相」行為の系譜に、インテリア風水や断捨

＊62　一九四一―

＊63　＊26三浦前掲書、二四四―二四五頁。

＊64　一九三四―

＊65　李御寧『「縮み」志向の日本人』（学生社、一九八二年）。

離と呼ばれる言説の連なる様子が、つまりは、商品として流通していく現代社会との連続性がみえたはずだ。

このようなパノラマ的な把握は、その分だけまとまりや連なりに欠ける散漫な記述となったことは否めない。しかしそのことはまた、日本の社会では、自己啓発やグッズ販売などの状況と容易に結びつく散文的な状況のなかに風水（「観相」）はある、ということなのでもある。*66

【参考文献】
大塚英志『怪談前後―柳田民俗学と自然主義―』（角川学芸出版、二〇〇七年）
亀井秀雄『身体・この不思議なるものの文学』（れんが書房新社、一九八四年）
長沼美香子『訳された近代―文部省『百科全書』の翻訳学―』（法政大学出版局、二〇一七年）
平崎真右「近代社会事業としての墓石整理を考える―「福田海」の位置づけを巡って―」（『二松学舎大学人文論叢』九三、六〇―八五頁、二〇一四年）
三浦國雄『風水講義』（文藝春秋、二〇〇六年）
宮内貴久『家相の民俗学』（吉川弘文館、二〇〇六年）
宮内貴久『風水と家相の歴史』（吉川弘文館、二〇〇九年）
やましたひでこ『新・片づけ術 断捨離』（マガジンハウス、二〇一一年）
渡邊欣雄『風水思想と東アジア』（人文書院、一九九〇年）
渡邊欣雄『風水―気の景観地理学―』（人文書院、一九九四年）

＊66　本文ではおもに個人的な活動の範囲で扱われる風水（「観相」）についてみてきたが、一方では組織的な動向も注視する必要がある。ここではその一例として、易占を中心に、人相・手相、姓名学などの東洋的な占い全般を領分におさめる「日本易学連合会」を挙げておきたい。

研究の回顧

佐藤保先生に聞く――戦後の中国文学研究

一、長岡時代

（佐藤保先生は）昭和九年（一九三四）四月に新潟県長岡市に生まれ、幼稚園から中学校まで、長岡女子師範学校の附属学校に通った。すなわち、一四年から一六年（一九三九～四一）まで附属幼稚園、一六年から二二年（一九四一～一九四七）まで附属国民学校、二二年から二五年（一九四七～一九五〇）まで附属（新制）中学校、である。附属学校の十一年間は、全期間を通じて男女共学の一クラス制、極めて小ぢんまりとした学校であった。この間、一六年（一九四一）一二月に大東亜戦争が始まり、二〇年（一九四五）七月三一日に長岡大空襲があり終戦を迎える。二四年（一九四九）には長岡女子師範学校が新潟大学に組み込まれたため、中学校も新潟大学教育学部附属中学校長岡分校となってから卒業した。私たちの学年がいわば新しい制度の変わり目、変わり目に当たっていることが分かる。

二五年（一九五〇）に初めて附属学校を離れて、新潟県立長岡高等学校に進学する。長岡高校は明治五年に創立した長岡洋学校を起源とする古い歴史を持つ学校で、旧制長岡中学校を経て新制高等学校となった。ここで三年間学ぶわけだが、私たちの上には新制高等学校の生徒のほかに旧制長岡中学校の生徒が残っており、非常に複雑な学級構成になっていた。高校在学中、二五年（一九五〇）六月に朝鮮戦争が勃発し、翌二六年（一九五一）七月にその休戦会議が開かれて三十八度線が確定する。ＧＨＱの占領が終了した直後、二七年（一九五二）五月にはメーデー事件が起こる。そういった戦後の混乱のただなかに高校生活を送った。そして二八年（一九五三）春に長岡高校を卒業し、生まれて初めて東京に出た。

（江藤茂博）長岡時代の話をもう少し聞かせてください。戦時下の教育はどのようなものであったか、長岡時代に受けた教育で漢文との出会いがその後の進路にとって大きな意味を持ったといったことはありましたか。

先ほど言ったように、高等学校時代は旧制と新制の制度の変わり目であったから、長岡高校のスタッフもどのような授業をしたらよいか苦慮していたのだろうと思う。そのころ正規科目として漢文の授業はなく、「漢文をやりたい者は来い」というような希望者を対象とする選択科目になっていた。漢文の授業は週に一回か二回で、しかも受講者は三人くらいしかいなかった。当時の長岡高校には小林先生と広川先生という漢文に強い教師が二人おられた。私が後に中国語の勉強を始めた動機は、広川先生が日本の古い時代のことを知ろうと思ったら中国語を勉強しろ、しかし中国語は簡単には習得できないからまず漢詩・漢文を日本漢字音で読めと、漢字音で読めば文章のリズムは分かると、そういう授業をされた。だから、「力抜山兮気蓋世、時不利兮騅不逝、騅不逝兮可奈何、虞兮虞兮奈若何（リキバッザンケイキガイセイ、ジフリケイスイフセイ、スイフセイケイカダカ、グケイグケイダジャクカ）」といったのは、今でも口を衝いて出る。少し誇張して言えば、唐代の中国人の発音が日本人にはこんな風に聞こえたということにもなる。その時は面白いこと言うなと思っただけだったが、後になってみれば、あの広川先生のお経みたいな読み方が、私が東大で中国文学に進む一つの動機であったかなと思う。

小林先生のほうは時々私たちを悠久山に連れて行ってくれた。長岡高校は悠久山の麓にあり、ご承知のように藩主牧野氏を祀った蒼柴神社のある悠久山にはたくさんの碑があって、それを読まされた。碑文は『悠久遺芳』（昭和六年刊）という書物にもなっている。もちろんこの時の私たちに碑文が読めるわけはないのだが、楽しかったことは事実で、こうした経験も漢文に近づく一つの動機になった。小林先生は力のある方で、後に互尊文庫*1に於いて文献資料の整理に当られた。

（町泉寿郎）私が存じ上げているかたで言えば、伊藤漱平先生は旧制高校出身、戸川芳郎先生は旧制中学出身、そして佐藤保先生は今伺ったように新制中学出身ということで、旧制高等学校に学んだ世代、旧制中学校に学んだ世代、それから佐藤先生のような新制中学校に学んだ世代とでは、何か違いのようなものをお感じになられましたか?

よく分かりませんが、旧制の連中に比べて、われわれ新制中学に学んだ者のほうが、開放感を感じて活き活きしていたように思う。教科書を墨で塗った時代だったが、私が学んだ附属中学校は実験校的な性格もあって、教師たちが自分で作った教科書を使ったりするような積極的な教育をやっていた。そういう空気が我々の世代には影響を及ぼしていたと思う。

（江藤茂博）これまでのイメージとしては、戦後は師範系の教師ががっかりしたのかと思っていましたが、そうではなくて、新しい教育に取り組んでいたんですね。

例えばね、戦時中は教えなかった英語を戦後にわかに教えるようになって、教師は急には間に合わないから、船医として漁船に乗って世界中を航海していた人が英語教師として着任して、我々の同級の女子生徒がその先生に伴われて東京で開かれた英語のスピーチコンクールに出場して入賞したり、そういう面白い時代でしたよ。

二、東大入学後

二八年（一九五三）に、母方の祖父に付き添われて上京、東京大学と早稲田大学を受験し、東京大学に合格して文科二類に入学した。私の父は小さな印刷所を経営して新聞なども発行していたが、保守的な考えの人で、私を東京の大学に出すことにも反対だったようだ。翌二九年（一九五四）三月にはビキニ環礁における米国の水爆実験で第五福竜丸が被爆した事件が起こり、それに対する反対の意思表示をする記帳台があって、私はたまたまそれに署名した。『週刊朝日』にこの事件の記事が掲載されて、学生の反対意見のなかに私の名前が載った。それを母に知らせた人があり、夏休みに帰省したらこのことで父から叱られた。田舎出のぼんぼんで、政治に関心を向けることを悪いことのように思っていた私だが、次第に政治に目覚めていった。

三〇年（一九五五）には本郷に進学し、その八月には砂川闘争（基地拡張反対運動）が起こって、運動が勝利して測量が中止となる。私は仲間と一緒に泊まり込みで運動をしたが、それが父の耳に入って、ある朝、大学の研究室に行くと「佐藤、お前の親父が来ているぞ」と言われた。それから田中角栄の支持者であった父に連れられて目白の田中邸に行き、田中さんから「親父に心配かけるな」と説教されたことがある。

私はもともと国文学を志望していて、『万葉集』を勉強したいと思っていたから、駒場では五味智英[*2]先生のゼミナールに参加した。五味先生は厳格な方で、受講生は三、四人しかいなかったが、私の分担は巻四の額田王「やまのはに あじむらさわぎ ゆくなれど われはさぶしえ きみにしあらねば」という恋の歌で、万葉仮名のテキストを使って一首の歌に半年かけるような授業で、たいへん面白かった。長岡高校の時から、国文に行くのなら中国語をやれと言われていたから、入学試験時の語学選択の時から中国語を選択していた。ところが、いよいよ本郷の進学するクラスを決める時になって、中国語の工藤篁先生から五味先生に話しをされたのだろう、五味先生から「国文に進んで中文をやろうしても無理だ、しかし中文に行って国文を（比較文学として）やることはできる」と説得されて、中国文学科に進んだ。

私が本郷で師事する倉石武四郎[*3]先生の教育方針は、中国文学科に来る学生は学部時代は中国語を修めることに集中し、研究は現代文学、古典はやってはいけない、古典は大学院に進学してからやればよいという考えだった。ところが二年先輩の石川忠久さんはその頃から漢詩が好きで、東京に家があるのに駒場の寮に入っていて、壁に漢詩を書いて楽しんでいるという風だった。

三二年（一九五七）に学部を卒業する時、私は倉石先生の教えを拳拳服膺して、現代詩人の艾青[*4]について「艾青―人と作品」という卒業論文を書いた。その頃まだ誰も作っていなかった艾青の年譜を作ったことは倉石先生に褒められた。年譜の作成に当たって、聴きたい質問事項を艾青本人に宛てて手紙を書き、日本の児童文学者の一団が中国を訪問する際に与田準一氏に託して、艾青からもらった返事によって作成したのである。与田準一氏にそれを頼んだのは、駒場時代に私が工藤篁先生の奥様の紹介で与田準一氏の息子与田準介さん（作詞家橋本淳のこと）の家庭教師をしたことがあったからである。

修士課程に進学してから、尾上兼英[*5]さんに誘われて、駒場の島田謹二[*6]先生の比較文学のゼミナールに参加するようになった。島田先生のゼミナールでは佐藤春夫の『田園の憂鬱』を取り上げて、その舞台まで出かけて行くといった、内容の濃いゼミらしいゼミを体験した。島田先生の書くものは、例えば『ロシアにおける広瀬武夫』、『アメリカにおける秋山真之』など厖大な資料を使いながら一切注が無いことが最大の特徴で、独特なスタイルでものを書いた方だった。どこかで私は影響を受けているかもしれない。比較文学は新しい学科であったから、外国語に堪能な秀才たちが集まった。例えば、後に川端康成の娘さんと結婚した山本香男里さんなどと比較文学の授業に出たことがある。島田先生の所には国文学者であり犬山城の成瀬正勝教授や独逸文学者にして日本漢詩に詳しい富士川英郎教授などもよく出入りしていた。

三四年（一九五九）に修士論文「黄遵憲研究」を作成して修士課程を修了し、博士課程に進学した。倉石先生は三三年（一九五八）に定年退官されたので、主査はその後任として赴任された前野直彬先生[*7]であった。私の修士論文は黄遵憲『人境廬詩草』の詩を研究したもので、修士論文を作成するために早稲田大学の実藤恵秀[*8]先生のところにも通った。

倉石先生の定年の置き土産のような格好で、三四年（一九五九）六月に学生主体の「中国文学の会」が発足し、会の機関誌として『中国文学研究』を作ることになり、三六年（一九六一）四月に第一号を発刊した。同年一二月発行の第二号に、私は「渭南文集・剣南詩稿版本考」という論文を発表したところ、思いがけなく村上哲見さんからご自分の論文と丁寧な手紙をいただき、私の論文の不十分な点を指摘してもらった。学界というところは必ずどなたか見ている方がおられると思う契機になった。実はこの論文は、長澤規矩也[*9]先生が非常勤講師として出講され熱心に書誌学を講義されたが、その授業に出て作成したレポートが元になっている。

その後、三七年（一九六二）にたまたまオーストラリアのキャンベラにあるオーストラリア国立大学から中国語が読めるスタッフを採りたいという申し出があり、私が手をあげて行くことになって、結婚してオーストラリアに行った。戦後、東大の中国文学科から海外の大学のポストに就いたのは私が最初だった。その後、同年暮に橋本萬太郎[*10]さんがアメリカの大学（オハイオ州立大）に行った。

キャンベラの国立大学で、私を採用したのはバーナード Noel Barnard という中国考古学を専門とする人で、中国で発掘された青銅器等の銘文の有無など、出土文物に関する基礎データを資料整理する仕事であった。三年契約で大学院に所属し、初めは助手（Research Assistant）、後で研究員（Research Officer）になった。三年間の資料整理の成果は後に大きな本にまとめた。[*11]また、大学院の論文指導もしてほしいということになり、最初にマーガレット・サウス Margaret South という女子学生が李賀の詩で論文を書きたいと言うので、一所懸命に英語で李賀の詩を説明したこともあった。オーストラリア国立大学の中国学講座はスタッフ四、五人の小規模な教室であったが、バーバリアン・ベッド（胡床）、いわゆる中国における椅子の伝統を専門とするフィッツジェラルド教授 C.P.FitzGerald がキャップで、その下にオランダ人の助教授がいて、その他に前述のバーナード教授や日本経済をやっていたシドニー・クローカー Sydney Crawcour さんが研究員として在籍していた。シドニー・クローカーさんとは漢文訓読の英文教科書[*12]を共編したこともあった。

三年が過ぎたあと、もう三年間いてほしいと契約更改の話があったが、その時に前野先生から手紙が来て、助手の竹田晃さんが駒場の専任に決まったので助手のポストが空くから戻って来るようにと言われて、契約更改を断って四〇年（一九六五）八月に帰国した。

帰ってきてみたら、「中国文学の会」は尾上兼英さんが委員長だったが、雑誌『中国文学研究』がその後出ていない。そこで四号を出そうということになり、翌四一年（一九六六）一二月に私も「唐代の〈詩話〉―〈本事詩〉ノート」を発表した。この雑誌はもともと竹田復[*13]先生のつてで、大蔵省印刷局で印刷していたから、大蔵省印刷局に出かけて行って校正などをやることになっていた。四号の時は、石川忠久さんの運転する自動車に竹田さんと私が同乗して、牛込の大蔵省印刷局で校正をやった。

その後、四二年（一九六七）に國學院大學の専任になり、四八年（一九七三）にお茶の水大学に移り、定年後、二松学舎大学に来たが、このあたりのことは省略しよう。

三、「戦後の中国文学研究」管見

この他に特に語るべきこととしては、駒場時代の中国語の工藤篁*14先生のことがある。工藤さんの所には、いろいろな人が集まってきた。工藤さんのことは戸川さんが詳しいけれど、私は工藤先生と龍楡生の『唐宋名家詞選』を使って「詞」の読書会をやった。その頃、唐代音楽の研究者である岸辺成雄さんのところに香港大学から来ていた若い研究者がいて、その人は広東語ができるものだから、その人と一緒に「詞」を読もうと工藤さんから誘われた。その人に広東語で読ませると入声がよく分かるから、方言で読むと「詞」もまた面白いよというのだ。『唐宋名家詞選』はよくできているテキストで、今でも宋詞研究会の人たちが翻訳を続けている。読書会には非常勤として出講していた東京都立大の慶谷壽信さんも参加された。工藤さんという人は、若い人に対してそれぞれの人の特長を見極めて、鍛えてやろうとされた方だった。私は工藤さんによく飲みに連れて行ってもらったり、下北沢の「砂場」でそばをご馳走になったりもした。

その頃の倉石さんは外国文学としての中国文学を追求する姿勢を貫かれて、漢文訓読には大反対で、平凡社・中国古典文学全集の『歴代詩選』（須田禎一と共編訳）や中国古典文学大系の『唐代詩集』では、後ろに原詩を載せ、訓読を廃して翻訳だけを本文として載せたが、これは意外に不評だった。倉石さんは自信をもってこれを世に問うたが、落ち着いてよく見てみると、後ろに返り点もついていない原詩が載っていて、本文は翻訳と注がついているだけ―この注は私たちが手伝った―、訓読に慣れた読者たちからはこれでは読みにくいという声も聞かれた。

駒場から本郷に進学するに当たり、中国文学科に行くことになったわれわれ―木山英雄・近藤邦康・佐藤ら同窓八人―は戸川芳郎さんから本郷の信濃屋というそば屋の二階に集められて、本郷で勉強する態度について説教された。戸川さんが、倉石さんの言う事を聞くな、授業の際にはこんな風に抵抗しろと、言うので驚いた。倉石さんは保守反動のようなことを言う人ではなかったが、その頃の戸川さんが倉石さんをどのように見ていたかは戸川さんに聞いてみるしかない。戸川さんは後に京大の大学院に進学してから倉石さんの学問の本領を知って圧倒されたようだ。

教室会議というのがあったのを知っていますか。各大学の中国語の授業に出かけて行って「聴講させてください」と了解をとって参観し、授業後にその先生に向かって授業の批判をする。例えば、あの時に先生は学生から出た質問にこう答えたが、その答えは非科学的だとか、そういった批判をする。戸川さん自身はあまりものを言わないで、我々に言わせて、後で我々も「あの意見は何だ、おかしいじゃないか」と戸川さんから叱られる。あの頃の戸川さんは、何というか使命感があってやっていたから、怖かったけれども、我々はちゃんと言うことを聞いた。まあこれは戸川さんだけじゃないと思うけれど、あの頃のひとつの空気ですね。要するに、これまで戦争に協力していた人たちが、何の反省もなしに学生に教えるのはおかしいと、基本的にそういう空気があって、東大中文ばかりでなく早稲田でもお茶大でも同調者がたくさんいたわけです。もちろんそれに対して、勝手にやってきて余計なことをして授業の邪魔をすると言って腹を立てる先生もたくさんいた。今思えば、やった我々も勇気があったなと思うけれども、その頃の空気もそれを許しているようなところがあって、先生によっては、初めから自分は批判されて然るべきだというような態度の人もいた。別に戦争中に悪いことをしたわけではないが、戦争に反対しなかった、中国侵略に反対しなかったと、そういう自己批判をしている先生がたもたくさんいた。

（江藤茂博）佐藤先生たちが「中国文学研究」という雑誌を出された時期は、他のいろいろな分野でも新制大学を出た世代が研究を始めて、研究が新しくなった時期だと思うのですが、いかがですか。

そんな大げさなものでもなかったが、中国文学の会には中哲と中文の先生がたも入って、学生も教員も一緒になって盛り上げて、学界に討って出るという感じだった。「中国文学研究」第三号には赤塚忠[*15]先生が面白い巻頭論文を書いている。先生がたは倉石さんの後任が前野先生、宇野精一さんの後任が赤塚忠先生、藤堂明保[*16]さんも既におられた（東大紛争の時に辞表を出して辞められた）。前野先生は倉石さんに就いて学び、東大の修士課程まで終えて、京大で助手になり、名古屋大学の専任講師になり、東京教育大の助教授になって、東大に移ってきた。

（江藤茂博）この時代に、国文ではようやく吉田精一が近現代文学の講座を開きます。中文のほうは近現代文学はどなたが担当されたのですか。

倉石さんですね。東大では駒場の二年間のうち最後の半年は、本郷の教官が来て講義することになっており、倉石先生は駒場では中国現代文学史を講義した。本郷に進学すると古典をやっていた。倉石さんは古典もやるし、近現代文学もやるし、八面六臂、何でもやっておられた。倉石さんの「文学史」は現代から始まって、次に古典に移るというかたちだった。

（江藤茂博）佐藤先生が学ばれた時代に、中国文学・中国哲学のスタッフが次第に揃っていった背景には、その頃の国際情勢の影響があったのですか。

あったかも知れないね。とにかく、倉石先生は東大教授をやりながら、かたや民間の中国語学校（現在の日中学院）を経営していたくらいだったから、政治情勢や国際情勢の影響は多分にあったかも知れない。あの頃は先生も学生も研究室で一緒に昼食をとったが、倉石さんは弁当を持ってこられ、我々は蕎麦屋からそばをとったりした。倉石さんはしばしば文部省に行っておられたようで、昼食をとりながらの雑談の時に、外国人教師のポスト確保を本省（文部省）に行って頼むとか、そういった文部省との交渉ごとについてぽつりぽつりと話されることがあった。ただ、これは東大だけの特徴かもしれない。後年、私がお茶の水女子大の学長を勤めた時はそんなことはしなかった、こういう交渉は文部省から派遣された事務局長の仕事だった。

（牧角悦子）倉石武四郎さんと吉川幸次郎[*17]さんは、どういう関係だったのですか。前野直彬さんは吉川幸次郎さんの影響は受けていないのですか。

倉石さんと吉川さんは、倉石さんが七歳先輩で、倉石さんの葬式の時にも「倉石先輩」と呼び、北京で一緒に留学生活を送ったり、いろいろな思い出があると言われた。それで、思わせぶりなことを言われる。「自分の知る限り、モノを読める人は三人いる」と哭辞で言われた。その中にご自分と倉石さんは入っていただろうが、もう一人は誰だったか知らない。京大の人たちの決まったセリフは「モノを読める」かどうかであった。

しかし吉川さんは若者にとても親切だった。私がオーストラリアの職を終えて帰ってきて、東大で助手をやっていた時、学会で上京された吉川さんを定宿にされていた山之上ホテルに何度か訪ねたことがあるが、いつもとても丁寧に応対してくださった。

吉川さんは前野さんをかわいがっておられて、前野さんも吉川さんの影響を受けていた。だから前野さんが倒れた時に、吉川さんは心配して、上京した折に病院に見舞いに行かれたこともある。東大中文のなかには、近藤光男さんはじめ、吉川さんの世話になった人たちがいっぱいいた。

（町泉寿郎）佐藤先生は、倉石武四郎さんが東方学会の建物でやっていた中国語学校には関係されなかったのですか。

私は東方学会の中国語学校では、倉石先生よりもむしろ竹内実[*18]さんに教わった。竹内さんは倉石さんが呼ばれたのだろう。倉石さんは中国語ができる人を大事にされた。竹内実さんは確か二松学舎専門学校の出身でしょう、竹内さんは東京都立大から京大に移られたが、その前に職がなかった時代があって、倉石さんがよく面倒を見ておられたのではないか。

（江藤茂博）一九六〇年から一九七〇年は文学全集の時代であり、出版の時代でもある。日本文学では、明治以降の文学がこれによって古典化されていき、東大の国文学者たちがその編集に携わる。私から見て、近代文学全集が出版されてそれが古典化していくのは理解できるが、中国文学はもともと古典的なものが多いのに、やはり同じころに中国文学でも先ほどから話題になっている平凡社や集英社の全集が出ているのは、どういう動きだったのか、先生はどのように見ておられたのかお聞きしたいです。それから、日本文学の方は全集モノに注を付けるような仕事が増えて、それとともに研究者の研究業績が増えて大学のポストも増えてという循環が起こります。しかし中国文学の方はあまりポスト自体が拡大したようには見えません。日本文学はこの時期にマーケットが拡大したが、中国文学の方はマーケットが拡大したようには見えないのですが、いかがでしょう。

冨山房「漢文大系」や「国訳漢文大成」のような古いものはあったが、新しい中国文学の全集はなかった。昔の「漢文大系」「国訳漢文大成」と、倉石さんや吉川さんが企画した平凡社の「中国古典文学全集」「中国古典文学大系」では全く様子が違うでしょう。先ほど言ったようにこの時は私たちも注を付ける手伝いをしたが、現代語訳が主体で読みやすかったからよく売れた。平凡社の編集者が、貰ったボーナスで帰りに車を買って、それに乗って帰ったという話があるくらいだった。河出書房からは小野忍[*19]さんの「現代中国文学全集」も出た。河出書房の全集でも、私は黎波[*20]さんと組んで現代詩の翻訳を手伝った記憶がある。現代中国文学は人民文学の時代であったが、その中で魯迅は別格で、『魯迅選集』が岩波書店から出て、それが火付け役になった。

中国語を選択する学生が、政治状況に左右されるのは今も昔も同じで、今は中国語の非常勤講師の口がうんと減っている。中国の改革開放路線と、「シルクロード」ブームによって、中国語の履修者が急増した。中国文学のほうもそれなりにマーケットは拡大したが、日本文学と比べれば格差があったことも事実だ。私と同郷同窓で国文学者の内田道雄君が夏目漱石の小説に注を付けた時に、現代文学に注を付けるとは何事だと批判されたことがあった。だが、山梨大学にいた内田君はその本がよく売れて、家を買えたといううわさが流れた。これは確かに国文と中文のマーケットの格差を物語るものだ。

また私と宋代文学に関連して言えば、キャンベラから帰ってきた頃に、東京堂出版から前野直彬編の『唐詩鑑賞辞典』が出版されて、これがよく売れた。そこでその次に、唐詩が売れるなら宋詩もやろうという話になり、『宋詩鑑賞辞典』のために、それまであまり読んだことのないような宋代詩人の作品を分担して読んだ。それが宋代文学に関わる切っ掛けになった。工藤さんと読書会で読んだ『唐宋名家詞選』は、学研の『中国の古典』シリーズのなかで『宋代詞集』として出ることになった。

（町泉寿郎）最後に、漢文訓読、漢文教育については現在どのように思っておられますか。倉石武四郎さんは漢文訓読に反対しつつ、定年退官の年に「日本漢文学史の諸問題」を『国語と国文学』に発表されるなど、どこかで中国文学・中国哲学とは異なる領域として日本漢学・日本漢文学を気にしていたようにも思うのですが。

（牧角悦子）倉石武四郎さんは、従来の訓読の方法と中国語学習を前提とした方法と、方法として違うと言っているだけで、訓読を否定しているわけではないのではないですか。

要するに倉石さんは、訓読のようなこれまでの伝統はそれはそれとして、これからの若い者が新たに外国文学としての中国文学をやる時には訓読はやめろと言われたという程度のことだったと思う。そう解釈するのがいちばん筋が通る。

だけれども、これからの日本の中国文学研究にとって、漢文訓読がマイナスに働くかどうかは分からないとも思う。訓読の否定も、中国語学習を前提とした中国学というのも、一種の建前論であると思う。

（牧角悦子）佐藤先生は漢文訓読ではなく、中国語による中国文学であるということを自覚してやってこられた世代なのですか。

そんなに簡単に割り切れないと思うけどね。訓読のほうがいいか、翻訳のほうがいいか、私はどっちでもいい問題だと思う。自分が理解しやすい、自分にとって都合のよい方法であればいいだけであって。外国文学だからと言って、訓読を使うのが悪いわけでもない。自分が一番理解しやすい、或いは一番理解されやすい方法でいいと思う。

吉川さんたちが『中国詩人選集』で始めたような、特別の和訓を付けて工夫した‘京都風’の訓読もある。個人的な意見だが、吉川さんが始めた新しい訓読のスタイルを一番継承した、吉川さんの訓読の精神を一番体現したのは入谷仙介さんだろうと思う。恐らく入谷さんは、吉川さんに学ぶというより、むしろ五山の抄物などからもよく学んでおられたのだろう。

（二〇一九年五月七日　於二松学舎大学学長室

参加者：佐藤保。江藤茂博、川邉雄大、牧角悦子、町泉寿郎。

【註】

＊1　互尊文庫：実業家・社会事業家の野本恭八郎（号互尊）が長岡に設立した図書館。

＊2　五味智英（一九〇八―一九八三）：一九三五年東京帝大文学部国文卒。一九五二〜六九年東京大学教授。参考文献に、『国語と国文学（五味智英教授追悼集）』六〇（九）（東京大学国語国文学会、一九八三）、『上代文学（追悼五味智英先生）』五一（一九八三）、『上代文学論叢―五味智英先生追悼』（笠間書院、一九八四）。

＊3　倉石武四郎（一八九七―一九七五）：一九二一年東京帝大文学部支那文卒。京都帝大大学院修了。一九三九〜四九年京都帝大教授。一九四〇〜五八年東京（帝国）大学教授。参考文献に、「学問の思い出」（『東方学』四〇、東方学会、一九七〇）、『倉石武四郎著作集』一・二（くろしお出版、一九八一）、『本邦における支那学の発達』（汲古書院、二〇〇七）所収の戸川芳郎「はじめに」。

＊4　艾青（一九一〇―一九九六）：中国の現代詩人。本名蒋海澄。

＊5　尾上兼英（一九二七―二〇一七）：一九五二年東大文学部中文卒。一九五七年東大大学院（旧制）修了。一九七一〜八八年東京大学東洋文化研究所教授。参考文献に、「尾上兼英教授略歴・主要著作目録」（『東洋文化研究所紀要』一〇六、東京大学東洋文化研究所、一九八八）、『尾上兼英遺稿集』一、二（汲古書院、二〇一九・二〇二〇）。

＊6　島田謹二（一九〇一―一九九三）：東北帝大文学部英文科卒。台北帝大教授。東京大学教養学部教授。参考文献に、『比較文学比較文化―島田謹二教授還暦記念論文集』（弘文堂、一九六一）、『比較文学（島田謹二先生追悼）』三六（日本比較文学会、一九九三）、『比較文学研究（追悼島田謹二先生）』六四（東大比較文学会、一九九三）、小林信行『島田謹二伝』（ミネルヴァ書房、二〇一七）。

＊7　前野直彬（一九二〇―一九九八）：一九四七年東京帝大文学部中文卒。一九五二年京大大学院（旧制）修了。一九五八〜八一年東大教授。参考文献に、「前野直彬教授略歴・前野教授講義題目・前野教授主要編著述目録」（『中哲文学会報』六、東大中哲文学会、一九八一）、「先学を語る」（『東方学』一〇九、東方学会、二〇〇五）。

町泉寿郎整理）

＊8　実藤恵秀（一八九六―一九八五）：早大文学部支那文卒。一九四九〜六七年早大教授。参考文献に、『実藤文庫目録』（東京都立日比谷図書館、一九六六）。

＊9　長澤規矩也（一九〇二―一九八〇）：一九二六年東京帝大文学部支那文卒。第一高等学校教授を経て、一九四〇〜七〇法政大学教授、一九七三〜八〇年愛知大学教授。参考文献に、『日本文学誌要（長澤規矩也教授追悼）』二五（法政大学国文学会、一九八一）、『書誌学（長澤規矩也博士追悼号）』二八（日本書誌学会、一九八一）、『長澤規矩也著作集』別巻（汲古書院、一九八九）。

＊10　橋本萬太郎（一九三二―一九八七）：一九五五年東大中文卒、一九五七年東大中文修士課程修了、一九六〇年同博士課程中退。ハワイ大学、大阪市立大学、プリンストン大学の教員を経て、一九七三〜八七年東京外国語大学教授。参考文献に、「故橋本万太郎教授 年譜と業績」（『アジア・アフリカ言語文化研究』三五、一九八八）、『アジア・アフリカ語の計数研究』三〇（東京外国語大学アジア・アフリカ言語文化研究所、一九八八）。

＊11　“Metallurgical Remains of Ancient China〃（中国古代金属遺物）.Noel Barnard & Sato Tamotsu , Nichiosha（日応社）Tokyo , 1975.

＊12　“An Introduction to Kambun”University of Michigan Press, Ann Arbor, 1965.

＊13　竹田復（一八九一―一九八六）：一九一七年東京帝大文科支那文卒。一九二五年第一高等学校教授、一九四五〜五二年東京文理科大学（東京教育大学）教授。その後、東洋大学・日本大学・大東文化大学で教授。参考文献に、「学問の思い出」（『東方学』三七、東方学会、一九六九）、『斯文』九三（斯文会、一九八七）、内田知也「先学を語る 名誉教授竹田復先生の思い出」（『大東文化大学漢学会誌』四四、二〇〇五）。

＊14　工藤篁（一九一三―一九七四）：台北高等学校を経て、一九三六年東京帝大文学部支那哲支那文卒。一九四〇年より東京商大教授、一九六三〜七四年東京大学教養学部教授。

＊15　赤塚忠（一九一三―一九八三）：一九三六年東京帝大文学部支那哲支那卒。従軍後、一九六四〜七四年東京大学文学部教授。参考文献に、「赤塚忠先生略歴・著書略目録」（『斯文』八八、斯文会、一九八四）。

＊16　藤堂明保（一九一五―一九八五）：本姓今井、後に旧津藩主藤堂家に入婿。一九三八年東京帝大文学部支那哲支那文卒。外務省研修員として北京留学中に応召、一九四七年復員。第一高等学校教授を経て、一九六二〜七〇年東京大学文学部教授。

＊17　吉川幸次郎（一九〇四—一九八〇）：一九二六年京都帝大文学部支那文卒。東方文化学院京都研究所所員を経て、一九四七～六七年京都大学教授。参考文献に、『東方学（吉川幸次郎博士追悼録）』六一（東方学会、一九八一）、「先学を語る」（『東方学』七四、東方学会、一九八七）、「吉川幸次郎編年著作目録」（『吉川幸次郎全集』二七、筑摩書房、一九八七）、「座談会 吉川幸次郎・小川環樹両先生の思い出」（『中国文史論叢』一、中国文史研究会、二〇〇五）。

＊18　竹内実（一九二三—二〇一三）：二松学舎専門学校を経て、京大文学部中文卒。東大文学部大学院中文修士修了。一九七五～八四年京大人文科学研究所教授。参考文献に、「竹内実教授著作目録」（『東方学報』六〇、京大人文科学研究所、一九八八）。

＊19　小野忍（一九〇六—一九八〇）：一九二九年東京帝大文学部支那文卒。一九五八～六七年東大文学部教授。参考文献に、小野忍『道標—中国文学と私』（小沢書店、一九七九）、『和光大学人文学部紀要（追悼故小野忍教授）』一六（一九八一）、『東方学（小野忍先生追悼録）』（東方学会、一九八一）。

＊20　黎波（一九一九—二〇一〇）：京都帝大法学部卒。山口高校、京大の非常勤講師を経て外国人教師として東大（一九五三～八〇）、お茶大（一九八〇～八五）に出講。岐阜経済大教授（一九八六～九三）。参考文献に、『岐阜経済大学論集（黎波教授記念）』二七（四）（岐阜経済大学、一九九四）。

第Ⅲ部　漢学とビジネス文化

第一章　原三溪の漢詩

鄧　捷

第一節　原三溪と『三溪集』

漢詩は、中国の古典詩及びその形に準じた各国・各時代の作品に対する日本風の総称である。平安時代から幕末、近代まで、漢詩文の素養をもった日本人は漢詩を作り自らを表現してきた。本稿は夏目漱石と同じく明治元年に生まれ、故郷の岐阜で漢詩文を勉強し、近代生糸貿易に尽力した実業家原富太郎（号三溪）が残した『三溪集』を紹介し、生糸貿易という近代化の最先端の一翼を担った経済人にとっての漢学教養の面目とその特徴を描いてみる。なお、『三溪集』の解読は、二〇一一年から現在まで続く横浜の「原三溪市民研究会」の漢詩会メンバーとの研究会において深めてきたものである。とくに三溪の岐阜時代、横浜での諸活動、三溪園、別荘などの多方面にわたる資料について、市民研究会から多くの支援を得ている。

原富太郎の本名は青木富太郎、明治元年（一八六八）八月二二日に岐阜県厚見郡佐波村（現

＊1　出生日について諸伝記は八月二三日にしていることが多いが、藤本實也『原三溪翁伝』（思文閣出版、二〇〇九年）の「解題」（内海孝）によれば、丹羽邦男「明治初期の農村生活と岐阜町」（『岐阜市史だより』四号）は一九七七年にすでに、父久衛の日記に基づいて富太郎の誕生が八月二二日であると指摘している。

＊2　青木正一「在郷時代の原富太郎」（『岐阜県郷土資料研究協議会会報』第四九号）によれば、「三餘私塾」を開いたのは青木俊之助（通称春之助、号東

在岐阜市柳津町）に青木久衛・ことの長男として生まれる。[*1] 青木家は代々庄屋を務める豪農で、久衛は佐波村の村長であり、ことは南画家高橋杏村の長女であった。外祖父の高橋杏村は優れた南画家として地方で知られ、詩と書にも長け、当時の大詩人梁川星巌や美濃の詩人神田柳溪などと親しく交友し、唐詩人なら高適や王維ほどと讃えられていたのであった。富太郎は外祖父の死から三カ月後に生まれた。村の小学校を終えた後、明治一三年から一五年まで日置江村の「三餘私塾」[*2]という漢学塾に入り、歴史と詩文を学び、一三歳の時にすでに詩会に出て自作の詩を発表できるようになった。明治一五年九月から翌年の一月までさらに大垣の野村藤蔭[*3]の「鶏鳴塾」で漢詩漢文を学んだ。野村藤蔭は「学殖深く経史百家に渉りたるのみならずその上に詩文に長じ、書道も亦堂に入つてゐる洵《まこと》に才学徳を具備した偉材であつた」[*4]といわれる。このように、外祖父杏村の遺伝、幼少期から漢詩文の薫陶を受けた富太郎は生涯にわたって詩文墨櫝に親しむのである。

一七歳東京に出て、東京専門学校（早稲田大学の前身）で政治・法律を学んだ富太郎は、二一歳の頃に跡見花蹊を紹介され、東京跡見学校で漢学と歴史の助教師となる。花蹊の仲介により、二三歳で横浜の豪商原善三郎の孫娘・屋寿《やす》と結婚し、原商店の婿入りとなり、横浜の生糸界に関わることになった。明治三二年（一八九九）善三郎死去により原家の家業を継ぎ、大胆な経営改革を行い、原商店を原合名会社へ改組し、経営の合理化を図り、絹織物・生糸の直輸出に進出する。生糸供給の安定確保のため、三井家から富岡・名古屋・大嶹の製糸場

山）。青木東山は美濃国厚見郡日置江村（現岐阜市日置江）に生まれ、大阪の篠崎小竹に入門し、その没後は養嗣子竹陰及び女婿後藤松陰に学び、嘉永七年（一八五四）帰郷して「三餘私塾」という漢学塾を開いて近郷の子弟を教育した。教科書として、日本外史、春秋左氏伝、史記評林、十史略、国史略、通鑑綱目を用いた。

＊3　『原三溪翁伝』によれば、野村藤蔭は文政一六年に生まれ、明治三二年に死去。大垣の藩士、廃藩置県後、大蔵省租税寮九等出仕に任ぜられた。辞職後故郷で鶏鳴塾を開いて経史を教え、「集るもの千を以て算えられ、尚傍ら県の中学、師範学校を始めその外諸校に教鞭を執って県下の教育家として偉大な足跡を残した。」（三一、三二頁）。

＊4　藤本實也『原三溪翁伝』、三二頁。

を譲り受け、渡瀬と合わせて近代的四製糸場を確立し、製造・技術・販売の一貫体制を整備した。

原富太郎は利益を追求するだけの実業家ではなく、業界全体及び地域のために、自社の利害を度外視して全体の利益に尽した人格者であった。大正三年から四年、及び大正九年から一一年の二度にわたる経済恐慌に際しての蚕糸業界の救済、大正九年の横浜七四銀行の破綻整理による金融救済、大正一二年の関東大震災の時の横浜市復興会会長としての奔走など、原富太郎はこれらの多くの公共事業に貢献した。

私生活においては、明治三五年（一九〇二）から三溪園の造園に着手し、横浜本牧の雄大な地形を活かし、竹や梅など彼の漢詩に度々登場する中国文人趣味の植物を植え、日本各地から集めた由緒ある古建築や歴史的にも美術的にも貴重な文化財を配置した。園内に自邸も設けるが、それは当時の富豪の豪華な御殿や西洋館と異なり、三溪自身の趣味と美的精神を表した藁葺き屋根の質素な田舎風であった。明治三九年（一九〇六）に三溪園外苑は開園し、無料開放した。三溪園は新開の地横浜の初めての公園となる。大正五年（一九一六）にインド詩人タゴール（一九一三年ノーベル文学賞受賞）が初来日した際は、三溪園に三カ月逗留したことがあった。

一方、原富太郎は多くの美術品を収集し、横山大観、下村観山、小林古径、安田靫彦、前田青邨などの新進画家を援助した。さらに自身も茶、書、絵、詩、歌をたしなむ。漢詩は前述のように若い時から漢学塾で教育を受けており、和歌においては、佐々木信綱の指導を受けた。自作の漢詩と和歌は自らの手により『三溪集』に編纂された。晩年は多くの絵を描き、『三溪画集』（一―六）にまとめている。

『三溪集』は原富太郎の逝去（一九三九年）後、昭和二六年（一九五一）第一三回忌を機に刊行された。編集は生前親交のあった鎌倉円覚寺の住職、かつて釈宗演の侍者を務めた朝比奈宗源（別峯）である。『三溪集』は四つの部分によって構成されており、大正一一年以前の作品を集めた「古人迂」一、大正一二年―一四年の作品をまとめた「古人迂」二、そして、大正一五年―昭和元年に作られた作品を集めた「清風集」の三集〈以上は原三溪〈以後詩画に言及する場合は号を用いる〉自ら清書されたもの〉、さらに朝比奈宗源によって収集された昭和二年から逝去の間の作品、及び『三溪画集』の中から採録したものからなる「拾遺」の四部である。

第二節　『三溪集』の漢詩

『三溪集』に収録されている作品は、漢詩の五言絶句八五首、七言絶句四二首、五言律詩五首、古詩一首、四言詩二首、ほか和歌二〇首、小唄一首、跋文一章である。漢詩が圧倒的に多い。以下漢詩を中心に、作品の創作時期に拘らず、テーマ別に詩集の全貌を概観する。漢詩の訓読は筆者による。

〈故郷：人生の原点〉

下濃州舟中作　　濃州を下る舟中の作
親闈辭去幾回頭　　親闈《しんい》辞去せんとして　幾たびか回頭《かいとう》す
山色雲容不見愁　　山色雲容　愁いを見ず
紅漲桃花三月水　　紅《くれない》漲《みなぎ》れり　桃花　三月の水
一帆春雨下濃州　　一帆《いっぱん》春雨《しゅんう》　濃州を下る

三溪が故郷の木曽川の笠松湊から舟で下り横浜に帰った時の作品である。地元では木曽川が中国の長江（揚子江）に例えられていた。川沿いにある現在の江南市は、その由来を残している。三溪もしばしば木曽川を詠んだ作品を残している。この詩は江戸時代の漢詩人頼山陽（一七八〇―一八三二）の「舟發大垣赴桑名」の影響も窺われる。すなわち「蘇水遙遙入海流、櫓聲雁語帯郷愁、獨在天涯年欲暮、一篷風雪下濃州」。同じ木曽川を詠んでいるものの、冬の景色のなか心の愁いを詠う頼山陽と、春の景色のなか晴れ晴れしい心境を詠う三溪の詩は、異なるものである。

前述したように、三溪は一七歳で岐阜の両親の元を離れ東京に出て、二三歳で結婚し、青木富太郎から原富太郎になり、三一歳で横浜の原商店を引き継ぐ。若くして故郷を離れたこと、青木家を継がず原家へ婿入りしたこと、これら三溪の人生の選択は、必ずしも両親の意に沿うものではなかった。その分、故郷や両親への思いは深く、「幾回頭」からは彼の去り難い心境が窺われる。

一方、故郷はあくまでも自分の精神・魂の休息地であった。転句の「紅張桃花三月水」は、故郷の山水の描写であるが、それはまた、わが身が立つ現実の中へ向かっていく決意を暗示する風景描写でもある。心身共に、精力的且つ活動的な頃の詩と思われる。結句の「一帆春雨下濃州」は、去り難い心情を振り切って、故郷を去っていく勢いさえ感じられる。

登比叡山
涼天日暮白雲還
東望濃州黄樹間
爲恐秋風渡湖上
慈親老在故郷山

比叡山に登る
涼天《りょうてん》日暮れて　白雲還《かえ》り
東のかた濃州を望む　黄樹《おうじゅ》の間《かん》
恐れ為《し》む　秋風《しゅうふう》湖上に渡るを
慈親《じしん》老いて在り　故郷の山

この詩も頼山陽の「秋風吹吾冷、還吹木葉飛、吹到故園樹、莫侵慈母衣」（「憶母」）から影響を受けている。作詩が大正期と考えられ、父・青木久衛（明治四五年没）は既に亡くなっており、詩中の「慈親」とは、母・青木こと（昭和一三年没）のことであろう。両親を岐阜に残して横浜・原家を継いだ三溪は、故郷を憶い慈親を気遣う漢詩を幾首も遺している。

赴家弟百日祭
身似飄零離伴雁
西風又訪故山雲
如今唯有西江月
一夜寒聲和涙聞

家弟の百日祭に赴く
身は似《に》たり　飄零たる離伴の雁に
西風又た訪ぬ　故山の雲
如今《じょこん》唯だ　西江の月のみ有り
一夜　寒聲を涙に和して聞く

家弟とは原三溪より一回り以上も若い弟の武雄のことである。明治一八年六月二八日生まれ、明治三七年に父久衛から家督を継ぎ、安泰の事業家としての信望も厚かったが、発病わずか一週間、昭和九年六月七日、五〇才の若さで急逝した。転句は李白の「蘇台覧古」の「只今惟有西江月、曾照呉王宮裏人」をふまえる。ここで「西江」は木曽川か三溪生家の西側にある長良川を指すであろう。

〈横浜及び三溪園〉

新涼

青蘆瑟々暮潮生
不是離人也有情
鐵笛誰吹海門月
新涼一夜満江城

新《しん》涼《りょう》

青《せい》蘆《ろ》瑟々《しつしつ》　暮《ぼ》潮《ちょう》生ず
是《これ》離人《りじん》にあらざるも　また情有り
鐵笛《てってき》誰《たれ》ぞ吹くや　海門《かいもん》の月
新涼《しんりょう》一夜にして　江城《こうじょう》に満つ

中国の漢詩によく見られる「江城」はこの詩でどこを指しているのだろうか。この詩は字句を多少変え、又た題を「金港新涼」として昭和七年（一九三二）横浜石堂氏へ寄贈されている。また昭和九（一九三四）年刊行の『横浜百景』（横浜貿易新報社出版部）にも題詩として掲載されていた。このような経緯から、「江城」は横浜を指しているに違いない。

明治四二年（一九〇九）の「開港五〇年記念大祝賀会式典」で披露された森鴎外作詞の横浜市歌「むかし思へば苫屋の烟、ちらりほらりと立てりし處、今は百舟百千舟、泊る處ぞ見よや…」の歌詞に似通っているところから、三溪がこの詩を詠んだのは開港五〇年の頃とも考えられる。開港からの五〇年間を一夜としてとらえ、開港当時青蘆が繋げるさびしい漁村が、あっと言う間に大きな港となり、今や一変し、港都・横浜として新風が吹き始めたという息吹は詠まれている。

後半の二句の読み方は容易に李白の「一為遷客去長沙、西望長安不見家、黄鶴楼中吹玉笛、江城五月落梅花」（「與史郎中欽聴黄鶴楼上吹笛」）の後半を想起させる。李白と三溪の詩には、旅人（李白の「遷客」と三溪の「離人」）、笛を吹くを聴く（場所はそれぞれ「黄鶴楼」と「海門」）、江城（「武昌の町」と「横浜」）などの言葉に類似点があるが、李白が都から流されてやるせない思いをしたためているのに対し、三溪は自分の町として今を生きる横浜の清々しさを詠んでいる。

刻三溪石偈　　三溪石の偈《げ》を刻す
圓而不轉　　圓《えん》にして　轉《ころ》ばず
靜而不休　　靜《せい》にして　休まず
相顧相笑　　相顧《あいかえり》み　相《あい》笑う
泉聲塔影　　泉聲《せんせい》　塔影《とうえい》

偈は仏の徳をたたえる韻文のことであるが、ここでは三溪園の造園哲学を語っている。現在の三溪園内には三溪石と名付けられた特定の石や偈句が刻まれた石は見当たらない。「偈を刻す」とは、実際に偈を石に刻んだのではなく、三溪園の一石一石に向けて、主人原三溪の心に「偈」、即ち彼の感性、理想と人生哲学を刻んだものと解する。

三溪園が完成をみる大正期は、横浜経済界のリーダー、日本美術の支援者、そして茶人・書画詩人として、三溪の活躍は多方面に及んだ。造園は禅の世界観の表現とした夢窓疎石の禅庭に学び、また、釈宗演禅師との親交も深めた。自らの在り方・生き方についての省察を一層深める時期でもあったろう。

癸亥九月一日有災
山傾地裂火雲流
狼藉伏屍積若丘
十萬樓臺看不見
空留残月照悲秋

癸亥《きがい》九月一日有災《いちじつゆうさい》
山傾き地裂《さ》け　火雲流《かうんなが》る
狼藉伏屍《ろうぜきふくし》　積《つ》もりて丘の若《ごと》し
十万楼台《ろうだい》　看《み》れども見えず
空《むな》しく残月《ざんげつ》を留めて　悲秋《ひしゅう》を照らす

功名非我事
慷慨赴時難
萬古中天月
一誠相照見
月黒人如魅

功名は　我事《わがこと》に非《あら》ず
慷慨《こうがい》して　時難《じなん》に赴《おもむ》く
万古《ばんこ》　中天《ちゅうてん》の月
一誠《いっせい》　相《あい》照して見《あらわ》る
月黒く　人魅《み》の如し

萬街空劫灰
誓将拯時局
要在禮賢材

満街焦土月空残
三十萬人夢悉寒
愧我菲才任興復
宵々剪燭坐更闌

万街《ばんがい》空《くう》なりて　劫灰《ごうはい》たり
誓《ちか》うは　将《まさ》に時局《じきょく》を拯《すく》わんこと
要《よう》は　賢材《けんざい》を礼するに在《あ》り

満街《まんがい》焦土《しょうど》　月空しく残り
三十万人　夢悉《ことごと》く寒からん
愧《は》ず　我《われ》菲才《ひさい》にして興復《こうふく》に任ぜらるを
宵々《よよ》燭を剪《き》りて　更闌《こうらん》に坐《ざ》せん

大正一二年（一九二三）九月一日の関東大震災の時に詠んだ一連の詩。横浜は壊滅的被害を受け都市機能を失った。原三溪は同年九月一九日満場の賛意を得て横浜市復興会会長に指名された。同会は、以降三年間で復興事業を完遂させ、大正一五年（一九二六）に解散した。本詩は会長に就任するに当たり、大震災の悲惨な被害状況と復興への決意について自身の心境を詠んだ作品である。ほか、災後の仮設住居の庶民の姿を詠んだ「災餘矚目」もある。「功名非我事、慷慨赴時難」「愧我菲才任興復、宵々剪燭坐更闌」は危機時のリーダーとしての姿をよく表した句である。復興第一歩は蚕糸貿易復興会より踏み出され、次いで横浜市復興会が設けられた。その両会長に原富太郎がなった。横浜が全滅の中から立ち上がるには、生糸貿易の復興が不可欠であり、政府や金融機関の援助を受けるためにも必要なことであった。また、緊急課題の飲料水確保は同年一二月までには完全通水に成功、翌年九月一九日では約八〇パーセントが復興したとの報告がなされた。昭和四年（一九二九）には野毛山公園で復興式典、昭和一〇年（一九三五）には新整備の山下公園で復興記念大博覧会が行われた。

〈奈良、京都を詠む：古文化への愛惜〉

南都
飛花埋盡玉鑾蹤
珂馬宮人夢不逢
煙雨南朝今幾寺
客窓欹枕聴残鐘

南都
飛花埋め尽くす　玉鑾《ぎょくらん》の蹤《あと》
珂馬《かば》宮人《きゅうじん》　夢に逢わず
煙雨南朝　今幾寺ぞ
客窓に枕を欹《そばだ》て　残鐘を聴く

南都
荘厳三百寺
七代帝王城
千古鐘聲在

南都
荘厳なる三百寺
七代《しちだい》の帝王城
千古《せんこ》の鐘聲《しょうせい》在り

聲々不耐情　　聲々《せいせい》情に耐えず

「西都」の京都に対して「南都」は奈良を指す。京都に関して漢詩のほか、和歌もいくつか詠んでいるが、奈良の場合はもっぱら漢詩である。三溪は「南都」と題する詩を『三溪集』のなかで三首詠んでいる。どの詩も喪失したものに対する強いノスタルジーが読みとれる。天平文化の華ひらいた奈良時代の都を追憶する時、時を刻む鐘の音は、三溪に千年の時の流れを否が応にも感じさせるのである。

三溪が奈良についてこのような感情を持つことは、京都を詠んだ詩と比較すると違いがよくわかる。明治になってからの奈良の町を振り返れば、現在のような観光都市ではなく、興福寺の五重塔まで売りにだされる噂が流布するほどさびしい状況にあった。仏教排斥の政府の方針が及ぼした結果であった。しかし、少しずつであるが奈良の再発見の気運もなかったわけではない。三溪はそうした気持ちをはやくから持ち続け、古建築の移築や古美術品の購入をしていたのである。それを実行する彼の気持ちを吐露したのが、「南都」の三首の詩といえるであろう。

〈題山水、別荘生活：隠者への憧れ〉

題畫山水
霞綺封丹崖
洞天花木麗
凌雲閣勢高
定有漢皇帝

十年住江上
鳬雁悉相知
扣舷歌明月
浩然任所之

海雲吹不盡
長笛断還連
月與寒潮湧
秋心満客船
暁鐘渡水来

山水を画すに題する
霞綺《かき》　丹崖《たんがい》を封じ
洞天　花木麗《うるわ》し
雲を凌《しの》ぎ　閣《かく》の勢い高く
定《さだ》めて有らん　漢皇帝

十年　江上に住み
鳬雁《ふがん》　悉《ことごと》く相知《あいし》る
舷《げん》を扣《たた》きて　明月を歌い
浩然《こうぜん》として　之《ゆ》く所に任《まか》す

海雲　吹きて尽きず
長笛　断ちて還た連なる
月　寒潮と與《とも》に湧く
秋心《しゅうしん》　客船に満つ
暁鐘《ぎょうしょう》　水を渡りて来たり

落月澹無迹　落月　澹《うす》くして迹《あと》無し
風起散蘆花　風起こりて　蘆花を散じ
蓬窓残夢白　蓬窓《ほうそう》　残夢《ざんむ》白し

昨夜聞秋信　昨夜　秋信《しゅうしん》を聞く
入雲孤雁愁　雲に入る　孤雁《こがん》の愁《うれ》い
蘆花江上暁　蘆花《ろか》　江上の暁《あかつき》
倦客獨登楼　倦客《けんきゃく》　独《ひと》り楼《ろう》に登る

朝比奈宗源の『三溪集』あとがきによれば、三溪は逝去の前日に雪舟の画巻を鑑賞したようである。この詩は山水画の世界を漢詩にしたためたものであり、宗源の評の通り、「一読すればその風光が彷彿として眼前に浮かぶような色彩の美がある」。『三溪集』にはほかにも「題山水」を題にした一連の詩があり、冒頭の一首「誰来洗其耳、松下石泉清、千歳高人逝、猶聞太古声」は中国三皇五帝時代の伝説の隠者許由、巣父に思いを馳せているのである。

無心山荘　無心山荘《むしんさんそう》
林屋風塵外　林屋《りんおく》　風塵《ふうじん》の外《そと》

閑庭長紫芝
花開判暦日
潮落卜炊時
只許白雲宿
獨任明月窺
好晴採薬去
夜雨輙吟詩

閑庭《かんてい》　紫芝《しし》長《ちょう》ず
花開きて　暦日《れきじつ》を判じ
潮《うしお》落《お》ちて　炊時《すいじ》を卜《ぼく》す
只《た》だ白雲の宿《やど》るを許し
独《ひと》り明月の窺《うかが》うに任《まか》す
好晴《こうせい》には　薬を採《と》りに去り
夜雨《やう》には　輙《すなわ》ち詩を吟ず

「無心山荘」は、箱根強羅にある三溪の別荘「白雲洞」にあったとされるが、詳細は定かでない。本詩は世俗を離れ自然を友とする隠逸者の日常を詠んだ趣である。三溪がそうした暮らしぶりに憧れていたことが窺われる。いずれも自然に身を委ねて、田舎の素朴さを愛するとともに、白雲や明月、僧や酒だけを相手にする隠者のような俗世間に染まぬ高潔さを滲ませている。

〈節目の偶感：己の生き方を見つめる〉

偶感

偶感《ぐうかん》

自憐霜鬢老塵機
四十九年昨梦非
今日猶余江上物
斜風細雨一蓑衣

自《みずか》ら憐れむ　霜鬢塵機《そうびんじんき》に老ゆるを
四十九年《しじゅうく》　昨夢《さくむ》は非《ひ》なり
今日《こんにち》　猶余《なおあま》す　江上《こうじょう》の物
斜風細雨《しゃふうさいう》　一蓑衣《いちさい》

四九歳の作。『淮南子《えなんじ》』（漢・劉安）原道訓に、「行年五十而知四十九年非（行年五十にして四十九年の非を知る）」とあり、五〇歳前後の年齢は古くから人生の節目として認識されてきた。「江上物」は当時海のすぐそばにあった三溪園を指しているのであろう。結句「斜風細雨一蓑衣」は唐の張志和の詩「漁歌子《ぎょかし》」の「青箬笠、緑蓑衣、斜風細雨不須帰」に基づく。

三溪数え年四九際は一九一六年（大正五）に当たり、五〇歳を迎えた大正六年は、三溪にとって特別な時期であった。長男善一郎の結婚披露宴の挙式が大正六年、その式場になる「臨春閣」の移築や自ら手掛けた茶室「蓮華院」も大正六年に完成した。また前年には「天授院」移築が完成、原家先祖代々が祀られた。この時期は、二〇年に及ぶ三溪園造園中のクライマックスであった。原家に婿入りした富太郎にとって、善一郎は原家直系の血筋をひく後継者であり、家業を無事息子に譲ることを自らの責務として、家長の人生を送ってきた。長男結婚の喜びと同時に、責任を果たして安堵感に包まれた時期でもあった。

偶感

奈何雙鬢雪
獨對夕陽時
回首望風雨
打残半局棋

奈何《いかん》せん　雙鬢《そうびん》の雪
独《ひと》り対す　夕陽《せきよう》の時
回首《かいしゅ》して　風雨を望《のぞ》み、
打《う》ち残《くず》る　半局の棋《き》

五七歳の作。還暦を前に人生を振り返ったときの感想を綴ったものである。なお、この詩を賛とした三溪自筆の絵がある。これは三溪が「余二天ヲ愛スル事甚シ」[*5]と言わせた宮本武蔵（二天）の絵「蓮池翡翠図」を参考にして描いた「敗荷」である。[*6]三溪は二天の絵を「筆墨の間何等の拘束を受けず何等の責任を感ぜざるが故に別に無碍の天地を有し其情甚だ純にして其意甚だ逼らざるものあり」[*7]と評している。自身の絵「敗荷」も、細い小枝にとまっている鋭い眼光で獲物を狙う翡翠が描かれ、画面下には秋が深まり枯れてしまった蓮の葉が描かれている。この絵と合わせて考えるなら、「打残半局棋」は人生の後半にさしかかる際の気持ちを詠んでいるが、それほど悲観的なものではなかろう。

偶吟　昭和九年

蛟龍失水時

偶吟　昭和九年

蛟龍《こうりょう》の水を失う時

＊5　二天の絵に関する三溪の言葉は、矢代幸雄『忘れ得ぬ人びと』（岩波書店、一九八四年）の「三溪先生の古美術手記」に紹介されている。三〇一頁。

＊6　『三溪画集』二、大塚巧藝社、昭和三年。

＊7　原三溪『餘技』（大塚巧藝社、昭和一三年）の序文。『餘技』は三溪が編集、川面義雄が校正した、大和綴じ、帙入りの特製本であり、三溪が収集してきた書画のうち、源実朝、宮本武蔵、徳川家光、市川団十郎らの絵画の専門家以外の絵画四一点を集めた珍しい美術書である。序文ではこれらの絵画を収載した方針について語っている。

甘受蜒蜒嗤　甘《あま》んじて受《う》く　蜒蜒《えんえん》に嗤《わら》わるを
開落有天時　開落　天の時有り
東風任所吹　東風《とうふう》　吹く所に任《まか》す

六六歳、逝去の四年前の作。蛟龍は中国古代の想像上の動物であり、水中に住み、雲や雨に乗じて天に昇り龍になるといわれる。また、時運にめぐり会えず、実力を発揮できないでいる英雄や豪傑のたとえである。蜒蜒は蜒蚰、ナメクジのこと。人間の生の営みを自然界の花の開落にたとえて詠み、それを深く受け入れていく姿が認められる。

第三節　三溪と中国文化及び近代日本

李白と杜甫を中国漢詩の双璧と見なすならば、李白は老荘文化の「出世」（隠逸）の志向を代表し、杜甫は憂国憂民する中国士大夫の儒教的「入世」の姿勢を代表していると言えよう。『三溪集』に最も表れるのは陶淵明や李白といった隠逸詩人に似通う「出世」の志向である。「誰来洗其耳、松下石泉清、千歳高人逝、猶聞太古声」（「題山水」）と詠うように、世俗的な権力から身を隠す古の隠者たちの高潔な生き方に近代日本の経済界の先頭に立つ原三溪は近づこうとし、陶淵明の隠逸の如く田舎の田園生活を存分に詠んだり、李白の自由な精神に憧れたりする。三溪が生涯最後に持った別荘「隣花庵」は京都の嵯峨臨川寺の境内にあったが、臨川寺は南朝の世良親王の故宮にして夢窓疎石が入定した神聖な霊境である。臨川寺の僧と飲酒する場面を「隣花庵漫吟」はこう綴る。「隣花不妨賞、隣馨不妨閑、酔臥僧帰去、夕陽微在山。山圓水清處、草庵隣花開、横臥笑相送、僧去峡雲来。先生雖愛酒、三爵自陶然、酔領春天地、落花満枕邊」。これは李白の名句「両人對酌山花開、一杯一杯復一杯、我酔欲眠卿且去、明朝有意抱琴来」（「山中與幽人對酌」）の三溪版ともいえよう。大正一五年一一月一二日、三溪は臨川寺に益田鈍翁、高橋箒庵、森川如春、田中親美、仰木魯堂を迎えて、本堂、祖師堂、書院等を使って茶会を行い、食事は隣花庵で執り行った。その時、茶杓、茶碗は「本阿弥光悦作赤楽茶碗」が使われている。赤土に釉がけしてありその明るく発色した様子が、酒に酔った赤ら顔を連想してか三溪は酒をこよなく愛した李白を思い、銘「李白」と箱の蓋裏に署名と共に記している。[*8]

もちろん、三溪の「出世」の志向は、必ずしも俗世間に完全に背をむけるものではない。昭和四年六一歳の時に三溪は「案山子図」の絵を描いて次のような賛を添えている。やや長いが興味深いので引用することにする。

「三溪先生戴烏帽曳長節怡然行吟瀧畝之間、偶見野老作案山子者、先生問曰何其形之壮而其内空虚也、以足威世之鳥雀乎。野老笑而曰、迂哉先生之問也、方今天下以虚名是為重、以浮誇是為貴、粉々烏擾々焉、道路皆不案山子之群者殆少矣。今先生弾其冠振其衣帰臥山野自

＊8　斉藤清『原三溪：偉大な茶人の知られざる真相』、淡交社、二〇一四年。

以為高焉、先生何損一身之安不従済生安民之業、何高論清議不勉揚清排濁之道。方若不成洵是仁人君子之業也。三溪先生顧指林梢笑曰、翁夫知此乎、鳥倦飛而帰林雲無心而知止、四時逐序而転、清濁従時而分。方今聖明在上群賢満下、豈待一倦鳥之労乎。須更夕陽没西遠鐘促人、野老亦指帰路莞爾而去。[*9]」

三溪が伊豆の別荘「南風村荘」に滞在した時に書かれたものである。三溪と野老が対話する形式、「弾其冠振其衣帰臥山野」「莞爾而去」などの言葉から分かるように、屈原の「漁父」に模したものであろう。案山子のような中身空っぽで形だけ勇ましい者が跋扈する世の中を皮肉っているものの、山野に帰臥する自分に対して「自以為高」と批判し、なぜ世や民のためにもっと働かないかと問う野老に、三溪の答えは「鳥倦飛而帰林、雲無心而知止、四時逐序而転、清濁従時而分」という自然の営みに身を任せる生き方と、「方今聖明在上群賢満下、豈待一倦鳥之労乎」という現今の権力への信頼である。三溪の「隠」の姿勢は、「挙世皆濁我独清、衆人皆酔我独醒」〔世の中すべて濁っているのに私だけが清んでいる、だれもかれも皆酔っているのに私だけが醒めている〕故に彷徨《さまよ》う「顔色憔悴、形容枯槁」〔顔色がやつれ、落ちぶれた様子〕の屈原とは明らかに違うものであり、また官を捨て田園に帰る陶淵明のものとも違うことがあろう。それは明治、大正、昭和初期という上向きの近代日本に生き、「入世」せざるを得ない責任を負った実業家としての当然な姿であり、また合理的かつ清らかな生き方であった。

＊9　「案山子図」は『三溪画集』二に収められている。賛の文は『原三溪翁伝』から。誤字と思われる箇所もあるが、そのまま引用。六七四頁。

原三溪の遺稿の整理を託されて『三溪集』を出版させた朝比奈宗源は、詩集の扉に「題三溪集」という五言律詩を寄せ、「襟照富峯雪、量納東海流」〔胸襟は富士の雪のように潔白で、器量は東海の流れを納めるほど広い〕と、三溪の人としての清さと大きさを讃えていた。「富士」「東海」といった喩えは文学的修辞に過ぎないと思われるかもしれないが、『三溪集』の漢詩を通読すると、宗源の表現に頷かずにいられない。竹、梅、月を愛し、山水に親しみ、「好晴採薬去、夜雨輙吟詩」〔晴れた日は薬草を取りに山へ、夜や雨の時は詩を吟ずる〕（「無心山荘」）のような田舎生活を好む三溪が、「蕭條英雄業、不如牛背安」〔英雄たちが成し遂げたことは今やもの寂しく、牛の背の安らぎにはおよばない〕（「南風村荘雑吟」）と、世を看破したような句を詠んだりするところは、田園詩人陶淵明のような面目をうかがわせる。一方、古都、古寺を訪ねるたびに伝統文化の喪失を憂い、関東大震災の時の横浜の悲惨な現状を詩に記録して、「満街焦土月空残、三十萬人夢悉寒、愧我菲才任復興、宵宵剪燭坐更闌」（「癸亥九月一日有災」）と、自身の社会的責任と努力を詠むところには、杜甫のような沈痛と忠厚が表れている。世俗的な名声と地位を遠ざけようとしながらも、社会にとって必要とされる仕事を積極的に引き受ける姿は、彼の詩に等身大に映されている。

詩人や文人ではなく実業家であった生身の原富太郎はおそらく人生の多くの時間と精力を生糸商売や会社経営に費やしたのであろう。しかし、驚くことに、彼の詩集にそれらをうかがわせる詩句が皆無に等しい。彼の精神は常に遥かなる山水田園、古寺古都、中国的東方的文人趣味の世界にあった。彼において、現実と精神は一見相いれない二つの世界ではあったようだが、それらの両極を包むように跨いで、そのはざまを豊かに生きたのは、原三溪の生のリアリティーだったのではなかったか。相反する現実世界と精神世界をあえて両義的に抱き込むことによってはじめて、人々が賞讃してやまない、公共貢献に尽力する彼の人格が生まれたのであろう。漢学に通じた深い教養を以って自己を律し、公共貢献のために奔走することの出来る経済人原三溪は近代日本にとってきわめて貴重な存在であったと言える。

第二章　杉村正太郎と漢学塾

横山俊一郎

第一節　五代友厚と杉村家

昭和二八年（一九五三）、大阪商工会議所の創立七五周年を迎えるにあたり、ある人物の銅像が同所前庭に再建され、その除幕式がとり行われた。[*1] この銅像はもともと明治三三年（一九〇〇）に建立されていたのだが、戦時中の金属類回収令によって取り壊されていたのである。

約一〇年ぶりの復帰をはたしたその人物の名は、五代友厚。二〇一五年度下半期の朝ドラ『あさが来た』の放映によってその名が全国に知られるにいたった、大阪産業近代化のリーダーである。[*2] 除幕式では彼の直系の孫にあたる五代信厚が参列していたが、肝心の除幕者は信厚ではなく、杉村正子という女性であった。

五代家と杉村家との親密な関係は明治前期にまでさかのぼる。後述するように、初代杉村正太郎が五代の多くの事業に協力した「五代系」商人の筆頭であったことに始まり、五代の

五代友厚の銅像とその遺族たち（明治三三年）『五代友厚伝』より転載

＊1　五代友厚の顕彰とその遺族については、宮本又次『五代友厚伝』（有斐閣、一九八〇年）の第二一章「五代の逝去と遺族」を参照。

四女久子が、二代目杉村正太郎に嫁入りしたのである。正子は五代の傍系のひ孫であった。

このように、事業上・血縁上において五代家とかかわりの深い杉村家であるが、一家をあげて漢学を学んでいたことが判明した。どこで学んでいたかというと、彼らの居住地である大阪船場に存在した漢学塾、すなわち泊園《はくえん》書院である。

泊園書院は、四国高松出身の儒学者・藤澤東畡《とうがい》によって江戸後期の文政八年（一八二五）に当地に開かれた。書院は維新期の数年を除いて昭和前期に至るまで大阪に存在し、東畡の子南岳《なんがく》が主宰した明治期には五千人以上の門人が集ったとされる。*3 彼ら門人は退塾後に多方面に活躍するのだが、実業家になった人物が多いことが近年明らかになってきた。

本章では、明治期に書院に学んだ実業家の二代目杉村正太郎を中心に、彼の周囲にいた人々も含めて、当時の大阪の実業家と泊園書院とのかかわりを概観することとしたい。

第二節　実業家・杉村正太郎

そもそも、杉村正太郎とはどんな人物なのか。まずそのことから説明しておこう。杉村家は「錫《すず》屋」と称する江戸期以来の両替商であった。明治期になるといち早く五代を支持し、大阪産業近代化を推進する立場となる。当時の当主は初代杉村正太郎（生年未詳―一八八五）であった。

泊園書院（分院、のち本院）関西大学蔵

＊2　なお、主人公のモデルとなった女性実業家・広岡浅子の一人娘の亀子とその腹違いの弟の松三郎は泊園門人である。

＊3　泊園書院の門人数については、吾妻重二編著『泊園書院歴史資料集―泊園書院資料集成一―』（関西大学東西学術研究所、二〇一〇年）の「解説」を参照。泊園書院出身の実業家については、拙著『泊園書院の明治維新―政策者と企業家たち―』（清文堂出版、二〇一八年）の第二部「近代の〈企業家〉たち」を参照。

左記は、初代杉村が五代とともに手掛けた事業を時代順に並べたものである。それぞれ発起人・創立員・株主など詳細情報をもとに初代杉村の位置を確認しておこう。

①明治一三年（一八八〇）一一月……杉村、五代とともに大阪商業講習所を設立する。
②明治一四年（一八八一）三月……杉村、五代とともに大阪製銅を設立する。
③明治一四年（一八八一）六月……杉村、五代とともに関西貿易社を設立する。
④明治一五年（一八八二）一二月……杉村、五代とともに鹿籠《かご》金山の採掘を開始する。
⑤明治一七年（一八八四）一一月……杉村、五代とともに神戸桟橋会社を開業する。

①は私立大阪商業講習所の設立である。[*4] 同所は本格的な商業学校で、昼（正則科）・夜間（速成科）の二部であった。開校当初は簿記・経済・算術の三科を正科とする。同所の創立員の筆頭は五代であった。杉村もその一員として参加する。ほかの創立員は、鴻池善右衛門、平瀬亀之助、広瀬宰平（住友吉左衛門代理）、大三輪長兵衛、鍋釜鋳造会社、渋谷庄三郎、渋谷庄十郎、安田源三郎、金沢仁兵衛、田中市兵衛、広瀬九郎右衛門、筑紫三次郎、河口淳、門田三郎兵衛、醤油会社であった。

②は大阪製銅株式会社の設立である。[*5] 同社はわが国最初の近代的な民間伸銅工場であった。五代と広瀬が計画・発起し、惣代杉村より上願される。明治一五年（一八八二）七月作成の「第一回半季実際考課状」によると、大株主は次の通りであった。三井元之助（一五九株）、住友代広瀬宰平（一二〇株）、五代友厚（一一九株）、杉村正太郎（一一九株）、鴻池善右衛門（一〇〇

＊4　大阪商業講習所と五代、杉村については、前掲『五代友厚伝』の第一四章「大阪商業講習所と五代」を参照。

＊5　大阪製銅と五代、杉村については、前掲『五代友厚伝』の第一七章「大阪製銅株式会社と五代」を参照。

藤澤南岳　関西大学蔵

株）、中野梧一（一〇〇株）。以上六名で合計七一七株、資本金の約三〇パーセントを占めた。

見落としてならないのは、ほかの株主である。伊藤藤右衛門九八株、平瀬亀之助七七株、芝川又平五一株、杉村徳次郎五〇株、杉村永三郎五〇株、杉村庄左衛門五〇株、錫谷利助五〇株、錫谷作兵衛五〇株、笠野源三郎五〇株、馬場孫三郎五〇株。先の杉村正太郎に徳次郎・永三郎を併せると二一九株となり、さらに杉村系統と思われる庄左衛門・錫谷利助・作兵衛を併せると三六九株にまで達した。

③は関西貿易社の設立である。[*6] 同社は依託品の海外貿易業務に従事するもので、当初はとくに清国への直輸出を目的としていた。しかし、政府の方針転換により北海道産物をもって対中輸出を行なうこととなる。

同社の発起人は杉村のほか、鴻池善右衛門、三井元之助、住友吉左衛門（総理代人広瀬宰平）、平瀬亀之助、芝川又平、山口吉郎兵衛、阿部彦太郎、門田三郎兵衛らであった。資本金一〇〇万円のうち半分を発起人二二人が負担することになるが、五代が四〇〇株、杉村と広瀬が四〇〇株を持ち、中野梧一、鴻池善右衛門、三井元之助、門田三郎兵衛、阿部彦太郎がそれぞれ三〇〇株を出資した。なお同社の役職は社長杉村・総監五代である。

④は鹿籠金山（鹿児島県川辺郡東鹿籠村）の採掘である。[*7] 同山は天和三年（一六八三）に島津家によって開かれ、維新後は薩摩人波江野休右衛門の所有となった。明治一五年（一八八二）になって五代と杉村、中野梧一の三名が、波江野より一二万円で鹿籠金山を買収、三名は大

＊6　関西貿易社と五代、杉村については、前掲『五代友厚伝』の第一八章「熱海会議と関西貿易社」を参照。

＊7　鹿籠金山と五代、杉村については、前掲『五代友厚伝』の第四章「五代の鉱山業と弘成館」を参照。

阪同盟会社を作る。中野がみずから現地に赴いて指導を行なった。

⑤は神戸桟橋会社の開業である。[*8] 同社は神戸における株式会社の嚆矢で、神戸港で荷役を行なった。明治一八年（一八八五）上半期の実際報告書によると、五代は資本金一六万円のうち二万五三〇〇円を引き受けている。五代に次いでの大株主は笠井深八と岩瀬公圃で各一〇〇株。岩瀬は幕末期から五代の協力者であった。そのほか、杉村正太郎（五〇株）、永見米吉郎（一〇株）など五代の腹心の人物が株主に多く、三井元之助、鴻池善右衛門、住友代人広瀬宰平は三〇株ずつとなっている。

以上のように、初代杉村は五代とともに多くの事業を手掛けた。右記の学校や会社のうち、①は大阪市立大学、②は住友金属工業（現日本製鉄）へと発展していく。しかし、もっとも注目すべきは、五代との事業における初代杉村の関与の度合が、その資本額や役職名を見る限り、三井・住友・鴻池といった財閥あるいはそれに準ずる実業家たちをしのぐスケールを持っていたことである。

二代目杉村正太郎（一八七四―一九四三）は、この「五代系」筆頭と目された初代の長男として生まれた。彼こそが漢学塾泊園書院で学んだのである。ここで二代目杉村の実業家としての活動状況および二代目杉村を引き立てた外山修造という人物に注目したい。左記は、大正一三年（一九二四）発行の評判記『財界楽屋　新人と旧人』に記された二代目杉村についての一節である。

＊8　神戸桟橋会社と五代、杉村については、前掲『五代友厚伝』の第一九章「五代晩年の各方面における事業活動」を参照。

杉村正太郎（二代目）『杉村倉庫創業七十五年史』より転載

彼は大阪で長者とか、お旦那衆とか言はれて、鴻池、住友等の富豪と肩を並べた古い素封家錫正の倅に生れ、現に何千万と称せられる其の資産は親譲りのものだが、到底世間並みの金持のボンチではない。二十三四歳の若冠にして、故田中市兵衛等の経営して居た四十二銀行を整理し、当時関西財界の大立物だった故外山修造に認められ、二十七八歳の時は既に夙く阪神電鉄の専務となつて居た、勤続前後六年ばかり、大に手腕を発揮したが、金に盲いた重役どもが権利株欲しさに無用の増資を企てたのに愛想を尽かして同社を去り、後ち商船に入って重役となったが、中橋徳五郎が気に食はぬとて左様ならを極め、日本貯蓄銀行も其の通り、中橋が内部の欠陥を整理しやうとするやつを反対に公表して解散する事を主張し、議斥けられるや翌日辞表を叩付けたと云ふ事だ。[*9]

このように、二代目杉村は四十二銀行を整理することからキャリアを開始し、阪神電鉄の専務となって大いに手腕を発揮する。その後、ほかの重役との意見の相違から退社し、大阪商船の重役に転じた。ところがここでも社長中橋との意見の相違から退社したようである。当時の紳士録などによると、二代目杉村はこれらの会社の重役のみであったわけではなく、みずから倉庫業（杉村倉庫）を興したほか、北浜銀行の頭取、播磨水力電気・朝鮮電気の各取締役、福島紡績・日清汽船・元山水力電気の各監査役にも就任している。[*10]

ところで、二代目杉村を阪神電鉄の専務へと抜擢した外山修造とはどんな人物だったのだろうか。外山は越後国（新潟県）の村役人の子で、維新後に慶応義塾・開成学校・共立学舎

*9　平栗要三編『財界楽屋　新人と旧人』（日本評論社、一九二四年）一二二、一二三頁。

*10　杉村正太郎が就任した役職については、文明社編『大阪現代人名辞書』（文明社、一九一三年）八八三、八八四頁、古林亀次郎編『実業家人名辞典』（東京実業通信社、一九一一年）ス之部一七頁、五十嵐栄吉編『大正人名辞典』第三版（東洋新報社、一九一七年）一七六九頁を参照。

に学び、日本銀行大阪支店長を経て阪神電鉄の社長をつとめた。そのほか大阪倉庫を設立し、積善同盟銀行や大阪舎密工業の頭取・社長にも就任する。一方で外山は維新前に昌平坂学問所で学ぶなど漢学の素養の深い人物で、泊園書院との間にも幾つかの接点を有した。

まず一点目は、外山が南岳の還暦祝賀会（後述）に来賓として参加したことであり、次に二点目に外山が泊園門人に長男捨造の家庭教師を依頼したことである。捨造は東洋学者武内義雄が編纂した『軽雲外山翁伝』において、「私なども小学校時代から藤澤塾の塾頭が夜に入るとやつて来て、三字教孝経から四書五経、十八史略、文章規範、日本外史、資治通鑑等迄やらされました[*11]」と述べている。

第三節　杉村家の人々と泊園書院

前節では、二代目杉村正太郎の活動状況を見てきたが、杉村家では彼の弟たち、すなわち徳次郎、永三郎、猿之助（以上生年順）も泊園門人であった。[*12]兄弟全員の入門という事実を踏まえると、これは初代杉村の強い意向であったように思われる。以下、杉村家の人々と泊園書院との関係を〔Ⅰ〕入門履歴、〔Ⅱ〕成績推移、〔Ⅲ〕還暦祝賀会・古稀寿筵会・贈叙位祝賀会、〔Ⅳ〕常費寄贈・同人消息・泊園同窓会の四項目に分けて見ていきたい。

＊11　武内義雄編『軽雲外山翁伝』（商業興信所、一九二八年）二七九頁。

＊12　前掲『大阪現代人名辞書』によれば、二代目杉村は明治七年（一八七四）生まれ、徳次郎は明治九年（一八七六）生まれ、永三郎は明治一一年（一八七八）生まれ、猿之助は明治一七年（一八八四）生まれである。なお杉村兄弟はみな同族企業の杉村倉庫の重役をつとめた。

〔Ⅰ〕入門履歴

第一に、入門履歴についてである。[*13] これは明治三七年（一九〇四）編纂の泊園書院の門人名簿『登門録』に「杉村徳次郎」「杉村永三郎」、その補遺に「杉村正太郎」との姓名が見られ、住所はすべて「大阪市東区南久太郎町二」であった。猿之助については、『登門録』にその姓名が見られないものの、後述する塾生の毎月の成績表に「杉村徳」「杉村永」と並んで「杉村猿」との表記があった。これは間違いなく「杉村猿之助」だろう。なお『登門録』には杉村系統の人物とされる「杉村庄左衛門」の姓名も見られた。泊園入門は杉村本家を越えた拡がりを見せていたのである。

〔Ⅱ〕成績推移

第二に、成績推移についてであるが、これは塾生の毎月の成績表『生員勤惰表』を見ると判断できる。[*14] ただ二代目杉村については、「杉村庄」という表記であった。文字通りに読めば「杉村庄左衛門」の可能性もあるのだが、泊園書院の門人名簿の原稿『登門録原稿』によると、二代目杉村は徳次郎、永三郎と同じく明治一九年（一八八六）の入門であった。おそらく記録者は二代目杉村を誤って「杉村庄」と記したのだろう。この種の誤りはほかの門人でも多く見受けられる。左記は、杉村家の人々の入門・退塾時期、さらにその間の成績推移を示したものである。なお何月か特定できない月は「□月」と示した。

＊13　入門履歴については、『登門録』〔LH2／丙 122〕を参照。LH2 以下は関西大学総合図書館の請求記号である。なお同書は前掲『泊園書院歴史資料集―泊園書院資料集成一―』の後篇第二章に影印を載せる。

＊14　成績推移については、『生員勤惰表』〔LH2／丙 101-1〜101-8〕を参照。入門時期については、『登門録原稿』〔LH2／丙 108-1〜108-8〕を参照。

①杉村正太郎　表記：「杉村庄」
明治一九年（一八八六）一〇月入門　明治二一年（一八八八）□月退塾
九等上〔明治一九年一〇月〕↓八等下〔明治二〇年二月〕↓八等上〔明治二〇年一二月〕

②杉村徳次郎　表記：「杉村徳」
明治一九年（一八八六）一〇月入門　明治二八年（一八九五）一月退塾
九等下〔明治一九年一〇月〕↓九等上〔明治二〇年□月〕↓八等下〔明治二五年六月〕

③杉村永三郎　表記：「杉村永」
明治一九年（一八八六）一〇月入門　明治二七年（一八九四）一二月退塾
九等下〔明治一九年一〇月〕↓九等上〔明治二一年□月〕↓八等下〔明治二五年一二月〕

④杉村猿之助　表記：「杉村猿」
明治二五年（一八九二）一一月入門　明治二八年（一八九五）一月退塾
九等下〔明治二五年一一月以降そのまま〕

杉村徳次郎　『杉村倉庫創業七十五年史』より転載

杉村永三郎　『杉村倉庫創業七十五年史』より転載

なお、杉村家の人々の在塾期間中、伊藤忠商事・丸紅創業者の初代伊藤忠兵衛〔表記：「伊藤忠」〕と鴻池家の有力分家の子息で尼崎紡績発起人の鴻池又吉〔表記：「鴻池又」〕がそれぞれ入門した。伊藤は明治二四年（一八九一）□月入門、同年九月退塾で、その間の成績推移は九等上〔明治二四年□月以降そのまま〕であり、鴻池は明治二二年（一八八九）□月入門、明治二六年（一八九三）七月退塾で、その間の成績推移は七等下〔明治二二年□月〕→七等上〔明治二四年一二月〕→六等下〔明治二五年六月〕であった。

書院の等級制度では三等以上が高等とされたので、いずれにしても大阪の商家の成績は芳しくなかったと言わなければならない。ただ、彼らは家業と学問の両立という重い課題を抱えており、杉村永三郎のように六年以上かけての二進級などはよくあることだったのかもしれない。

〔Ⅲ〕還暦祝賀会・古稀寿筵会・贈叙位祝賀会

第三に、還暦祝賀会・古稀寿筵会・贈叙位祝賀会についてである。[＊15] これらはいずれも藤澤南岳（贈叙位祝賀会は南岳の父東畡を含む）を祝うために開かれ、書院にとって重要な行事であった。杉村家の人々は退塾後もこれらの行事に積極的に参加している。

まず、明治三五年（一八八九）に開かれた還暦祝賀会である。これは翌年発行の『第拾四回泊園同窓会誌』を見ると、「門生祝儀寄贈者氏名（但〇は出席者）寄贈金最高百円」とあり、

杉村猿之助『杉村倉庫創業七十五年史』より転載

＊15　還暦祝賀会については、『第拾四回泊園同窓会誌』〔LH2／丙96-14〕を参照。古稀寿筵会および贈叙位祝賀会については、『第弐拾参四五六回泊園同窓会誌』〔LH2／丙96-23/26〕を参照。

○印付で杉村正太郎の姓名があった。さらに続いて「外に門人列席者」とあり、杉村徳次郎と杉村永三郎の姓名があった。

次に、明治四四年(一九一一)に開かれた古稀寿筵会であるが、大正六年(一九一七)発行の『第弐拾参四五六回泊園同窓会誌』を見ると、「当日来会を辱くせし」「門生」とあり、杉村正太郎の姓名があった。

最後に、大正四年(一九一五)に開かれた贈叙位祝賀会である。これは先の『第弐拾参四五六回泊園同窓会誌』を見ると、祝賀会の発起人会の「来会者」および祝賀会当日の「来賓接待係」として杉村正太郎の姓名があった。なお、後者の「来賓接客係」には泊園門人の福本元之助(両替商逸身家の人・尼崎紡績社長)や新田長三(ベルト王の新田長次郎の子)らの姓名もあった。

〔Ⅳ〕常費寄贈・同人消息・泊園同窓会

第四に、常費寄贈・泊園同窓会・同人消息についてである。[*16] 右記の行事参加状況のほか、同窓会誌に記された情報から、杉村家の動向を知ることができた。

まず、常費寄贈である。これは同窓会の経常費の寄贈者名簿「常費寄贈者氏名」から判断できた。明治四四年(一九一一)発行の『第弐拾弐回泊園同窓会誌』によると、杉村正太郎・杉村徳次郎・杉村永三郎はそれぞれ金三〇銭を寄贈している(全寄贈者一四七名中一一九名が

＊16　常費寄贈については、『第弐拾弐回泊園同窓会誌』〔LH2／丙96-22〕と前掲『第弐拾参四五六回泊園同窓会誌』を参照。同人消息については、『第弐拾壱回泊園同窓会誌』〔LH2／丙96-21〕を参照。泊園同窓会については、『泊園同窓会名簿』〔関西大学東西学術研究所蔵〕を参照。なお『泊園同窓会名簿』前掲『泊園書院歴史資料集—泊園書院資料集成一—』の後篇第三章に影印を載せる。

同額）。また先ほどの『第弐拾参四五六回泊園同窓会誌』によると、杉村正太郎は同じく金三〇銭を寄贈していた（全寄贈者四五名中四〇名が同額）。

次に、同人消息であるが、これは泊園門人の消息異動を伝える記事であった。明治四三年（一九一〇）発行の『第弐拾壱回泊園同窓会誌』を見ると、「杉村正太郎君　同徳次郎君、同永三郎君は近来商務繁劇なる乎、拝晤を得す、亦市内の人」とあり、書院側が杉村兄弟の動静を気にかけている様子が理解できる。

最後に、泊園同窓会である。これは定期的に開かれていたが、関西大学東西学術研究所蔵の『泊園同窓会名簿』を見ると、扉に「昭和十三年十一月一日現在　会員名簿　泊園同窓会」とあり、杉村正太郎の姓名があった。

第四節　評判記と褒章名鑑にみる二代目杉村

前節で見たように、杉村家では一家をあげて泊園書院に入門し、昭和期に至るまで書院とのかかわりを維持していた。では、彼らの人格とは如何なるものであったのだろうか。筆者はこれまで泊園書院出身実業家たちの思想（意識）と実践（行動）との関連性の解明をすすめてきたが、彼らには特有のエートスがあったと見ている。今回の考察においても、評判記と褒章名鑑に記された二代目杉村正太郎の素顔に迫ることを通してこの課題を考えたい。

まず、評判記から見ていこう。これは第二節で取上げた『財界楽屋 新人と旧人』を再度見ていきたい。左記は同書に記された二代目杉村についての一節の冒頭である。

島徳にあらずんば寺田の甚与茂、然らば石井定七と言った肌合の実業家がツラを張る大阪の財界に、杉村正太郎の存在することは、少し褒めすぎるかも知れないが、鳶の巣の中に隼を見るの奇異で、其の杉村が生え抜きの贅六だと知る時に、瓜蔓に生り下った茄子の図を聯想する。*17

このように、二代目杉村は「鳶の巣の中に見る隼」「瓜蔓に生り下った茄子」と表現されるように、大阪では一風変わった実業家であったらしい。また、それでいて生え抜きの大阪の商家の生まれであることに記者は驚いているのである。ここで、二代目杉村と対比されている典型的な大阪の実業家三人に注目したい。

一人目の島徳蔵は「北浜の島徳」「怪物島徳」と呼ばれた相場師で、大阪取引所理事長を務めたほか、第一次世界大戦後は大小様々な会社の発起人に名を連ね、会社屋と自称した。二人目の寺田甚与茂は質屋の丁稚奉公をへて一代で巨富を築いた苦労人で、岸和田紡績・南海鉄道・大同電力・共同信託・高野山鉄道など十数会社の創設に関与した。三人目の石井定七は木材商店の丁稚奉公をへて同店の婿養子に迎えられるが、その後株式投機家となって大正一一（一九二二）大阪の各銀行に取り付け騒ぎをもたらした（石井事件）。

彼ら三人に共通する性格といえば、島と石井に共通する「相場師」の側面と、寺田と石井

＊17　前掲『財界楽屋 新人と旧人』一二一頁。

に共通する「丁稚上」の側面だろう。おそらく記者は大阪の実業家に「損得勘定にうるさいたたき上げの商家」というイメージを持っていたのだろう。

記者は続けて、二代目杉村を次のように評している。

　損して得取る事を商法の秘訣とし、三百六十五日売った買ったに寸隙の無い身を、態々政府要路の大官に伺候して、御機嫌奉伺を忘れないほど如才のない大阪の実業家から見ると、彼杉村は竪にしても横にしても、乃至はひッくり返して尻の穴を覗いて見ても、満場一致の変屈者で、大政党に選挙費を奉納して置いて利権をねだったり、悪事のお尻が割れて身辺が危くなった時其筋へ泣きついて、有耶無耶に葬って貰ったり、秘密の鍵を握られた邏卒上りの警察部長に市長の椅子を与へて、体よくサーベルを取上げたりと云ふやうな、器用な芸当は迚も出来る男でない。[*18]

このように、「損して得取る事を商法の秘訣」とし「三百六十五日売った買った」に忙しく「政府要路の大官に伺候して御機嫌奉伺」を忘れない大阪の実業家から見れば、二代目杉村は「満場一致の変屈者」であったらしい。ちなみに、二代目杉村をそう見たという大阪の実業家は、先ほど島・寺田・石井の性格から推測した「損得勘定にうるさいたたき上げの商家」に類する人々なのだろう。では、大阪の実業家から冷笑された二代目杉村の「変屈」ぶりとはどういうものなのか、また彼の「不器用」さとは何に由来するのだろうか。

記者は、二代目杉村を次のようにも評している。

*18　同右一二一、一二二頁。

彼の所論は時に理想に走って偏狭に失する事もあるが、常に其の出発点を自己の利害に置かずして国家又は公衆と云ふもの、上に置いて居るから相当に聴くべきものがある。然るに彼の直情径行にして思ったまゝを偽らず飾らず口に出す、それが為めに一部の反感を買ひ『又杉村めが何かぬかしをる』と云ふやうな事で、折角の名論が聞流しにされることも少なくない、這は全く彼の不徳の致すところである。*19

このように、二代目杉村の所論は「時に理想に走って偏狭に失する事もある」が、「常に其の出発点を自己の利害に置かずして国家又は公衆と云うものの上に置いている」ので、「相当に聴くべきものがある」という。しかし、そう褒めつつも彼は「直情径行にして思ったままを偽らず飾らず口に出す」ので、それゆえに「一部の反感を買って折角の名論が聞き流しにされることも少なくない」という。ここで読み取れるのは、二代目杉村は君子然とした統治者風の態度をとっており、それは抜け目ない商人とは対極のものであったことである。

以上のように、「自己の利害」よりも「国家又は公衆」に重きを置いた二代目杉村であるが、彼の自己実現の場は必ずしも実業に限定されるものではなかったようである。左記は昭和六一年（一九八六）発行の『紺綬褒章名鑑』に記された二代目杉村の業績を、その受章した年代順に並べたものである。なお褒章とは特別にすぐれた行いを実践した者に授与されるもので、そのうち紺綬褒章は「公益ノ為私財ヲ寄付シ功績顕著ナル者」〔大正七年（一九一八）九月制定〕に授与されていた。

---

*19　同右一二三頁。

①大正三年九月大阪府尻無川改修敷地トシテ土地弐千参百参拾七坪余同八年十月恩賜財団済生会ヘ金壱万円寄附ス
②大正八年七月大阪市西区九条北通一丁目外十五箇町区有財産金四万円同十一年六月大阪市道路敷地トシテ土地参畝拾七歩余寄附ス
③昭和三年七月福井県遠敷郡知三村道路橋梁改修費金弐万円寄附ス
④大正十二年九月関東大震火災救援費金壱万円寄附ス[*20]

このように、二代目杉村は紺綬褒章をしばしば受章するなど寄付活動を積極的に行っていたのである。①〔大正三（一九一四）年九月分〕と②〔大正八年（一九一九）七月・大正一一年（一九二二）六月分〕は出身地大阪の治水・区政・道路に対するもの、③〔昭和三年（一九二八）七月分〕は活動地福井の道路に対するもので、おもに公衆向けの寄附活動といえる。一方、①〔大正八年（一九一九）一〇月分〕は施薬救療を目的とした恩賜財団済生会に対するもの、④〔大正一二年（一九二三）九月分〕は関東大震災に対するもので、おもに国家向けの寄付行為といえる。二代目杉村の「理想」と「名論」は決してかけ声倒れに終わるものではなく、確かにその実現を目指して行動していたといえるだろう。

第五節　実業家たちの漢学——杉村家を中心に

＊20　総理府賞勲局編『紺綬褒章名鑑』（大蔵省印刷局、一九八六年）二七、一七五、二八八、三〇六頁。

本章では、大阪産業近代化の推進者である五代友厚に協力した杉村家に焦点を当て、その事業活動、泊園書院とのかかわり、さらに二代目杉村正太郎のパーソナリティーなどを見てきた。この一連の作業を通して、当時の大阪の実業家と漢学塾とのかかわりの一端を垣間見ることができたように思われる。

まず、考察の中心にあった杉村家についてであるが、同家が企業勃興期の大阪で果たした役割は非常に大きいものがあった。なぜなら、五代との事業における資本や役職を見れば、同家が率先して五代に協力している様子を窺うことができ、また、その設立した学校や会社の後身には現在の大阪・関西経済に影響力のある大阪市立大学や住友金属工業（現日本製鉄）が含まれるからである。そうした初代杉村の遺産を受け継ぐ二代目杉村は泊園門人であったが、彼を引き立てた外山修造も泊園門人に長男の家庭教師を依頼するなど、書院を支持する実業家であった。初代杉村が息子たち全員を書院に入門させている事実をも鑑みれば、外山や初代杉村など大阪の産業近代化を牽引した第一世代は、当時の漢学を高く評価していたのかもしれない。

そうした第一世代の影響下にあって書院に入門した二代目杉村であるが、その弟たちと同じく成績は芳しくなかった。それは同時期の入門者である伊藤忠兵衛や鴻池又吉にも言えることである。しかし、このことは彼らに課された家業と学問との両立を考えると納得できることだろう。また杉村家については、退塾後も院主の還暦祝賀会・古稀寿筵会・贈叙位祝賀会に参加するなど、積極的に書院との接点を持とうとした。この種の実業家が杉村家だけに限らなかったことは、贈叙位祝賀会において福本元之助や新田長三らが来賓応対係をこなしている事実から理解することができる。このほか、杉村家における書院との接点は同窓会誌上で多く見られ、しかもそれが双方向の性質を持ち、かつ、昭和期まで継続した事実を確認することができた。

では、書院に通った実業家とは、そうではない実業家と比べて何が違うのか、泊園門人には特有のエートスがあったのだろうか。これは近代化過程における漢学の役割（これは日本のみならず中国・韓国にも当てはまる東アジア共通の問題）を考えるうえで検討すべき課題であると思われる。そこで本章では、二代目杉村に焦点を当て、彼の評判記と褒章名鑑における記述を見てきたが、彼は自己の利害よりも公衆や国家に重きを置く実業家で、損得勘定に長けたほかの大阪の実業家とは違ったタイプであったらしい。また、二代目杉村はみずからの理想を所論として語るだけでなく、寄付活動などを通してそれを確かに実行していた。

以上のように、杉村家を中心に大阪の実業家と泊園書院とのかかわりを見てきたが、企業者活動と漢学との間には何らかの関連性があったように思われる。なぜなら、本章の所々で紹介した書院出身の実業家は本人もしくはその父のいずれかが革新的な実業家として名を残しているからである。しかし、その関連性も時代が下るにつれて希薄なものとなっていたかもしれない。というのも、第二世代に当たる二代目杉村が、ほかの取締役となじめず「変屈」

や「不器用」との評価を受けていた事実は、そのことを象徴しているように思われるからである。企業勃興期の初期段階において、国家や公衆に対する強いコミットは、近世的な家業経営から近代的なそれへと飛躍する突破口となりうるが、やがて企業が合理的な組織として複雑化・専門化するにつれ、そうした情熱はあまり必要のないものと見なされるのだろう。

本章では、泊園学のどの部分が二代目杉村の国家や公衆に対する考え方に関わるのかといった問題にせまることができなかった。その問題を取り上げる際には、二代目杉村の書院での学習状況を裏付ける資料を入手する必要があるだろう。筆者の力量不足もあり、この核心的な課題は取り残されてしまった。今回はおおまかに大阪の実業家と漢学塾泊園書院とのかかわりを描くことで筆をおくこととしたい。

【付記】本章は、科学研究費助成事業若手研究(B)「大阪漢学と近代企業家に関する研究―泊園書院と重建懐徳堂を中心として」（課題番号17K18250、横山俊一郎研究代表）における成果の一部である。

【参考文献】

吾妻重二編著『泊園書院歴史資料集―泊園書院資料集成一―』（関西大学東西学術研究所、二〇一〇年）
社史編集委員会編『杉村倉庫創業七十五年史』（株式会社杉村倉庫、一九七二年）
宮本又次『五代友厚伝』（有斐閣、一九八一年）
横山俊一郎『泊園書院の明治維新―政策者と企業家たち―』（清文堂出版、二〇一八年）

第三章　経営学と論語――土屋喬雄の事績

松本和明

第一節　生い立ちと渋沢敬三との出会い

経営学と論語との関係を考えるにあたり、まずもって想起されるのは「日本資本主義の父」と称される渋沢栄一が生涯貫いた理念・思想の「道徳経済合一説」あるいは「論語と算盤」であろう。これの本質を考究するとともに社会へ広め続けたのが日本経済史・経営史研究の泰斗である土屋喬雄（一八九六―一九八八）である。

土屋は、明治二九年（一八九六）一二月二一日に、大原鎌三郎・八重の三男として東京府牛込区納戸町（現・新宿区）で生まれた[*1]。

鎌三郎は幕臣（旗本）の出身で、明治一三年（一八八〇）に東京大学（旧制）法学部を当時としては最年少の二〇歳で卒業して大審院判事に任官した。しかし、武家出身の生一本の性格が災いしてなじめず、弁護士（当時は代言人）に転じたものの、不遇のまま明治三九年に四六歳で急逝した。

＊1　土屋の足跡と業績に関しては、特に断らない限り、「土屋喬雄先生略歴および著書」明治大学経営学研究所『経営論集』第一五巻　第二号、明治四三年三月、土屋喬雄「私の履歴書」（日本経済新聞社編集・発行『私の履歴書　文化人17』昭和五九年所収、なお同紙連載は四二年四月）、「土屋喬雄先生略歴・著作目録」地方金融史研究会『地方金融史』第二〇号、平成元年、佐藤政則「求道の経営―解題」（土屋喬雄『日本経営理念史』麗澤大学出版会、平成二四年所収）に依拠している。

父の死後、喬雄は、父の知人の仲介で、仙台市で弁護士を務めていた土屋忠夫家の養子となった。忠夫は仙台藩士の出身で、明治法律学校（現・明治大学）を卒業している。

土屋は、明治四五年（一九一二）に宮城県立仙台第一中学校（現・仙台第一高等学校）の三年次に編入学した。家計の事情から養父は教育に必ずしも熱心でなかったため、授業料免除となる学年一位を維持すべく、周囲から「ガリ勉」と揶揄されるほど勉学に励んだ。

大正四年（一九一五）九月に仙台の第二高等学校第一部英法科（旧制・現在の東北大学のルーツ）に進学した。ここで同級生となったのが渋沢敬三である。[*2]

敬三は、渋沢栄一の長男である篤二の長男として、土屋と同年の八月二五日に生まれた。明治四五年に篤二が廃嫡処分となり、敬三は渋沢家の家産管理を目的として大正四年四月に設立された渋沢同族株式会社の初代社長に就任することとなったため、学生でありながらも栄一の後継者として目されていった。

出自や入学までの経緯はまさに正反対の土屋と敬三であったが、高い知性や謙虚な性格は相通じるところがあり、時をおかず親しい間柄となった。

土屋は、引き続き学業に精励して学年首位を堅持するとともに、孔子や孟子などの中国の古典をはじめ、同校の先輩である高山樗牛の著作、井上哲次郎著『国民道徳論』や桑木厳翼著『哲学綱要』、内外の文学作品などを熟読し、教養を高め、人格を磨いていった。

土屋と敬三は、ともに、大正七年（一九一八）七月に卒業し、同年九月に東京帝国大学法

＊2　土屋と渋沢敬三との関係については、基本的に、由井常彦・武田晴人編著『歴史の立会人—昭和史の中の渋沢敬三』日本経済評論社、平成二七年（特に由井氏執筆の第五・六章）に拠っている。

科大学経済学科（翌年に経済学部として独立）に入学を果たした。

両者の入学の動機は、第一次世界大戦の勃発による好景気とそれに起因する様々な社会問題の発生、さらに大正デモクラシーや社会主義への強い関心によるものであった。

土屋は、本郷のキャンパスに近接する御茶ノ水の昌平黌（昌平坂学問所）で学んだ当時の若者たちに思いをいたし、大正七年に制定された大学令の第一条に掲げられた「学術ノ理論及応用ヲ教授シ並其ノ蘊奥ヲ攻究スル」との大学の目的、「人格ノ陶冶」に留意すべきとの大学の使命に大いに啓発された。

学年が進み、土屋は、敬三とともに、経済史および銀行論・貨幣論を専門とする新進かつ気鋭の教授であった山崎覚次郎の演習（ゼミナール）に入った。山崎は実証的かつ厳密な研究手法で知られるとともに、日本銀行顧問も務めていた。演習加入時には想像もつかなかったであろうが、そのスタイルは土屋に受け継がれていくところとなる。

卒業論文は、山崎の行き届いた指導のもとで、土屋は日本の銀行史、敬三は日本の工業史（K・ビュッヘルの理論に基づく埼玉県行田地域における足袋製造業の事例研究）をテーマとした。

第三節　日本経済史研究者としてのあゆみと『渋沢栄一伝』・『渋沢栄一伝記資料』の執筆・編さん

大正一〇年（一九二一）四月に土屋と敬三は無事に卒業した。土屋は研究の途を強く志し、経済学部助手のポストを同年五月に得て、日本経済史を専攻することとなった。一方、敬三は、海外志向の高まりから横浜正金銀行に入行した。

ところで、土屋と同時に助手に就いたのは諸井貫一・向坂逸郎・宇野弘蔵である。諸井は渋沢栄一の指導を受けて日本煉瓦製造や秩父セメント（現・太平洋セメント）の設立と経営を主導した恒平の長男であり、後に同社社長に就任するとともに経済同友会や日本経営者団体連盟（日経連）および経済団体連合会（経団連）の創設に携わった。恒平・貫一ともに道徳心と知性に富み人格が優れた経営者で、貫一と土屋とは交流を深めて、それぞれの活動をエンカレッジした。

諸井とともに各種経済団体の立ち上げに注力した石川一郎（日産化学工業社長）や石坂泰三（東京芝浦電気社長）、宮島清次郎（日清紡績社長）なども渋沢を尊敬し、経営における道徳やモラルの重要性を強調した。土屋は彼らのスタンスを高く評価し、自らの学問体系に取り入れていった。

他方、向坂は戦時中不遇に陥ったが、敬三が研究資金を支援している。

土屋は、日本経済史との新たな分野を開拓すべく、方法論の探究と江戸時代における諸藩（加賀・鹿児島・仙台藩など）の財政状況の実証的研究を精力的に進めていった。これらは、初の著書となる『封建社会崩壊過程の研究』（昭和二年に弘文堂から刊行）として結実した。

あわせて経済学博士を授与された。この間、大正一三年一月には助教授に昇進している。

この後、土屋は、昭和二年四月から四年七月にかけて欧米諸国へ留学に赴いた。主としてベルリンに滞在し、ヨーロッパの社会経済史をはじめ歴史学および哲学や科学方法論なども幅広く学んだ。

土屋は､方法論を立ち入って考究できたこと､国際比較の視点を育めたことから有益であったとふりかえっている。

帰国後、自信を深めた土屋は、理論と史料考証とを統一した実証的研究を深化させるとともに、重要な史料を編集・復刻して学界に広く提供していった。

これらに加えて、学問的論争にも積極的に関与した。とりわけ、昭和八年以降繰り広げられたいわゆる「日本資本主義論争」においては､明治維新の近代的革命性を認める「労農派」の中核メンバーとして、大内兵衛や有沢広巳などとともに、「講座派」の諸学者（野呂榮太郎や山田盛太郎など）と激しく対立した。

この間の土屋の業績として注目すべきは、昭和六年（一九三一）に『渋沢栄一伝』が刊行されたことである。

これは前年に改造社から依頼を受けたことに端を発する。同社とは大蔵省や農商務省が所有する史料の復刻で関係を有していた。

土屋は敬三から渋沢家が所蔵する「雨夜譚会記録」や「職任表」などの資料提供や助言を

受けて調査・執筆を進め、「偉人伝全集　第十四巻」として一一月二〇日に発行された。同月一一日に栄一が没した直後であった。

土屋は、渋沢を「日本資本主義の最高指導者」・「日本資本主義の父」と位置づけ、九一年にわたる生涯と足跡を詳述している。

このうち、少年期から論語をはじめ中国および日本の古典を学び、人間的基盤が構築されたことが取り上げられている。

また、「政治経済思想」として、「官尊民卑の打破」、「公利（公益）と私利（私益）の同一」、「学問と実業との緊密な関係」、「公正」、「合本主義」、「万屋主義」などが指摘されているのは特筆に値する。

同書が渋沢の初となる本格的伝記ないし評伝であるとともに、土屋が渋沢の事績の分析を主要な研究テーマとする大きな契機となったのである。

ところで、土屋が敬三に資料提供を依頼した際に、敬三は次のように述べたという。敬三の祖父である渋沢の伝記への「思い」やその後の編さん事業の原点を見出し得るので引用しておく。[*3]

今まで渋沢家として親戚の者が中心になったり、専門の歴史家へ頼んだりして、祖父の伝記を編さんしてきたが、今になって考えてみると、そうした方法は正しくないと僕は思っている。伝記としてもっとも正しいのは、第三者が興味を感じて自発的に自由な立

＊3　土屋喬雄「人間渋沢敬三」（渋沢敬三伝記編纂刊行会発行『渋沢敬三　上―日本銀行転出前―』昭和五四年、二五八頁所収）。なお、本書の編さんは山口和雄が中心となった。

場で書くものである。伝記を書かれるに値するような業績をのこした人物の子弟なり、親族なりの責任は、資料の散いつを防ぎ、整理し、できれば印刷しておいて、書く人に提供することだ。

（中略）

大体において子弟や親族の者が書くと、とかくひいき目に見がちで、客観性が乏しくなるきらいがあり、ことに悪いことや失敗はかくすことになって、科学性が失われるおそれがある。

敬三は、昭和七年に療養先の伊豆半島西岸の三津地区で一六世紀以来の漁業関係史料を多数発見した。これをきっかけとして学術研究へのモチベーションが大いに高まり、三田綱町の自邸内に漁業史研究室を開設した。さらに、各地の民具の蒐集などの民俗学や農業経済学的アプローチも付加し、「アチックミューゼアム」と称する斬新な研究組織を構築した。

これに際して、敬三は土屋に若手研究者の派遣を求めた。土屋は、山口和雄（後に東京大学・明治大学教授）をはじめ楫西光速（後に東京教育大学教授）や宇野修平（後に東京女子大学教授）などを推薦した。彼らは実証性の高い調査・研究を蓄積していった。

昭和一一年（一九三六）初頭に、敬三は土屋に対して、渋沢の伝記資料編さん事業への参画を強く要請した。土屋は先の伝記執筆以来、渋沢の理念ないし思想である「論語と算盤」・「道徳経済合一」に深い関心を抱いており、直ちに承諾した。

後に、土屋は次のように述懐している。[*4]

この仕事は自分の専攻の学問の勉強にも大いになるし、学界に重要資料を提供し、かつ後世にも残すことにもなる仕事であると考えたので、欣喜と感謝をもって引き受けた。報酬も当時私が受けていた東大助教授のそれよりも多いものであった。

渋沢の遺徳を顕彰する団体である財団法人竜門社が「青淵先生伝記資料編纂所」を第一銀行（敬三が常務取締役）本店五階に設置し、土屋が編纂主任に就き、昭和一一年四月から編さん事業が着手された。

土屋は、編さん方針として、①事業毎の編さん、②事業の背景に関する文献の蒐集、③公平かつ客観的立場の堅持、④存命関係者へのヒアリングの実施を掲げた。[*5] 多い時には二五名におよぶスタッフとともに、土屋は週三回編纂所に通って調査・研究に勤しんだ。時おり敬三と面会し、意見交換や相談および情報共有を重ねた。

日中戦争および太平洋戦争の勃発による環境の悪化や、これによる関係者の出征さらに戦病死が相次ぐなど厳しい状況のもとでも、敬三や第一銀行頭取の明石照男（妻は渋沢の三女の愛子）の熱心な支援を受けて事業は進展し、昭和一八年三月をもって終結させた。まとめられた原稿および重要資料は、空襲による焼失を回避するため、第一銀行本店の地下大金庫に保管することとした。昭和一九年六月に岩波書店から第一巻のみ刊行された。

この時期、土屋の立場は極めて厳しいものがあった。昭和一三年のいわゆる「人民戦線事件」

＊4　同上、二六一頁。

＊5　土屋喬雄「青淵先生伝記資料編纂所通信（1）」財団法人竜門社発行『竜門雑誌』第五八〇号、昭和一二年一月。具体的には、同「凡例」（渋沢青淵記念財団竜門社編『渋沢栄一伝記資料』第一巻、渋沢栄一伝記資料刊行会、昭和三〇年）を参照されたい。また、編さんのプロセスについては、大谷明史『渋沢敬三と竜門社—「伝記資料編纂所」と「博物館準備室」の日々』勉誠出版、平成二七年が詳しい。

および翌年の東京帝国大学総長の平賀成美によるいわゆる「平賀粛学」に巻き込まれた。また、戦時統制のため、実証的な著書や論文でさえも危険とみなされた。昭和一四年（一九三九）八月に教授に昇進していた土屋は、自らの身分におよばぬように細心の注意を払ったという。しかし、一七年八月に休職、一九年八月には免官を余儀なくされた。*6

こうしたなかで、第一銀行は、昭和一七年六月に、敬三（同年三月に日本銀行副総裁に転出）や明石の決断により、創立七〇周年を記念して明治・大正期の金融史の資料を編さんさせるべく、東京帝国大学に対して二五万円を寄付するとともに責任者に土屋を充てることを要請した。大学側は経済学部に明治大正金融史資料編纂室を設置し、土屋を編纂主任に充てた。土屋は加藤俊彦（後に東京大学教授）などと事業を進めた。*7

終戦後の昭和二〇年一一月に土屋は復職したものの、二二年九月に文部省の検事控訴により再び免官となった。さらに、金融史編さん事業もインフレの急進により資金が枯渇した。

土屋は、敬三や明石に助力を請うた。そして、日本銀行総裁の一万田尚登の裁可を得て、昭和二三年八月に財団法人明治大正金融史資料編纂所が創設された。明石が評議会会長、土屋は常務理事に就いた。同法人を主体として事業が継続されることとなった。

敬三の仲介により、日本銀行から三年間・年額百万円以上の資金援助を受けた。昭和二六年には従来の明治・大正期に加えて昭和戦前期も対象とすることとなり、日本金融史資料編纂所に改称した。敬三の斡旋で資金援助はさらに三年間続いた。

＊6　前掲「求道の経営―解題」一五―一六頁。

＊7　事業の経過に関しては、土屋喬雄「監修の辞」および関根太郎「編集の辞」（日本銀行調査局編『日本金融史資料　明治大正編』第一巻、大蔵省印刷局、昭和三〇年所収）を参照のこと。

昭和二九年に事業および蒐集した資料が日本銀行調査局に移管された。土屋は監修者として引き続き事業にあたった。翌三〇年から『日本金融史資料』として公刊が開始された。その後、明治・大正編が二五巻、昭和編が三五巻、昭和続編が四〇巻刊行されるに至った。

他方、渋沢の伝記編さん事業は、敬三の尽力により、昭和二九年一〇月に渋沢栄一伝記資料刊行会が創設され、発刊に向けて歩みがようやく進んだ。同会の会長には第一生命社長の矢野一郎が就任し、土屋は理事に就いた。そして、翌三〇年四月に渋沢青淵記念財団竜門社（四六年に竜門社と財団法人渋沢青淵翁記念会とが統合、同年に土屋が理事に就任）が編さん者、同会を発行者として『渋沢栄一伝記資料』の刊行が開始された[*8]。その後、本巻五八巻が四〇年二月、別巻一〇巻が四六年五月までに公刊された。土屋も関係者に対して広く購入をすすめたという。

土屋は、全六八巻からなる『渋沢栄一伝記資料』について「質的にも重要であることはいうまでもないが、その量の膨大さにおいて、一市民の伝記文献として、古今東西に比類のないもの[*9]」と述べているが、異論を差し挟む余地はなかろう。

土屋は、昭和二七年六月にようやく復職を果たした。この間の敬三や明石による継続的な物心両面からの支援がいかに大きいものであったのかは強調してあまりある。

＊8　詳しくは、土屋喬雄「後記」と「刊行事歴」（『渋沢栄一伝記資料』第五七巻、昭和三九年所収）に拠る。

＊9　前掲「私の履歴書」七三—七四頁。

第三節　日本経営史研究者としての新たなあゆみと経営理念史研究

この時期は、土屋の人生において最も厳しい状況であったが、そうしたなかで土屋は研究対象を大きく変えていった。ごく単純にいえば、日本経済史から日本経営史への転換である。

従来の土屋の著書や論文は、研究書ばかりでなく、昭和九年に発行され広く読み継がれた『日本経済史概要』（岩波書店、一四年に続編が発行）などの啓蒙書あるいはテキスト的文献でも、個別企業や企業家が具体的に取り上げられることは稀であった。

この決定的な転換は、時代状況への対応にもよるが、渋沢の伝記編さんや金融史資料収集の進展により土屋の意識が大きく変容を遂げたことによると思料される。

昭和一四年に岩波書店から発行された『日本資本主義史上の指導者たち』や終戦後の二二・二四年に弘文社から発行された『日本の政商』（正・続）は、経済史から経営史への架橋的作品といえる。二三年には『日本の財閥』（アテネ文庫）が刊行された。

『日本資本主義史上の指導者たち』では、「経済は国力の根本」との視点から（時節柄やや時代がかってはいるが）、「『富国強兵』の標語を高く掲げて、あらゆる困難と闘ひつゝ、日本を今日の富強にまで育て上げて来た代表的指導者たちから教訓を読み取ることも、極めて重要であると信ずる」（二頁）として、大久保利通・松方正義・高橋是清・渋沢栄一・五代友厚・

福沢諭吉・G・ワグネル（お雇い外国人）および明治期に活躍した企業家を取り上げている。それぞれにはタイトルが付されているが、渋沢は「民間に於ける我資本主義の最高指導者」、五代は「士魂商才の典型」であった。

昭和二九年（一九五四）六月にみすず書房から刊行された『日本資本主義の経営史的研究』は一大画期となった。

土屋は、「日本におけるビジネス・クラスの発達」を跡づけることを課題として設定している。主に江戸時代の三井家代々と紀伊国屋文左衛門および山片蟠桃（升屋小右衛門）、明治時代の「実業界の指導者」として渋沢と五代友厚、「政商的実業家」として三野村利左衛門と益田孝（三井）・岩崎弥太郎（三菱）・広瀬宰平（住友）の足跡を叙述している。

土屋は前年の二八年から三井家と三井財閥の研究に本格的に着手しており、その成果の一部が盛り込まれた。また、明治期の実業家を出自や事業別に考察し、その類型化を試みている。ユニークなアプローチといえる。

土屋は、渋沢に関しては応分にページを割いて論じており、ビジネス・クラスの「師範」・「先達」（同書八七頁）、「日本資本主義の偉大なパイオニア」（九〇頁）と高く評価した。また、合本主義・官尊民卑の打破・論語と算盤・道徳経済合一説・ビジネスと教育との融合、企業家の道徳的品位および社会的地位の向上などを言及している。

同書は、明治期の企業経営史・企業家史研究の本格的業績の先駆と位置づけられる。

昭和三〇年には『財閥を築いた人々』（弘文堂アテネ新書）、翌三一年に『日本の政商』（経済往来社）を発刊している。

土屋にとって改めて大きな転機となったのが、昭和三二年（一九五七）三月に東京大学教授を定年退官し、翌四月より明治大学経営学部教授に転じたことである。これには経営学部長の佐々木吉郎の熱心な要請があった。

明治大学経営学部は、私立大学初の経営学部として昭和二八年に開設され、佐々木が同学商学部教授から転じて初代学部長に就いた。

佐々木は土屋とほぼ同時期にベルリンに留学して経営経済学を修め、後に「佐々木経営学」と称される独自の経営管理理論の体系を確立した。

佐々木は、理論研究者でありながら、歴史研究の重要性を強く認識するとともに思想や哲学についても理解を有していた。経営学部のカリキュラムを構築そして運用するにあたり、理論・歴史・政策を中核とした。つまり、経営学・経営史・経営管理理論を主要科目として位置づけたのである。

佐々木は、中核科目である経営史の担当者として土屋に白羽の矢をたてた。佐々木と土屋とは直接の面識はなかったが、共通の知人で戦前に明大教授を務めた吉岡佐太郎が仲介したという。

佐々木は、土屋に対して、「経営史研究および教育の開拓者」たることを懇請した。[*10] 土屋は、

＊10　「由井常彦先生インタビュー」（経営史学会編『経営史学会創立50周年記念　経営史学の歩みを聴く』文眞堂、平成二六年）一一四頁。

佐々木による画期的な経営学部のカリキュラムと経営史の位置づけ、さらに画期的な学部を形成しようとする情熱に強く共感して、経営学部教授への就任を承諾したのである。

東京大学で土屋に師事し、土屋とともに経営学部に赴任して助手となった由井常彦（現・名誉教授）は、当時およびその後の状況について以下のようにふりかえっている。[*11]

佐々木、土屋両先生は、はじめから経営のモラルや理念を重視することにおいて全くといえる程一致していた。近年の世界的に経営倫理を強調する風潮からみれば、両先生の早い時期からの見識は重視されるべきであろう。お二人とも渋沢栄一の経済道徳合一説に共感され、土屋先生は経営哲学が必要ではないかとの意見を述べられた。これに対して佐々木先生は、経営者の社会的責任こそ、ご自身の経営学の重要な論点で、講義でもとり入れられていると語られた。

こうした背景もあって、土屋先生の経営思想史、経営理念史の研究は、経営哲学を包み込むにいたった。

（中略）

土屋先生は、佐々木経営学の接点と、経営学の体系のなかに経営哲学の樹立の途を求められた。

由井は、さらに、「還暦を迎えられ、すでに学者のなかでも大家であられた土屋先生が、壮年期の学究のような態度を示されたことに、一種の驚きの念を覚えた[*12]」とも述べている。

＊11　由井常彦「経営学と経営史学をめぐって―佐々木吉郎・土屋喬雄両教授の思い出―」（明治大学経営学部50年史編集委員会編『明治大学経営学部50年誌』明治大学経営学部、平成一四年）一八―一九頁。

＊12　前掲「経営学と経営史学をめぐって」一六頁。

いかに大きなインパクトとなったかが読み取れる。

ところで、土屋は明治大学に対しては養父が卒業生であったため早くから親近感をもっていた。また、戦前期には同大学の政治経済学部教授を兼務していた。複数大学での専任教授の兼任は当時としては一般的であった。戦後の二七年に新設された大学院政治経済学研究科で日本経済史を担当した。東大退官後は政経学部への赴任が既定路線であったが、経営学部への着任は佐々木の高き理想と熱意および三顧の礼の賜物といえるだろう。

土屋は、経営史と日本経営史および日本経済史の講義を担当した。「経営史」との科目の設置は、国立大学を含めて日本初であった。[*13] 土屋は講義中にこれを強調して学生を鼓舞したという。[*14] 昭和三四年には大学院経営学研究科が新設され、経営史特論を担当した。なお、同年一〇月から翌三五年九月まで第二代学部長を務めている。

日本経営史の講義では、先述の『日本資本主義の経営史的研究』をテキストとして、三井高利と越後屋呉服店および渋沢栄一、中小企業史（山崎豊子著『暖簾』をベース）と簿記・会計の歴史を主として取り上げた。

研究では、『第一銀行史』や『地方銀行小史』、『農林行政史』や『続逓信事業史』などの社史・団体史・行政機関史の編さんに携わるとともに、江戸時代の商人の精神、渋沢栄一の合本主義や企業家としての役割、日本の株式会社の生成と発展についての実証的研究やM・ウェーバーの「資本主義の精神」観への反証論文を学部紀要である『経営論集』へ寄稿している。

＊13　例えば、東京（帝国）大学経済学部では戦前に「商業史」、戦後には「経営発達史」が開講されていた。担当は脇村義太郎であった。脇村は土屋が渋沢を研究していることをふまえて、自らの講義では渋沢を取り上げなかったという（前掲『経営史学の歩みを聴く』二五二―二五三頁）。

＊14　前掲「由井常彦インタビュー」一一五頁。

三四年には『日本の経営者精神』を経済往来社から刊行した。同書は「日本の経営者精神」と「道義的実業家列伝」からなる。前者は三三年に経営書房より発刊された『日本における経営者精神の発達』を増補改訂したもので、江戸時代から近時までの商人や経営者の精神や理念の変遷を跡づけている。他方、後者は渋沢栄一・森村市左衛門（森村組）・金原明善（天竜川流域の開発）・佐久間貞一（東京板紙）・波多野鶴吉（郡是製糸）の足跡と精神・理念が叙述されている。

注目すべきは、「道義的実業家」を「高邁な道義的信念をもってその生涯を貫き、利潤追求・資本蓄積を自己目的または至上命令とせず、利潤追求・資本蓄積の仕方を自己の道義的信念に合致するものとすべく努力した実業家」（一一三頁）と定義していることである。

昭和三九年（一九六四）の『日本経営理念史』、四二年の『続日本経営理念史』（ともに日本経済新聞社）の発刊は、日本の経営（理念）史研究のみならず土屋の研究者としての生涯においても金字塔であるといって過言ではない。

『日本経営理念史』には「日本経営哲学確立のために」とのサブタイトルが付されている。同書は、M・ウェーバーやW・ゾンバルトおよびその支持者の資本主義の精神に対する理解を厳しく批判したうえで、江戸時代の商人と経営理念の展開を立ち入って考察している。具体的には、寛永四年（一六二七）に著された『長者教』、井原西鶴による『日本永代蔵』、三井高利と越後屋呉服店、西川如見、「石門心学」を確立した石田梅岩、様々な商売往来物、近江商人や日田商人などが取り上げられている。

『続日本経営理念史』には「明治・大正・昭和の経営理念」とのサブタイトルが付されている。同書では、経営理念を「『社会的責任』を自覚し、あるいは社会に対する『道義的責任』を自覚し、これを実践せんとする信念をバックボーンとするもののみをさす」（七頁）、また社会的責任を「経営者にとっても道義・倫理・モラルが至上・最高のものだとする立場にほかならない」（三頁）と厳格に規定している。そのうえで、儒教（道徳）を基盤とする渋沢・金原・佐久間および矢野恒太（第一生命保険）と二代小菅丹治（伊勢丹）、キリスト教をベースとする森村と波多野および武藤山治（鐘淵紡績）・相馬愛蔵（新宿中村屋）・大原孫三郎（倉敷紡績）の活動と理念および各人の秀でたヒューマニズムを論じている。

両書について、土屋は「思い出の多い著書」で「『渋沢栄一伝記資料』の編集に従事して以来の計画を実現したもので、新分野の開拓の書として認められている」、「堅い研究書としては意外に多く売れた」[*15]とふりかえっているが、学界のみならず社会に広く影響を与え、経営における道徳や倫理の重要性と研さんの必要性の認識が広がったのである。

両書に関しては、P・ドラッカーの研究を引用し積極的に評価したこと、同僚教授の北久一（公益企業論）や大久間喜一郎（日本近世文学）の協力を受けたことも付記しておく。

ところで、土屋が論及したなかでは、矢野恒太の事績により注目すべきである。矢野は第一生命保険相互会社の設立と発展を主導するとともに、幼少期から学び続けた儒学を一般に

＊15　前掲「私の履歴書」七〇頁。

普及させるべく、『論語』に平易な解説を付した『ポケット論語』・『ダイヤモンド論語』を上梓した（明治四〇・四二年）。両書は実業界を中心に大きな反響を呼び、特に渋沢栄一が高く評価した。両者の存在と言動とが相まって、経営と道徳との不可分な関係に対する認識や社会福祉への貢献の重要性に対する理解が進んだのである。[*16] なお、恒太の長男が前述の一郎である。

昭和四〇年には、講談社現代新書として『変ぼうする経営者』を刊行した。『日本経営理念史』・『続日本経営理念史』のダイジェスト版的文献であるが、郷誠之助や池田成彬、小林一三や松下幸之助、豊田佐吉、井深大や本田宗一郎なども新たに叙述された。

土屋は、理想的な経営者像を「利潤の追求や資本の蓄積を経営の直接の目的としながら、企業経営の根本目的を、生産性の向上と社会福祉の増進におき、社会的責任を重んずる、人間的な、道義的な経営者」（四頁）とよりシンプルに示している。

土屋は昭和四二年に明治大学を停年退職した後に駒沢大学などで教授を務めるとともに、五代友厚をはじめ中上川彦次郎や小菅丹治の伝記（資料）の編さんや地方金融史の調査にいそしんだ。道義的で社会に尽し責任を果たした経営者の研究に一層尽瘁した。

晩年には、吉川弘文館から渋沢栄一の伝記執筆を依頼された。これを快諾し、昭和六二年に原稿を提出した。しかし、翌六三年に入ると体調を崩し、同年八月一九日に九二歳で死去した。土屋の遺稿は、山口和雄や渋沢史料館の関係者が修正を施し、平成元年五月に「人物

＊16　矢野に関しては、由井常彦「矢野恒太―学問の成果を実践に移す」（由井常彦・三上敦史・小早川洋一・四宮俊之・宇田川勝『日本の企業家（2）大正篇』有斐閣、昭和五三年所収）が必読の研究である。

叢書　新装版」の一環として刊行された。

土屋は渋沢の理念に関して、日本の経営者のなかで「もっとも高邁にして、最も視野広大」であり、その「感化・影響は大」で、「道徳経済合一主義の伝統は、日本の財界に今日まで継承されている」（二七七頁）と強調している。

同書の「はしがき」では、「昨年、九十歳になった私であるが、可能ならば詳細な『渋沢栄一伝』をさらに改めて著述したい」（八頁）と並々ならぬ熱意を示しており、頭が下がるばかりである。

土屋の高い問題意識と弛みない研究とこれを物心両面からの渋沢敬三の支援により、渋沢栄一研究は著しく進展し、その足跡と理念は社会に広く知られていった。

土屋とほぼ同世代の経営史家である脇村義太郎（後に東京大学名誉教授）や宮本又次（大阪大学名誉教授）および山口和雄（東京大学名誉教授）なども尽力した結果、国内大学に新設される経営学部には「（日本）経営史」（さらには「経営理念史」も）を科目として開講することとなり、経営学と道徳・倫理のあり方が広まる基盤が構築されたのである。

研究の回顧

李慶先生に聞く ――「日本漢学史」研究

一、文革をはさんだ学歴

（李慶先生は）一九四八年五月二三日に上海に生まれた。小学校、中学校、高等学校を上海で送り、高等学校を終わる前に文化大革命が始まったため、「上山下郷」政策によって田舎の港町で肉体労働を経験した。しかし、つまらない仕事をして一生を送ることは許さないという家庭の雰囲気であったから、文革のさなかも密にさまざまな本を自学した。後年知ったことだが、母方の祖父が回想録を残しており、それによれば母方の祖父は中華民国最初の一九一二年頃に日本に国費留学しており、後に明治大学に短期留学して法律学を学び、後にフランス留学（一九一八年帰国）している。そのころ、田舎の高校の先生がたが密にご自分の本を貸してくれて読んだ。それは北京大学で刊行された三冊の「中国文学史」である。そのほか、歴史、哲学、『論語』などの古典もあらかた読み終えていた。

文革時代が終わり、一九七七年に十年ぶりに全国の大学入学試験が行われた。四〇〇点満点で、二八〇点が合格ラインであった。自分では三五〇点以上、三六〇点くらいとれたと思うが、「問題がある」の家庭の出身ということで差別を受けた。復旦大学への入学を希望したが、復旦大学には入ることがかなわず、一九七八年に上海師範大学に入学した。当時、授業のレベルは低く、大学の施設も未整備であった。

上海師範大学にはわずか一年の在学で、飛び級して、文革後第一回の研究生（大学院生）として、一九七九年二月に復旦大学の大学院に進学することになった。上海師範大学の時に、章学誠の史論に関する論文を書いて提出したが、若い先生たちは章学誠のことをよく知らなかったので、ある文革後に名誉回復された年配の先生が内緒で私に「彼らは君に教えるのではなく、君に教わるほうがいいな」と揶揄して、飛び級して大学院の入学試験を受けることを推薦してくれた。復旦大学の古典文献学のコースにトップ合格して進学し、復旦大学の教授で図書館長を勤めておられた徐鵬[*1]先生と、古籍整理研究所の章培恒[*2]先生の指導を仰ぐことになった。章培恒先生は復旦大学古籍整理研究所の創設者である。

大学では初めロシア語をやっていたが、復旦大学に進学後、古典文学をやることになり、徐鵬先生と章培恒先生の勧めにしたがって一九七九年一〇月から日本語を始めた。日本語はまだ全く話せなかったが、家族の影響もあって、日本の学術書を翻訳することを決心し、『気の思想』[*3]の翻訳に着手した。なぜ『気の思想』の翻訳に着手したかというと、当時の中国の学問水準に不満があったからだ。学者たちの使用する学術用語がばらばらで、それでは議論は平行線をたどるだけだ。専門用語を確定するための範疇学、学術上の異文化コミュニケーションが必要だと考えて、それを学ぶために『気の思想』を翻訳した。毎日夜、翻訳を進めた。毎朝六時に起きて自転車で大学に登校し、夕方五時に退校、六時に帰宅して、夜一二、一時まで翻訳する。二年半で『気の思想』の全訳を終えて、かなり日本語に自信がついた。

二、復旦大学の諸先生と日本人学者

振り返ってみると、日中友好の路線（一九七二年日中国交正常化）、改革開放の路線（一九七八年以降）、この二つの恵みがなければ、私の『日本漢学史』の執筆はなかった。『日本漢学史』の執筆に着手したのは一九八八年の来日以降であるが、その準備期間は既に上海時代から始まっていたのである。

それというのも、復旦大学では従来から日本人学者と個人的な交流を持つ先生方が数多くいて、日常会話の中でも日本人学者のことがよく話題に上った。当時の北京、南京などの地域の文学・歴史研究とはまた違う、上海ならではの開放的な雰囲気が復旦大学にはあり、それが私を『日本漢学史』の執筆に向かわせる一つの背景になったと思う。例えば、中国文学史研究で知られる劉大傑先生[*4]は章培恒先生の先生に当たる方だが、日本留学の経験を持ち、日本の文学思潮の影響をうけて『中国文学発展史』を著した。近代文学の賈植芳先生[*5]、歴史学の呉傑先生[*6]（大庭脩氏の先輩）らも、一九三〇年前後に日本に留学した経験を持つ方々である。

私の在学中、日中関係の回復以降、最初の影響力ある国際シンポジウムが復旦大学で開かれた。『文心雕龍』をテーマにしたシンポジウムであり、日本からは目加田誠先生が団長となり、竹田晃、戸田浩暁、小尾郊一、岡村繁、興膳宏らの諸先生が参加した。この時、私も竹田晃、岡村繁、興膳宏らの先生がたの論文を訳者として参加し、これらの日本人学者と面識を得た。

（牧角悦子）なぜこの時のシンポジウムは『文心雕龍』をテーマにしたのでしょうか。また、このテーマの提案者は誰だったのでしょうか。

恐らく、上海の王元化先生[*7]、復旦大学の章培恒先生が目加田誠、岡村繁らの先生がたと相談して決めたのだろうと思う。その後、一九八三年に王元化先生は山東大学の牟世金氏[*8]らと「中国文心雕龍学会」を設立している。『文心雕龍』は六朝文論の集大成といわれ、体系的、理論的な文学論として評価されている。毛沢東時代は「紅楼夢」「水滸伝」などの研究が盛んだった。文革後の国際交流促進の流れの中で、既に『文選』は文革時代に打倒されていたから、中国の文論の中では珍しく理論的な『文心雕龍』が取り上げられたのだろう。『文心雕龍』は、『史通』『文史通義』とともに内藤湖南が中国人の著述中の優れたものとして評価したことで知られる。しかし、翻って今日、『文心雕龍』の著述目的は何であったかという問題をもう一度振り返る必要があるかも知れない。確かに最初の五巻はいいが、全五〇巻の中には出来の良くない部分もある。

そのころ、復旦大学では盛んに日本人学者を招いて学生向けの講義を行わせた。慶応義塾大学の岡晴夫先生を招聘した時には、岡先生からご自分の講義を録音したテープを渡されて、それを翻訳してテキストを作成し、講義してもらったことがある。日本語独特の断定的な表現を避ける言い回しの翻訳に、とても苦労した。

伊藤漱平先生を招聘して、「紅楼夢」の講義を通訳した際には、お礼に高級な辛口の赤ワインを二本頂いた。まだ中国ではワインは普及していなかった頃である。

ちなみに、岡晴夫先生と伊藤漱平先生について話しておきたいことがある。李漁の解釈をめぐって、岡晴夫先生と伊藤漱平先生の間に意見の相違があると感じた。岡先生の李漁への注目は遊びや娯楽性の文学という点にあるが、伊藤先生は李漁の文学にはその表面にある笑いの深層にまじめな人間性や考え方があるという解釈だった。そこにお二人の人間性が反映されているようで興味深かった。

三、「日本漢学」への開眼

二年半かかって翻訳した『気の思想』[*9]を中国で出版するにあたり、その頃はまだ中国はベルン条約（版権に関する国際条約）に調印していない時期であったが、当時から私は著作権に関する意識があり、前もって日本の主編者三人（山井湧・福永光司・小野沢精一）と戸川芳郎先生に翻訳と出版の許可を求める手紙を出した。戸川芳郎先生からはすぐに快諾の返事をいただき、山井湧先生が承諾すれば出版は可能との趣旨が記されていた。山井先生からも承諾の回答を得て、これを機にこれらの日本人学者と個人的な交流が始まり、また収載論文の著者である三〇～四〇人の日本人学者の研究を知ったのである。

章培恒先生は文学を専門とされたから、『気の思想』のような思想分野の書籍以外に、文学研究書を出版したいと考えられ、特に高橋和巳編・吉川幸次郎著『中国詩史』の翻訳を希望された。単なる詩の形式の研究ではなく、詩の中に見出される人間性の追求という考え方は当時非常に魅力的であった。私はこの翻訳にも従事した。この出版時には、著作権者に許諾を得るために、清水茂先生が退官前に中国旅行をされた際に章培恒先生が清水先生を復旦大学に招聘した。章培恒先生がちょうど北京の教育部で会議があり、上海を離れなくてはならなくなったため、私が清水先生と話し合い、清水先生が吉川幸次郎先生のご遺族の承諾を仲介してくれた。

東洋史関係の研究者では、例えば文献学で知られる尾崎康先生が「宋元版二十四史の研究」*10に従事していた時、個人的な交流があった。現在の慶応義塾大学の高橋智教授が復旦大学に留学する際に私はその受け入れ教官の一人となり、顧廷龍先生らを高橋氏に紹介した。顧廷龍*11先生と（李慶先生の）母が上海博物館で一時同僚であった関係で以前から面識があり、また顧廷龍先生が兼任教授として復旦大学で版本学を講義されたときに受講し、私の修士論文審査の主任も引き受けていただいた縁があった。顧廷龍先生は有名な顧頡剛*12の叔父にあたる。この時、尾崎康先生が一番に閲覧を希望したのは、上海図書館に所蔵される康有為が題跋を書いた宋版『史記』であった。むかしの上海駅で尾崎先生と初めて会った時のことを今でもよく憶えている。

私はそのころ顧千里*13の研究に従事していたが*14、これほど重要な人物にもかかわらず中国側の先行研究はなく、先行研究としては神田喜一郎先生の「顧千里先生年譜」があることを知って非常に衝撃を受け、それ以来、日本人学者の研究成果に一層注目するようになった。「東洋史研究文献類目」によって明治期以来の近代日本の中国研究の蓄積を知って勉強した。明治時代の考証学の成果はすばらしいと思った。

当時は唐代史研究にも関心があり、この分野でも日本の研究に着目し、もっと中国に紹介したいと思った。京都大学人文科学研究所から刊行されていた『唐代研究のしおり』をぜひ出版したいと思い、清水茂先生に相談したところ、清水先生が平岡武夫先生に私の願意を話してくださり、承諾していただいた。但し条件として、中国語版の販売は中国大陸内に限定してほしいとのことであった。それは、この研究がハーバード大学のエリセーエフ基金からの研究費による成果であるから、とのことであった。

また、王元化先生を主編にして、「国際漢学研究叢書」を作ろうという話も持ち上がった。その時、私は東北大学の内田道夫先生を主編とする『中国小説世界』[*15]を翻訳した。これを通して、内田門下の小野四平、小川陽一ら諸先生の研究を知った。

このほか、復旦大学以外でも商務印書館の所長であった張元済[*16]先生のご子息たちとは何となく親しい関係にあり、張元済・商務印書館と明治大正期の日本人との交流なども日本との縁が深まる一つの背景になった。

日本人学者の研究成果についてしばしば耳にし、また自分自身も日本人学者に知友ができるようになったが、初めから『日本漢学史』を書こうというような意識があったわけではない。むしろ上海時代には、日本人学者の研究成果を中国に紹介することにより関心があった。それから、すでに述べたように上海では日本人学者とのさまざまな交流のチャンネルがある。したがって、何となくその当時から、学問を通じて中国と日本の懸け橋を作らなければならない、この懸け橋を作らなければ、学問的な発展はないという気持ちを持っていたことは確かだ。

四、来日後の日々

一九八八年、復旦大学の共産党員で私よりも年下の上司から、突然、私に日本招聘の話が持ち上がった。文革後も昇格試験がしばらくなかったため、私よりも年上の先生がたは講師の身分のままの方が多かった。私は一九八八年の来日前に助教授に昇格し、古籍整理研究所の主任を兼ね、また古籍整理研究所長の助理のような仕事もしていた。この時、中国では「全明詩」編纂の大プロジェクトが進捗中で、私は北京大学（倪其心）、南京師範大学（李霊年）、復旦大学（章培恒）、杭州大学（平慧全）とともにプロジェクトの編纂委員として事業を推進していたから、自分の日本滞在がこれほど長期間になるとは当初全く予想していなかった。章培恒先生も、この機会に日本にしかない明代の文集を資料収集して「全明詩」編纂に役立ててほしいというくらいの考えだった。

一九八八年秋に金沢大学に外国人教師として招聘され、最初は教養部と文学部で兼務し、その後、外国語研究センターの所属に移ったが、外国人教師の身分はそのままで、大学院生の指導も行った。教授を退官されて間もない鈴木直治先生から誘われて、鈴木先生の研究会にも出席したことがある。他に金沢大学の中国学関係では井波先生、矢淵先生、望月先生らにもお世話になった。

金沢から夜行列車で毎月のように上京し、資料を収集した。その頃、私が一番よく通ったのは、東洋文庫の山根幸夫先生のところである。山根先生と復旦の呉傑先生は以前から交流があった。内閣文庫には尾崎康先生、高橋智さんとよく同道し、長澤孝三先生の面識を得た。この資料調査の結果、五〇数種の日本にだけ伝存する明代の文集を見出し、王国維に関する資料なども見つけた。

（佐藤保）外国人教師では、東大で最初に招聘したのは袁行霈さんだったでしょう。当時、外国人教師の給与はずいぶん高額で、非常勤講師給より良かったので、国立大学では外国人教師の枠をとる競争が激しかった。東大で外国人教師の招聘が少し出遅れたのは、黎波さんという京大法科出身の方が外国人教師でおられたためです。他には外国人教師としてどういう方がおられましたか。

中国人学者の日本招聘は、一九七九年に章培恒先生が神戸大学に招かれたのが最初です。東大で最初に招聘したのは北京大学の袁行霈先生、次に復旦大学の王水照先生、次に北京大学の倪其心先生、ほかに復旦大学の顧易生先生等があった。それから九州大学には、北京大学の張少康先生などが居られました。

五、『日本漢学史』の著述

一九八九年に『顧千里研究』を出版した後、次のテーマとして、『気の思想』の影響を受けて「中国文学における人間観について」の研究に着手した。中国の自然観、死生観、功利観、欲望観などの諸問題を論じ、八十万字の原稿を書き上げて出版した。この時に、ＮＨＫの金沢放送局から取材を受けたことがあり、これから何をしたいかと訊ねられたので、「日本漢学史」と答えた。それを完成することは「社会的公約」と思ってこれまでやってきた。

『日本漢学史』執筆にいたる背景を少し説明すれば、梁啓超の『清代学術概論』によって叙述された三百年間の学術史でも、まだ扱えていない問題があると思った。もう一つには、一九九〇年代に虎ノ門の教育会館を会場に「漢字文化圏」をテーマにした講演会が三回にわたって開かれたことがあり、私が参加した第三回には溝口雄三先生、島田虔次先生、余英時先生（プリンストン大学）、張琢先生（中国）等の諸先生が登壇した。島田虔次先生の講演に対して、私は中国で使用する「儒学」と日本で使用する「儒教」とではその意味内容に相当相違点があると思う、「儒学」と「儒教」はどう違うのかと質問したが、明瞭な回答は得られなかった。余英時先生もこの時その指摘は重要だと述べて、日本漢学史に関心をもってくれた。そこで、組織的・系統的な日本漢学史の著述を著そうと決意した。もともとは五年くらいの計画で着手したが、実際にやってみると、専門的な論考に入り込まなければならず、困難な道のりだった。

私が構想した『日本漢学史』に相当するような著作はまだ現れていなかった。先行研究として挙げるべき著述としては、楊聯陞先生の論説、莫東寅先生の『漢学発展史』、周法高先生（カリフォルニア大学バークレー校）の『漢学論集』などがあると思っている。

私の『日本漢学史』の特徴は以下の通りである。第一に、研究対象を明確にすること。ヘーゲルが述べているように科学的研究は対象を明確にしなければならない。漢学、漢文学、東洋学……、日本ではさまざまな学術用語が使用されている。中国学という用語は広すぎるから私は反対だ。やはり、自分としては近代の科学的な研究方法の影響を受けてからのシノロジーの発展史として、学術的、組織的なものを著したいと考えた。その範囲は中国の古典、思想哲学、文学、歴史、語学、美術・書道、宗教などの諸分野にわたる経典、論考、学者に関する学術的な内容を対象とするが、日本思想史で扱うような荻生徂徠の思想といったものは除外した。また随筆・遊記などの感覚的なものも入れないこととした。

時代は明治維新から中華民国以前までの約五〇年間に一応限定した。中華民国以降の日中関係の歴史は複雑すぎるので、それは近代史の専門家に任せる。私の研究は、近代日中交流史の一側面を取り扱うに過ぎない。当初は「近代日本漢学史」と題したが、前述のような「科学的な研究方法の影響を受けたシノロジーの発展史」は近代以降にしかないのだから、単に「日本漢学史」としたほうがいいという意見があり、それに従った。

また、日本漢学の形成は日本文化それ自身の要素だけによるのではなく、絶えず外国からの栄養を取り入れ、かつ国際情勢の影響を受けるものであるから、日本だけの閉じた世界を描くのではなく、開かれた視点から学術史を叙述することには十分配慮して追求したつもりである。

次に、正確な一次資料に基づき、事実に基づきつつ、生きている漢学史を叙述することに心掛けた。日中の歴史、日中学者の師承関係、日中の人物交流などを可能な限り精細に調査して叙述するために、雑誌などの定期刊行物、書簡などの私的な史料までよく調査して叙述する必要がある。例えば、明治時代の東洋史学者として知られる那珂通世は『蒙古秘史』の版本をどうやって入手したか？那珂は内藤湖南から貰ったのだ。内藤は文廷式から貰った。そして、文廷式が入手した本のルーツは顧千里に遡る。顧千里は『蒙古秘史』を研究して、それが明代の著述であり、清代には銭大昕[*17]の写本、張敦仁[*18]（「儀礼」の版本研究で知られる）の写本などがあり、それらを調べた上で銭大昕の写本は不完全である旨を題跋した。内藤はその題跋を見たが、誰の題跋か著者不明とした。『蒙古秘史』については、那珂のあと多数の欧米の研究者も研究し、小林高四郎[*19]の詳しい研究がある。顧千里の写本はその後、張元済の蔵書三十万冊（商務印書館の図書館）の中に入り、日中戦争ですべて焼失したが、顧千里題跋の『蒙古秘史』は傅増湘[*20]がちょうどそれを借り出していたため、焼け残った。こうした一つ一つの事実を追及することは非常に面白いが、とても骨の折れる仕事だ。

崔述の『崔東壁遺書』についても、日本で標点本が出たあと、青木正児が胡適との書簡のなかで論じている。胡適の門人である顧頡剛が『古史辨』を著述するにあたり、日本人の著述に影響をうけたかどうか、従来議論を呼んでいるが、顧頡剛が白鳥庫吉らの著作から影響をうけたことは胡適と顧頡剛の書簡を見れば明らかだ。島田重礼の生年月日は東大の総合図書館で見つけたガリ版の資料によった。このように、私はできる限り一次資料に依拠して著述した。

近人については、実際に会って確認した情報を叙述した場合も少なくない。村上哲見先生は、著作目録に自ら手を入れて送ってくれた。平岡武夫、福永光司、金谷治、福井文雅、中島敏夫らの諸先生に関しても、実際に会って確かめた内容を記している。

また、漢学（シノロジー）の発展史という考え方に立つと言っても、第二次世界大戦前と戦後では中国研究の考え方が全く違う。その点にも十分な配慮が必要だと思う。戦前の日本人学者は東アジアの代表として自らふるまい、国家プロジェクトに組み込まれて研究に従事した。戦後は、外国研究として中国に接した。そこに大きな違いがあり、区別して考える必要がある。それから、一九四五年から一九七二年までと、国交回復の一九七二年以降にもひとつの段階がある。

私の『日本漢学史』は、一般的な紹介的な内容ではなく、一つの学術分野を開拓し、一つの案内図を作りたいと考えたものである。いろいろな方から、日本語訳して日本で出版してはというお勧めもいただいている。この著作によって、「日本漢学」という学術分野があることが広く認められるようになり、次第に広がってきたことは強調したい。もちろん私ひとりの力で成し遂げた著述であるから、遺漏も不備もあることはよく承知している。批判も含めて多くの方に読んでもらい、ぜひこれからの研究の参考にしてもらいたい。

（二〇一九年四月二七日於二松学舎大学学長室において

参加者：李慶。江藤茂博、川邉雄大、佐藤保、牧角悦子、町泉寿郎。

町泉寿郎整理）

＊李慶先生著『日本漢学史』―三巻本、上海外語教育出版社、二〇〇二年。五巻本、上海人民出版社、二〇一〇年。

【註】

＊1　徐鵬（一九二七―二〇一二）：中国古典文献研究者。著書に『孟浩然集校注』（北京人民文学出版社、一九八九年）、『文化史名著挙要』（李慶と共編著、上海教育出版社、一九八九年）等がある。

＊2　章培恒（一九三四―二〇一一）：中国文学史研究者。編著に『中国文学史』（駱玉明と共編著、日本語版は関西大学出版部、二〇一四年）、『中国の禁書』（安平秋と共編、日本語版は新潮選書、一九九四年）等がある。

＊3　『気の思想―中国における自然観と人間観の展開』東京大学出版会、一九七八年。

＊4　劉大傑（一九〇四―一九七七）：中国文学史研究者・詩人。著書に『中国文学発展史』（中華書局発行所、一九四一年。他にも数版あり）、『紅楼夢的思想与人物』（上海古典文学出版社、一九五六年）等がある。

＊5　賈植芳（一九一六―二〇〇八）は比較文学研究者・作家。編著に『中国現代文学的主潮』（復旦大学出版社、一九九〇年）、『中国現代文学総書目』（福建教育出版社、一九九三年）等がある。

＊6　呉傑（一九一八―一九九六）：中日関係史研究者。著書に『中国近代国民経済史』（人民出版社、一九五八年）、編著に『日本史辞典』、訳著に『中国経済史考証』（加藤繁著）、『吉田茂伝』（猪木正道著）等がある。

＊7　王元化（一九二〇―二〇〇八）：文芸評論家・中国思想研究者。著書に『文心雕龍創作論』（上海古籍出版社、一九七九年）、『文心雕龍講疏』（上海古籍出版社、一九九二年）、『清園文稿類編』（華宝斎書社、一九九九年）、『王元化著作集』三巻（岡村繁編、汲古書院）等がある。

＊8　牟世金（一九二八―一九八九）：中国古典文学研究者。山東大学中文系出身。

＊9　李慶訳『気的思想』上海人民出版社、一九九〇年。

＊10　尾崎康『正史宋元版の研究』（汲古書院、一九八九年）、喬秀岩・王鏗訳による中国語版は中華書局、二〇一八年刊。

＊11　顧廷龍（一九〇四―一九九八）：中国古典文献学者、書学者。『顧廷龍文集』北京図書館出版社、二〇〇二年。『顧廷龍年譜』上海古籍出版社、二〇〇四年。『顧廷龍全集』上海辞書出版社。

＊12　顧頡剛（一八九三―一九八〇）：中国史学者、疑古派の創始者。『顧頡剛日記』聯経出版事業、二〇〇七年。『顧頡剛全集』中華書局、二〇一〇年。『顧頡剛年譜 増訂本』中華書局、二〇一一年。

＊13　顧千里（一七六六―一八三九）：名は広圻。清代の校勘学者・目録学者。李兆洛撰「澗賓顧君墓誌銘」。著書に『思適斎集』『思適斎書跋』等がある。

＊14　李慶『顧千里研究』、上海古籍出版社、一九八九年。増訂版、台湾学生書局、二〇一三年。
＊15　内田道夫編・李慶訳『中国小説世界』上海古籍出版社、一九九二年。
＊16　張元済（一八六七―一九五九）：出版社・上海商務印書館の創立者。顧廷龍編『渉園序跋集録』新華書店上海発行所、一九五七年。一九八六年。『張元済年譜』商務印書館、一九九一年。『我的父親張元済』東方出版中心、一九九七年。『張元済全集』七巻、商務印書館、二〇〇七年など。
＊17　銭大昕（一七二八―一八〇四）：清代の中国史学者、嘉定県（上海西北部）出身。著書に『二十二史考異』『潜研堂文集』『十駕斎養新録』等がある。
＊18　張敦仁（一七五四―一八三四）：清代の経学学者・数学者・蔵書家。著書に『求一算術』『撫本礼記鄭注考異』『塩鉄論考証』『資治通鑑刊本識誤』等がある。
＊19　小林高四郎（一九〇五―一九八七）：蒙古史研究者。著書に『元朝秘史の研究』（日本学術振興会、一九五四年）、『ジンギスカン』（岩波新書、一九六〇年）、『元史』（明徳出版社、一九七二年）、『東西文化交流史―シルクロードを中心として』（西田書店、一九七五年）、『モンゴル史論考』（雄山閣出版、一九八三年）等がある。
＊20　傅増湘（一八七二―一九四九）：清末民国初頭の政治家・学者。進士（一八九八年）、教育視察のため訪日し、教育行政官を歴任。善本の収蔵に富み、『蔵園群書経眼録』『蔵園群書題記』『雙鑑楼善本書目』等を残している。

第Ⅳ部　漢学と学術文化

第一章　漢学と藩政改革
――備前岡山藩熊沢蕃山を事例として

新藤　透

第一節　「漢学」と「藩政改革」

筆者に与えられたテーマは「漢学と藩政改革」である。「漢学」も「藩政改革」も一般社会で日常的に使用する言葉ではない。特に「漢学」については、「漢文」や「漢詩」ならば耳にしたことがあるが、「漢学」とはあまり聞き慣れない単語である。

「漢学」は古来より「儒学」と同内容と捉えられており、江戸時代の藩政改革では備前岡山藩主池田光政と熊沢蕃山、陸奥会津藩主保科正之と山﨑闇斎など、儒者が補佐する例が多かった。つまり漢学と藩政改革は密接な関係にあったのである。

本稿では紙幅の都合もあるので、藩政改革の事例としては比較的初期に属する備前岡山藩の熊沢蕃山の改革にしぼり、蕃山の思想と絡めてその実態を見ていきたい。

第二節　備前岡山藩主池田光政の陽明学への傾倒

池田氏は清和源氏の流れを汲む家柄で、池田恒興は織田信長に仕え頭角を現し、その子輝政は関ヶ原の戦いで徳川家康に味方し、播磨姫路五二万石を賜っている。輝政の子の利隆は早くに亡くなったので、その子である光政は元和二年（一六一六）に播磨姫路藩三代藩主に就任している。しかし光政は八歳と幼く、要衝の地である姫路を任すことはできないとして、幕府は元和三年（一六一七）、因幡鳥取三二万石に転封とした。

寛永九年（一六三二）、光政からみて叔父にあたる備前岡山藩主池田忠雄が死去し、三歳になる光仲が家督相続をすることになったが幼少であり、同年六月、幕府の計らいで鳥取と岡山で国替えをして光政が三一万石の岡山藩主となった。

岡山藩主となった光政は儒学を好み、熊沢蕃山の勧めにより陽明学を学んだ。陽明学とは儒学の一派で、中国明代の王陽明によって創始され、朱子学の形式的規範主義や静的・観照的な認識方法を批判した。朱子学とは対立関係にあったのである。

はじめ光政は近江（現、滋賀県）の中江藤樹を招こうとしたが果たせず、藤樹の長男・次男を招聘したが両人とも若くして没している。そこで光政は藤樹の高弟たちを多く岡山に招いた。さらに、以前岡山藩に仕官していた蕃山も、正保二年（一六四五）に再度家臣の列に加えている。

陽明学を修めた光政は仁政を実現するべく、嫡子・池田綱政や藩の重臣たちにも陽明学を学ぶことを奨励した。

例えば、このような逸話も今日に伝わっている。慶安四年（一六五一）、蕃山が学問上のことについて家臣に種々申し聞かせた内容について、家老池田出羽が「少しも合点がいったことがなく、役に立たないことばかりだ」と述べたとき、光政は出羽に向かって「学問への志がなく傍観的であればそのように思うのは当然である。その方も陽明学を習得しようとすれば、蕃山の説くところがよく理解できるから、も少し本気になって学問をされよ」と本気で陽明学を学ぶようにと諭している。[*1]

第三節　熊沢蕃山の藩政改革の指針

熊沢蕃山は元和五年（一六一九）に牢人の子として京都五条町に生まれた。幼名左七郎。父は野尻一利、母は熊沢亀といった。蕃山は外祖父熊沢守久のところに母と共に身を寄せ、熊沢姓を名乗る。寛永一一年（一六三四）、一六歳で蕃山は池田光政に仕えた。同一五年（一六三八）に島原の乱が勃発し、二〇歳の蕃山は光政に従軍を願うが認められず職を辞してしまう。その後、蕃山は京に上り中江藤樹の弟子となる。そして正保二年（一六四五）に

＊1　谷口澄夫『岡山藩』新装版（吉川弘文館、日本歴史叢書、一九九五年）四一―四三頁。

熊沢蕃山（1619—1691）　藤樹書院蔵

池田家に再び仕えている。

光政は蕃山が再仕官してくれたことがよほど嬉しかったらしく、蕃山は異例の昇進を遂げる。正保四年（一六四七）二月に側役に取り立てられ、この頃から蕃山は光政の諮問に答える形で藩政に関与するようになる。さらに慶安三年（一六五〇）五月三〇日、蕃山は三〇〇〇石の番頭《ばんがしら》に取り立てられる。番頭は岡山藩では家老に次ぐ格式であり、名実ともに蕃山は藩の要職に就いたのである。

重職に就いた蕃山は、まずは池田家中に意識変革を求めた。主著『集義外書』によれば、「諸大名が将軍に対する第一の忠義とは何か」と、ある藩の家臣の問いに対し蕃山は次のように答えている（傍線引用者）。

大樹君《たいじゅのきみ》（将軍—引用者注）の天命の御冥加《みょうが》のへり不レ申様に国を治られ候事、第一の忠にて候。無道の人をおごらしめ、人道をみだり、おごりによつて仁愛を亡し、本民をしへたげて、生なきにはしかじと思はせ、山林をあらし、古人の功をむなしくするは、皆上（将軍—引用者注）の御冥加を減ずることなり。上にしろしめさゞれども、罪は上一人にかゝり奉り侍り。人は天地の子なるがゆへに、人の多所に天命あり。多の人をあづけ給ふとて、不仁の者を人の君とし給ふがあやまりなるゆへにて御座候（『集義外書』）。[*2]

徳川将軍は天から民を預かって統治しており、さらに諸大名は徳川将軍から民を預かっている。無道の者を重用して、民が死んだほうがましだと思わせるようなことが絶対にあってはならない。その罪は諸大名ではなく、将軍が一身に引き受けることになる。なぜならば不仁の者を民の主君とすることは将軍の過失だからである。したがって将軍に対する第一の忠義は、「仁政」を施して民を大事にすることである。蕃山が「仁政」を施政の根本方針に据えていることがよくわかる。

このような蕃山の思想は江戸初期としては極めて異例であった。諸大名は徳川将軍に臣従していたものの、各大名と家臣との関係は将軍とは独立したものであると認識されていた。領民に対しても仁政を施すという考えはなく、「生かさぬように殺さぬように」年貢を取り立てることが家臣団維持のために必要であると考えられていたのである。[*3]

そのような声は蕃山の『集義外書』にもみられる。ある蕃山の友人は「今の世の武士の情は、民に不仁なるを以て、其道を得たりとし、仁なるをば、其道を不レ得とす」[*4]と発言した。それを聞いた蕃山は、大名が幕府から改易処分を受けるのは、「近年も民の困窮きはまりし天罰にてや、凶事出来、主君国を失ひ、家中の者牢人し、難義に及たるあり」[*5]と述べている。

しかしこのような蕃山の考えは、当時の武士には理解しがたいものであった。前述したよ

＊2　正宗敦夫編『蕃山全集』第二冊（蕃山全集刊行会、一九四一年）九―一〇頁。

＊3　吉田俊純『熊沢蕃山―その生涯と思想―』（吉川弘文館、二〇〇五年）四四―四六頁。

＊4　前掲＊2正宗敦夫編『蕃山全集』第二冊、一六六頁。

＊5　前掲＊2正宗敦夫編『蕃山全集』第二冊、一六七頁。

うに、家老の池田出羽は蕃山の思想は全く理解できないと強く批判をした。このことがあった四日後の慶安四年（一六五一）一月二〇日に、藩主光政は重臣を集めて蕃山登用は藩政改革の為であるとその理由を改めて表明したが、家臣の反発は強く蕃山を政権中枢から遠ざけなければならなかったのである。[*6]

第四節　蕃山の農政改革

しかし、蕃山再々登用の機会はすぐにやってきた。承応三年（一六五四）七月、岡山藩を旱魃と旭川の洪水が襲い、さらに大飢饉も発生した。死者は三六八四人にも達した。この非常時を光政は天の「御戒」と捉え、全力をあげて対策に取り組んだ。藩庫を開いて救恤《きゅうじゅつ》を施すとともに、年貢徴収権を家臣から取り上げて藩直轄とするなど大幅な農政改革も断行した。[*7]これにより、それまでは家臣の知行地ごとに統一されていなかった年貢率も藩内は一定となった。

蕃山はこれらの改革に最初から関与して成果を挙げている。重い年貢の弊害を蕃山は次のように指摘している。

　百性《ママ》は年中辛苦して作出したるものを、のこらず年貢にとられ、其上にさへたらずして、未進（未納―引用者註）となれば、催促をつけられ、妻子をうらせ、田畠山林牛馬まで

＊6　前掲＊3吉田俊純『熊沢蕃山―その生涯と思想―』四七―四八頁。

＊7　前掲＊3吉田俊純『熊沢蕃山―その生涯と思想―』五一頁。

をもうらせてとらるれば、其百性《ママ》家をやぶりて、流浪し、行方なきものは乞食となり、たま〳〵村里にはさまり居といへども、凶年には餓死をまぬかれず。甚しきものは、有無の差別をもしらず、水せめ・簀巻・木馬などのせめをなす。これによりて、病つきて死し、或は病者になりて用にたゝざるもあれども、いむ事なれば、うつたへもならず（『集義外書』）[*8]

百姓は、苦心をして作った作物をすべて年貢として取られ、それでもまだ足りないとして催促され、妻子や牛馬まで売って年貢を納めている。年貢により困窮した百姓は行き場が無くなって諸国を流浪するか、村に残っていた者も飢饉のときに餓死してしまう。苛酷に年貢を取り立てる役人の中には、年貢を払えない百姓に水攻め・簀巻・木馬などの拷問を加えている者もいる。このように重い年貢により百姓は疲弊し、結局は年貢そのものも取れなくなってしまうと蕃山は指摘している。年貢率の一定化は、困窮する百姓を生み出さないためであった。

蕃山の年貢に関する施策は、検見法《けみほう》を採用したことである。検見法とはその年の米の収穫高に応じて年貢税率を定める方法である。それも代官が行う検見ではなく、百姓自身が行う検見が良いと蕃山は指摘する。[*9]『集義和書』では「今の世の勢には是（検見制―引用者注）にまされる仕様はなきなり」と絶賛しているが、最良の方法は「無事の時は定免（年貢率を一定する制度）よし。定免なれば大かたの不足は堪忍して出すもの也」[*10]と指摘している。

＊8　前掲＊2正宗敦夫編『蕃山全集』第二冊、一六七頁。

＊9　前掲＊3吉田俊純『熊沢蕃山―その生涯と思想―』五三頁。

＊10　正宗敦夫編『蕃山全集』第一冊（蕃山全集刊行会、一九四一年）四五一―四五二頁。

他方、新田開発に関して蕃山は次のように述べている。

国に田畠ばかりにて、山林不毛の地なきは、士民共にたよりあしき物なり。野は野にてをきたるぞよく候。其上新田をひらきて、古地の田あしく成所あり、よく〳〵かんがへ有べき事に候。たとへさはりなく、よき新田なりとも、君子ならばたゞにはおこすまじ。をこさばかならず其義あるべし。義といふは、大道をこなはれて、ありかゝりの遊民のかたづけなくば、新田をこして有付候べし。(『集義外書』[*11])

野は野のままにしておくのが良く、新田を開墾したら従来の田畑がおろそかになると蕃山は指摘している。新田開発は無暗に行うものではなく、開墾を行うには正当な理由(「義」)がなければならない。新田開発をして遊民をそこに土着させる事業ならば行ってもよい(「義」がある)と述べている。

従来、蕃山は新田開発には消極的であるとされてきたが[*12]、『集義外書』を読むと慎重論といった方が適切であろう。蕃山が新田開発に慎重なのは、農民保護の観点から安易な増産主義政策が農民の負担を増やすことを恐れていたのである[*13]。

第五節　蕃山の治山・治水対策

蕃山は治山・治水対策を重視し、その必要性を説いてきた。承応三年(一六五四)の大洪

＊11　前掲＊2正宗敦夫編『蕃山全集』第二冊、七―八頁。

＊12　前掲＊3吉田俊純『熊沢蕃山―その生涯と思想―』五三頁。

＊13　宮崎道生『熊沢蕃山―人物・事績・思想』(新人物往来社、一九九五年)三〇頁。

水では旭川が溢れて岡山城内まで浸水したが、このようなことはたびたび起こっていた。そのため寛文九年（一六六九）、津田永忠は排水路として百間川を築造したのである。この事業が行われた時、すでに蕃山は職を辞して池田家から去っていたが、蕃山の遺策であったとされている。[*14] 事実、『大学或問』には次のように記されている。

諸国の川々、仁政を本として普請せば、田地の水損なく、民屋の憂なかるべし。西国（備前岡山を指す—引用者注）にて、大川（旭川—引用者注）の下に城（岡山城—引用者注）あり。士屋敷町屋城下にあり。度々の水破にあへり。川どこいよ〳〵高く成たれば、重ての洪水には人も死すべし、家中町共に流れんことを憂ふ。これに依て、予（蕃山—引用者注）川よけの道を教ゆ。予がいひたる様に全はなけれ共、大形にはしたりし故、其後数度の大雨にて水出たれ共、城下つゝがなし。[*15]

諸国の川は「仁政」を基本として工事をすれば、田畑や家屋が洪水で水に浸かることもない。岡山藩の旭川はたびたび洪水をおこし、岡山城下が水に浸かる被害が起こっていた。蕃山が排水路の道を教えて、大形言うとおりの工事を行ったら何度か大雨の時に洪水が起きたが城下は無事であった。このような意のことを述べている。

『集義外書』では、洪水と君主の徳について次のような相関関係があるとしている。

君（君主—引用者註）の無道にして世を失ふは各別也。悪逆なくて失ふ者あり。其前表は山にあらはる。山は国に有て第一高きもの也。君の象なり。山の木草つきて、土砂の

＊14　谷口澄夫『池田光政』（人物叢書新装版、吉川弘文館、一九八七年）一四五—一四六頁。

＊15　正宗敦夫編『蕃山全集』第三冊（蕃山全集刊行会、一九四〇年）二四三頁。

川谷に落るは、上たる人の富貴を失ひて下にくだるがごとし。[*16]山は主君の象徴である。したがって山が崩れるということは主君の徳がなくなることであり、土砂洪水が起こるのは国が崩壊する予兆である、と蕃山は指摘している。

第六節　農兵制度の実践

さて、蕃山が行った重要な改革といえば農兵制度がある。兵農分離は豊臣政権や江戸幕府により推し進められ、蕃山が岡山藩で活躍していた一七世紀中頃にはすでに定着していた。しかし蕃山は兵農分離にかなり批判的で、土着農兵制度を持論としていた。蕃山は「民より士と成る故に民士一躰不二と知る可し。民を国の本といふなり」と述べており、[*17]農民観の根底には武士と民は一体であらねばならないという「民士一躰」の思想が明確にみてとれる。

慶安四年（一六五一）一月二〇日、藩主光政は家臣に向かって「倹約を心がけて軍務を専らとすること」を申し聞かせていた。しかし藩士の実情は、武器を用意しているけれどもそれを持って戦う従者がそもそも居らず、さらに出陣ともなると金銭の用意がなく、即座に対応できなくなっていた。兵農分離によって武士は知行地に住まずに城下に居住することが常態化し、商品貨幣経済に巻き込まれて経済的に破綻する者もおり、従者も金銭も確保できなかったのである。[*18]

＊16　前掲＊2正宗敦夫編『蕃山全集』第二冊、一二四頁。

＊17　前掲＊13宮崎道生『熊沢蕃山—人物・事績・思想』三〇頁。

＊18　前掲＊3吉田俊純『熊沢蕃山—その生涯と思想—』四九頁。

光政はそのような岡山藩士の実情を嘆いている。江戸初期には藩主が家臣の軟弱ぶりを嘆き、合戦がおこった時に対応できないことを危惧していたのである。徳川将軍の天下になっても有事を想定していたことがうかがわれる。これが幕末になると、将軍直轄軍である旗本・御家人でさえも実戦で使いものにならなくなり、慶応三年（一八六七）一月、幕府陸軍は事実上傭兵化されてしまい、博徒などを多く採用する事態になってしまう。[*19]

さて、蕃山はこのような岡山藩の現状を深く憂慮し、自身の知行地・寺口村（蕃山隠居後に改名して蕃山村《しげやまむら》。現在の岡山県備前市蕃山）に家臣を土着させていた。蕃山は『集義外書』で武士とはどのような勤めがあるのか述べている。

武士たる者は国の警固にて御座候得ば、町人の様に暫《しばらく》も免楽を事とすべからず。猟の道も鳥獣をとらむとにはあらず。小身（身分の低い武士―引用者註）は山野にかけり寒暑風雨に身をならはし、大身（身分の高い武士―引用者註）は軍法を試むとなり。聖人（儒学の聖人。例えば孔子・孟子―引用者註）猟の道をはじめ給ふ事は、武道に惰らしめじとなり。[*20]

武士とはそもそも国を警固するのが勤めであり、町人のように遊楽に興じている暇はない。狩猟も鳥獣を獲るのが目的ではなく、身分が低い武士は山野を駆けて寒暑風雨に耐える身体をつくるためであり、身分の高い武士は軍事演習を行うためである。昔の聖人が狩猟を始めたのは武道を忘れないためである、と蕃山は述べている。

＊19　野口武彦『幕府歩兵隊―幕末を駆けぬけた兵士集団』（中央公論新社、中公新書、二〇〇二年）。

＊20　前掲＊2正宗敦夫編『蕃山全集』第二冊、三四頁。

蕃山はこの考えに基づき、若年の頃から身体を鍛えることを実行していた。さらに「武士の子にても、二代と町にならび候へば、町人の心気に移りかはり申候」[*21]と指摘し、武士たる者は有事に即応すべく心身を鍛えるために奢侈に流れる都会ではなく、農村にこそ定住すべきと考えたのである。

土着農兵の成果は絶大であり、明暦三年（一六五七）に蕃山が隠居した際に養子政倫《まさとも》に宛てた譲状によれば、鉄炮一〇〇梃・弓一〇八張・鑓五五本・馬八匹・用金二〇〇両・用銀五貫目・諸士四一人・小者六四人などを蕃山は保有していた。これは幕府が慶安二年（一六四九）に定めた三〇〇〇石の軍役、馬上二騎・鉄炮三梃・弓二張・鑓五本・人数五六人と比較しても、それをはるかに上回る軍事力を所有していたのである[*22]。

蕃山が主導した土着農兵は大きな成果を挙げたがそれは蕃山個人の話であり、すべての家臣で成功するわけではなかった。武士が城下町に集住する制度は定着し、かつてのように「半農半士」の生活をすべての武士が実行できる時代ではなくなっていたのである。『集義外書』によると、「農兵は国の武道も強くなり、天下も久しく治まり、よいことだが、もはや今ではできかねるでしょうか」との門下生の問いに、蕃山は次のように答えている。

今の分にて農兵を取成候はゞ武士も同心有まじく候。民は大に迷惑可ㇾ仕候。士民ともによろしき様にすることは、本才の人に任せられ候はゞ時の宜あるべく候[*23]。

適切な指導者がいなければ、今の時代では土着農兵制はうまくいかないであろうと述べて

＊21　前掲＊2正宗敦夫編『蕃山全集』第二冊、三六頁。

＊22　前掲＊3吉田俊純『熊沢蕃山―その生涯と思想―』四九頁。

＊23　前掲＊2正宗敦夫編『蕃山全集』第二冊、二一一頁。

いる。『集義外書』は延宝七年（一六七九）、蕃山六一歳ころの成立と考えられている。[*24]

第七節　蕃山の教育思想と改革

最後に藩士教育について取り上げたい。

蕃山は『大学或問』で「学校は、人道を教る所也。治国平天下は、心を正しくするを本とす、是政の第一也」と説いており、もともと教育をかなり重視していた。寛永一八年（一六四一）、蕃山は上道《じょうとう》郡花畠（現・岡山市）に藩士教育のために「花畠教場」を開学する。発言だけではなく、自らの思想を実践したのである。

花畠教場は寛文六年（一六六六）に廃止されるが、同年、岡山城内石山に藩士教育のために「仮学館」が設置された。そして寛文九年（一六六九）、藩主池田光政は仮学館が手狭になったので「岡山学校」を設置する。岡山学校は藩校の魁であった。

藩校第一号を設立したことは蕃山自身自負があったようであり、後年「学校の品は、備陽の学校の立やう、武家の情にかなへり。後世法をとる人あるべきか[*25]」と自画自賛している。『集義外書』では具体的に教育方針を示している。それによると、古来より教育の本質は変わらないとし、文と武に偏りがないようにしなければならないことだと述べている。江戸初期の武士教育は、武道重視で文道軽視の風潮があったようだ。

＊24　「年譜」伊東多三郎責任編集『日本の名著　一一　中江藤樹　熊沢蕃山』（中央公論社、一九七六年）五二一頁。

＊25　前掲＊2正宗敦夫編『蕃山全集』第二冊、九五頁。

蕃山は、文道とはつぎのようなことを指すと指摘している。

太刀・折帋・鳥目（銭―引用者註）等を以て、君臣の礼を行ふは文なり。上下《かみしも》羽織はかまを着し、主客の礼義をなし、音信往来するも文なり[*26]

そのほか祭礼・五節句・婚礼・元服・病気見舞・葬儀など文でないものはない、と実例を挙げている。

蕃山は年齢に応じて段階をふんで教育させるべしと、具体的に内容まで踏み込んで『集義外書』で自説を開陳している。

八、九歳から一二、四歳までは寺に行かせて手習いや謡、文字読みを習得させるのが良い。なぜならば無筆無学だと仕事ができず日常生活もおくれないからである。昔武道が盛んであった頃は、文のないことを恥と考え、かつて武士は能書文学の人が多かった。楠木正成がその子正行《まさつら》に与えた遺書には、勤学の事を第一にせよと書いてある。後世になって武道が衰えてから、かえって文道を貶して文盲を恥と考えなくなったのである。

学校に良い教師を招き目付役人なども置き、口論無作法のないように一五歳以下の子どもたちに手習い・謡・しつけなどを教え、一五歳を過ぎてからは弓馬兵法を第一に習わせ、文は各々の希望にしたがって教えれば良い。その中から才能がある者を見出して四書五経などを教授し、礼楽弓馬も特別に詳しく稽古すればよい。そうすれば文道軽視の今の風潮もきっと改まるであろう、と述べている。[*27]

＊26　前掲＊2正宗敦夫編『蕃山全集』第二冊、九四頁。

＊27　前掲＊2正宗敦夫編『蕃山全集』第二冊、九五頁。

第八節　陽明学者蕃山の思想と藩政改革

日本思想史研究者の宮崎道生氏によれば、蕃山の思想は三点に集約される。
①「天人合一」。蕃山の物の考え方の根底には大自然が存在している。その大自然を尊重し「天地」をめぐる循環の理法と実態とに即応しながら、人間が社会生活を営んでいくことを蕃山は強調している。
②「仁政」。民をいつくしむことが、将軍への第一の忠義になると述べている。民を国の本と認識している。
③「時処位」観。時は時代・時勢、処は場所・国土、位は地位・身分を指す。これらの文言は他の儒者も多く用いているが、蕃山は中国的な格式、あるいは法に拘ることは無用であり、日本の水土に適合した「道」の探究を目指した。たとえば「時」では、中国の儒者が一般的に説いていた「同姓不婚」（＝同姓の者同士の結婚禁止）を採っておらず、また礼法においても「三年の喪」を厳守していない。[*28] さらに「男色」についても蕃山は容認する発言をしている。

又一人予に親き人あり。道を信ずること厚しといへども、時処位を不レ知。人情時変に達せず。中江氏の翁問答（陽明学者中江藤樹が著わした『翁問答』—引用者註）

＊28　前掲＊13宮崎道生『熊沢蕃山—人物・事績・思想』二七一—二九頁。

によりて、男色を甚不義なりと云て、人をはづかしめいましむ。予これによつて云、大国天竺（中国・インド—引用者註）我国共に世の習となり、風俗のごとくなる事久し。ふせぐともやむべからず。たとへ道理にそむける事にても、世中おしなべなし来たりて、とし久しき事をば不義といはず。道理にあらぬことは、理をきはむる論に当てはいふべし。道理にあらぬとしらば、我のみせざるにてたれり、人をそしるべからず（『集義外書』[29]）。

蕃山の友人に、道を信じることは厚いが「時・処・位」をわきまえず時変に通じていない者がおり、中江藤樹の『翁問答』に「男色は不義である」と書いてあるので、男色を嗜む者を辱めている。しかし、男色は中国・インド・日本と長い年月にわたって続いており最早世の習慣となっている。防いでも止めることはできない。たとい道理に背いたことであっても、世の中に広く行われている事は「不義」とはいえないものだ、と蕃山は指摘している。

江戸初期の池田家中は風紀が乱れており、男色によって改易処分になった家臣や追放にあった少壮の藩士が多くいた。男色によって有為な若い人材が藩政に携われなくなることを蕃山は嘆いていたのであろう。蕃山は儒学で否定しているものだからといって、四角四面に排除するのではなく、「時・処・位」を勘案して判断しなければならないと指摘している。

ちなみに「処」といえば、蕃山は日本を高く評価しており、その理由として「日本の四海にすぐれたるといふ事は、国土霊にして、人心通明なるゆへなり[30]」（『集義外書』）と述べてい

＊29　前掲＊2正宗敦夫編『蕃山全集』第二冊、一八六頁。

＊30　前掲＊2正宗敦夫編『蕃山全集』第二冊、八四頁。

る。儒者ならば、孔子・孟子の生誕地である中国を称揚するのが通常であるが、蕃山は日本こそが「四海」（＝世界）に冠たる国であると自負している。では、蕃山は儒学の発祥地である中国のことをどのようにみているのであろうか。『集義外書』に次のような記述がある（傍線引用者）。

中夏（中華―引用者註）は天地の中国にして、天気明に地精こまやかなり。故に万事万物の名人出て、東西南北に教る道理なり。東西の人は、是を習ふを義とす。耳の用を目のせぬとていむことは侍らじ。天道のなし給ふ所にしたがふことを恥べきか。もろこしの人（中国の人―引用者註）も聖賢（儒学の聖人。孔子・孟子など―引用者註）を師とし、日本の人も聖賢を師とす。日本の人に、もろこし人よりもまされるあり。教へるを以てすぐれたりとせず、習を以ておとれりとせず。唯智仁勇の徳あるを以てすぐれたりとするなり。本より四海の師国たる天理の自然をば恥て、西戎の仏法を用ひ、吾国の神を拝せずして、異国のほとけを拝す。我が主人を捨て人の主人を君とする事をば恥とせず。其あやまちを知べし。*31

中国は天地の中心の国であり、天の気が明らかで地の精もこまやかである。故に万物のことについて名人を多く輩出し、東西南北の国々に教えるのは道理で、また東西南北の国々の人々が中国から習うのは当然である。それを恥と思うことはない。日本も中国もみな聖賢を師と仰いでいる。教えるということで勝れているわけではなく、習うということで劣ってい

＊31　前掲＊2正宗敦夫編『蕃山全集』第二冊、二六―二七頁。

るわけでもない。ただ「知・仁・勇」の徳が備わっていることで、勝れているといえるのである。我が国の神々を拝礼しないで異国の仏を拝礼する、我が主人を捨てて他人の主人を主君とすることを恥じない。それこそ恥と思うべきである。このように蕃山は述べている。

つまり、孔子・孟子などの「聖賢」が生まれた国であるからといって、むやみに中国を有り難がるのは誤りであり、恥とすべき事であると蕃山は指摘している。

この点について山﨑闇斎のよく知られた一挿話として、次のようなものが伝わっている。

嘗て群弟子に問ひて曰く、「方今彼の邦、孔子を以て大将と為し、孟子を副将と為し、騎数万を率ゐ、来りて我が邦を攻めば、則ち吾党孔孟の道を学ぶ者、之れを如何と為す」と。弟子咸《みな》答ふること能はずして曰く、「小子為す所を知らず。願はくは其の説を聞かん」と。曰く、「不幸にして若し此の厄に逢はば、則ち吾党身に堅を被《こうむ》り、手に鋭を執り、之れと一戦して孔孟を擒《とりこ》にし、以て国恩に報ず。此れ即ち孔孟の道なり」と。[*32]

ある時、闇斎は弟子に向かって「中国が孔子を大将、孟子を副将として数万騎の軍勢を率いてわが国を攻めてきたならば、諸君はどうするか」と尋ねた。弟子は「わかりません。先生のお考えをお聞かせください」と答えたので、闇斎は「もし不幸にしてこのような災厄に直面したならば、わが一門は甲冑に身を固め鋭利な剣を取って、孔孟と一戦を交えこれを擒にする。これこそ国恩に報ずることで、孔孟の教えにかなうことである」と返した。

林羅山は「中国に生まれて有徳有才の人と討論できなかったのは残念だ」と言ったといわ

＊32　原念斎著、源了圓・前田勉訳注『先哲叢談』（平凡社、東洋文庫五七四、一九九四年）一一八―一一九頁。

れているが、孔孟の教えの真髄も理解しないで、いたずらに中国を神聖視しわが国を卑下するのは誤っているという考えは、蕃山・闇斎に共通する思想である。

さて宮崎氏が指摘した三点は、岡山藩の改革にすべて実践されている。①は治山・治水事業、②は改革指針や農民観、③は土着農兵制度や花畠教場の開設になろうか。蕃山は自らの思想を背景として矢継ぎ早に改革を行ったのである。

しかし、蕃山の名声は長く続かなかった。蕃山失脚の端緒は、意外なことに慶安四年（一六五一）七月に発覚した兵学者由比正雪の反乱未遂事件（慶安の変）にみられる。首謀者の牢人丸橋忠弥が蕃山の学を慕っていたことが、幕府から問題視されたのである。また、幕府お抱え儒者の林羅山は朱子学を幕府の「正学」とし、蕃山の陽明学を厳しく批判した。慶安五年（一六五二）五月六日、大老酒井忠清は岡山藩主池田光政に対して、蕃山一派が徒党を組んで大勢で集まっているのはよろしくないと警告を発している。

光政は幕府の警告を当初は無視していたが、明暦元年（一六五五）四月、飢饉対策が一段落して光政が参勤のため江戸に向かった留守に、国許に残った蕃山と三家老との間に決定的な亀裂が生じた。また、蕃山と光政との間にも信頼関係が損なわれる事態になり、明暦三年（一六五七）一月一二日に蕃山は病気を理由に隠居願を光政に提出している。[*33]

蕃山の岡山藩時代はこのような結末を迎えたが、蕃山が唱えた陽明学は、幕末維新期・明治・大正・昭和初期にかけ一世を風靡する。[*34] 江戸後期に大坂で反乱を起こした大塩中斎（平

＊33　前掲＊3吉田俊純『熊沢蕃山―その生涯と思想―』五六―六五頁。

八郎）も二松學舎創立者の三島中洲も陽明学者であった。

陽明学は「社会変革の学問」として江戸後期から近代・現代にかけて受容され、多くの学者と信奉者を輩出した。蕃山はその魁ともいえ、理論と実践を行った特筆すべき陽明学者である。

＊34　近代の陽明学に関しての研究は、小島毅『近代日本の陽明学』（講談社、選書メチエ、二〇〇六年）、山村奨『近代日本と変容する陽明学』（法政大学出版局、二〇一九年）などがある。

第二章　山田方谷

山田　敦

第一節　生い立ちと学問の基礎

山田方谷《やまだほうこく》は、文化二年（一八〇五）に備中松山藩領の阿賀《あが》郡西方《にしがた》村に生まれた。現在の岡山県高梁市中井町西方である。名を球、字を林卿《りんけい》、通称を安五郎、幼名を阿璘《ありん》と称した。方谷はその号である。先祖は尾張国（現在の愛知県）の清和源氏の流れをくむ武士の家系で、元暦元年（一一八四）に源範頼《みなもとののりより》に従い中国地方を転戦し、功績あって備中の国の二八ヶ村を領有するようになった。方谷生誕の約六二〇年前、およそ二七代前の人物である。以後代々その地方の豪族として続き、天満宮や村社を勧進している。慶長五年（一六〇〇）の関ヶ原の戦いに毛利氏に属して敗戦し、毛利氏が領土を削られるにあたり、帰農して方谷生誕の地となる西方村に住んだ。しかしその後、砲術により備中松山藩主水谷《みずのや》候より郷士格を与えられている。*1

元文四年（一七三九）、方谷の曾祖父にあたる宋左衛門益昌《えきまさ》の時、家運を左右した事件が

＊1　『山田方谷全集』（山田準編、山田方谷全集刊行会発行、一九五一年。第一冊・一頁）。

突発する。方谷生誕の六六年前である。益昌が、山田家の菩提寺である定光寺の僧を寺中に殺害し、その場で自殺したのである。なぜこのようなことになったのか、『方谷先生年譜・完』[*2]にその経緯をみたい。

……益昌（宋左衛門）元文中僧ヲ殺シ自殺ス、益昌ノ長子郡次郎、字ヲ檀那寺定光寺ニ習フ、寺僧君ニ謀ラズ薙髪僧タラシム、君往キ見テ大ニ怒リ、帰リテ遺書ヲ作リ、再往テ寺僧ヲ斬リ、併セテ其子ヲ殺サントシ獲ズ、乃チ自ラ法号ヲ撰シ寺中ニ自刃ス……

益昌の子、郡次郎が定光寺に字を習いに行っていたが、僧が益昌と相談せずに郡次郎を薙髪してしまったのである。益昌はこれを見て大いに怒ったが、一旦、家にとって返して遺書をしたため、それから寺に乗り込んだのである。益昌の遺書によると、郡次郎はその年の七月頃より遁世の意志を持っていて、益昌と寺の間に、嫡子の出家をめぐり確執があったようであり、寺が勝手に郡次郎の薙髪を行ったことが、益昌の怒りをかったのである。益昌には武家としての家系に対する誇りがあり、家名を守るため、嫡子が出家するなど許し難い事態であった。さらに、遺書のなかで、まだ四歳であった次男正芳（善太郎・遺書中には官次郎とある）に対して、武芸、手習い読書に精を出し、歌道、文章を心がけ、立派な人間になってほしいと、家系を絶やさないよう願っている。享年三九歳であった。この家名に対する愛着と自負心は、三代を経て方谷の中にも強く息づいている。[*3]

この事件の後、山田家は没籍せられ、正芳は母とともに隣村（現在の新見市豊永）に寄寓した。

＊2　『方谷先生年譜・完』（山田準編著、高梁方谷会発行、一九〇五年。一丁・文化二年）。

＊3　『山田方谷全集』（第一冊・三九七頁）に「電光一閃妖僧を斃す」の句から始まる古詩に方谷の頭注があり、方谷が山田家再興の使命をいかに強く感じていたかが良くわかる。

やっと一九年後に備中松山藩主の封地交換とともに許されて帰村し、再び家を興した。五男一女をもうけたが、長子を五郎吉《ごろきち》といい、これが方谷の父である。母は梶《かじ》といった。方谷は幼少期に母梶から読み書きを習い、小さな手で大きく立派な字を書いた。四歳（満年齢で三歳）の時に書いて、近隣の神社に奉納した扁額が残っており、その小さい手形が墨で押されている。それを見た者は四歳の子供の書であるとは信じなかった。そこで母は方谷を連れて作州の木山神社に詣で、人前で字を書かせた、それを見て人々は皆感服したという。五歳になると新見藩儒丸川松隠《まるかわしょういん》の塾に入っている。生家からは山を越えて二〇キロほどの道のりであり、丸川塾の近くの寺院に寄宿して勉学に励んだ。

丸川松隠は[*4]宝暦八年（一七五八）に、新見藩領であった浅口郡西阿知《にしあち》村（現在の倉敷市西阿知町）に生まれた。名は茂延、字は千秋、通称は一郎、松隠はその号である。一五歳の時に亀山如水《かめやまじょすい》に医学と朱子学を学び、学徳を納めて君子たらんことを志した。天明六年（一七八六）に新見藩主から孝子として賞され、賞金を与えられるとともに田畑の永年税免除を得ている。また、幕府からも報償され、『孝義録』[*5]に記載されたほど孝行心の厚い人であった。寛政二年（一七九〇）、松隠は三三歳で大坂に出て中井竹山《なかいちくざん》の懐徳堂で学んだ。同門に昌平黌儒官となった佐藤一斎《さとういっさい》がいた。

松隠の塾で九歳を迎え、神童と讃えられた方谷は、松隠の塾を訪れた客人に「坊や学問をして何をするんだね」と問われたとき、即座に「治国平天下」と『大学』の八条目をもって

＊4　「松隠丸川先生碑銘」（佐藤一斎撰文『丸川松隠伝』、逸見芳春著、備北民報株式会社発行、二〇〇七年。五二頁）に詳しい。

＊5　江戸時代の善行者の記録。五〇巻、官版、一八〇一年（三五巻）。

答え、客を驚かせたという。この問答は名高き話となり、後に方谷の門下の高弟となる三島中洲[*6]も聞いたことがあると、『方谷先生年譜・完』に付記されている。

松隠塾で勉学に励んでいた方谷が一四歳の時に、母の梶が四〇歳で病没している。母の病気の知らせを聞き方谷が急いで家に帰り、母の枕元で泣いていると、梶は病床から方谷を叱りつけ、学問を途中にして帰って来るなと追い返したという。死期の迫った母親が、会いに来た息子を、学問を忘れるなと追い返す姿は、少年方谷の胸に深い感動となって響いたに違いない。一〇数日後、母危篤の報を受け、深夜またもや二〇数キロの山路を馳せ帰ると、母はすでに息絶えていた。母の梶が亡くなった翌年には父の五郎吉もこの世を去り、方谷は一五歳にして父と母を失ったのである。方谷の強い克己心は天性のものだけではなく、父母の人柄がよく反映されて造り上げられた資質であろう。

父母は方谷に山田家再興の願いを託し[*7]、自らは倹素な生活を送りながらも、方谷を五歳の時から隣の藩にまで学問に出し、その教育に全力を注いで早世した。それを受けて少年方谷もまた、父母の心情を理解し、苦学を重ねるのである。

山田方谷画像

一六歳で方谷は家業を継がざるを得なくなり、

*6　三島中洲　文政一三年（一八三一）―大正八年（一九一九）。一四歳の時から山田方谷の家塾に学ぶ。備中松山藩士となり方谷の藩政改革を支えた。明治になり大審院判事、東京帝国大学教授、宮中顧問官等を歴任。漢学塾二松學舍を創立した。

*7　「先妣西谷氏碑陰の記」（『方谷遺稿』、山田球著、三島毅編、山田準発行、一八九〇年。中巻・五〇丁）。

農業と製油業に精を出すこととなった。製油業とは、灯火に使用する菜種油を精製する仕事である。これはまず農家と契約して菜種を買い付けることから始まる。これを蒸して油を搾り取り、できた油を売りに歩くのである。この時、進んで市井の人々と深く交わった経験が後の藩政改革に生かされている。

第二節　方谷の修学時代

方谷の生活に新しい局面が開けたのは、文政八年（一八二五）、二一歳の時である。家業に従事しながらも苦学を続けた甲斐あって、その篤学の名声が広まり、備中松山藩主板倉勝《いたくらかつ》職《つね》の耳にまで入ることとなった。勝職は方谷に二人扶持を支給し、次のような沙汰書を与えた。

農商ノ身ニテ文學心掛ケ宜敷旨相聞エ、神妙ノ事ニ付、貳人扶持被下置、以来折々學問所へ罷出、尚此上修業致シ、御用ニ立候様申付。

この沙汰書は、二人扶持という一種の奨学金を与えるという内容である。これ以後、方谷は再び学問に専念することができるようになった。幕末においては、人材の養成が広くおこなわれていた。二〇〇余年を経て幕藩体制は様々な欠陥を生じ、その改革に人材を必要としていた。改革者方谷の出現は、時代的な要請でもあった。

方谷は文政一〇年（一八二七）、二三歳の春に初めて京都に遊学し寺島白鹿《てらじまはくろく》の門下に学んだ。以後、京都に三度遊学し、三回目の遊学では京都から江戸へ行き佐藤一斎のもとに学んでいる。この江戸遊学を終えて帰藩したのが天保七年（一八三六）、三二歳の秋であるから、一〇年の間修学に専念したことになる。この時代は方谷にとって多くの師友と交わり、多くの書物を読破し、生涯の学問の基礎を養い、方向を定めた時代である。

さて、方谷が京都に遊学し師事した寺島白鹿はどのような人物だったのだろうか。寺島白鹿の経歴は詳しく伝わっていない。『方谷先生年譜・完』によると、名は天祐、字は吉公、通称は俊平、白鹿と号したという。丹波の人、京都の儒者で一時洛中に程朱学を講じて名声を馳せた。方谷が白鹿に師事したのは丸川松隠の薦めによったものである。松隠と白鹿は旧知の間柄であり、白鹿もまた松隠と同じく世俗を忘れた高潔な人物であった。この二人に学んだ方谷が元来の思索的傾向と相まって、さらに強く大賢君子を目指そうとするのも自然な成り行きである。方谷の二人の先生、松隠も白鹿もまた方谷にそれを期待したことであろう。

この間、二回目の京都遊学から帰国した二五歳の時に、初めて苗字帯刀を許され、八人扶持を賜り、藩校有終館《ゆうしゅうかん》の会頭（今の教授に当たる）を命じられている。さらに江戸遊学を終えて後に、藩校有終館学頭（今の校長に当たる）となっている。この学頭時代に方谷の人生を決定づける出会いがあった。板倉勝静《かつきよ》（庫山と号し、また晩年には松叟と号した）との出会いである。

第三節　方谷による藩政改革

方谷を取り立てて藩校の学頭にまで登用した勝職には男子がなかったため、天保一三年（一八四二）に婿養子が迎えられた。この継嗣が、徳川幕府の最後の将軍徳川慶喜を助け幕末から明治の多難な政局を担当した、最後の老中首座板倉伊賀守勝静である。勝静は桑名藩主松平定永《さだなが》の第八子で、いわゆる寛政の改革を主導した松平定信の孫にあたる。こういった環境に育ったこともあってか、勝静は文武に秀でた厳格な人物であった。

そして弘化元年（一八四四）に、勝職の名代として藩政を聴くため、初めて松山藩に入った。この時、方谷は不惑の年を迎えた四〇歳であり、勝静は二二歳の若者であった。この時を始めとして、二人の君臣関係は、幕末・明治維新を越えて晩年まで続くのである。方谷は勝静の厳正な人柄を喜び、勝静も方谷の才能を認め信頼した。この君主との出会いこそ、方谷を政治に参与させ、藩政改革の大事業を行わせる契機となったのである。

最初、二人は師弟の関係として対面する。名代として来藩した若き勝静に、方谷が師となり『資治通鑑綱目』『続資治通鑑綱目』などの講義をしたのである。ただ話を聞くだけの講義ではなく、出てくる人物や事件について意見を述べ合い議論を尽くす講義であった。[*8] そしてまとめとして、自分の意見を文章にすることで締めくくる。勝静は「徳宗論」なる一文を

＊8　『高梁市立中央図書館所蔵古書分類目録』（児玉亨・長澤孝三編著、二〇〇九年。一八頁）。備中松山藩校「有終館」蔵書には多くの生徒が参加して同じ人物・事物について議論できるように『資治通鑑』『資治通鑑綱目』が数揃残されており、多くの受講生が議論した様子がうかがえる。

為したことが、方谷の文集中に「徳宗論の後に書す」[*9]という文章があることから知られている。勝静は方谷と対座してたびたび意見を戦わせた。唐の徳宗皇帝は猜疑心が強く、内乱により都を追われた人物である。勝静の書いた「徳宗論」は現存しないが、方谷の「徳宗論の後に書す」によると、方谷は勝静が手書した「徳宗論」が欲しいと申し出ている。そのわけを尋ねる勝静に方谷は、「後日、勝静公がこの論と相反するようなことがありましたら、この論を根拠に直言したいと思うからです。」と答えている。これに対し勝静は「よろしい。後日、私を非難する根拠としてもよい。」と答えている。[*10]この講義により勝静は藩政の改革に方谷が必要不可欠な人物であることを知り、この後、生涯の師とすることとなったのである。

嘉永二年（一八四九）に板倉勝静が封を襲ぐと、方谷は江戸に呼ばれて、元締役兼吟味役《もとじめやくけんぎんみやく》に任命される。方谷は困惑し固辞したが、勝静の熱意の前に受けざるを得なかった。元締役とは、藩の会計を一手に担う高級官吏のことであり、藩の政策を決定する立場にある。吟味役とは、元締め役の下に置かれる中級官吏のことである。元締役を大臣に例えるならば、吟味役とは局長にあたる地位であろう。これはどういうことかといえば、政策を決定する権利を任されただけでなく、実際に政策を施行するにあたって、現場で陣頭指揮を執ることもかねているのである。どれだけ周到な計画を立てても、現実に行われなければ意味がない。改革が正しく実行されるために吟味役も兼ねる必要があったのである。儒臣方谷の起用については、世臣・門閥などから不平の声があがり、次のような狂歌が伝えられたという。

＊9　「書徳宗論後」（『方谷遺稿』。中巻・三七丁）。

＊10　『方谷先生年譜・完』（九丁・弘化元年）。

山だし（山田氏）が何のお役に立つものか　へ（子）の曰（のたま）はくような元締
　御勝手に孔子孟子を引き入れて　なほこのうへに空（唐）にするのか

藩政の中で孤立する方谷の姿が見てとれる。さらには、方谷を刺殺する計画までめぐらす者があったが、勝静の「山田についてては一切誹言を許さず」との厳命があったという。勝静の篤い信頼に支えられて、方谷は改革の英断を下してゆく。方谷が成した藩政改革は経済の領域にとどまらない。行政の改革から、財務、農政、産業、兵制、教育、民生等々の多くの領域で改革が行われ、士・農・工・商を問わず藩全体の風紀の刷新を伴ったのである。そこで、いくつかの項目を立てて述べたい。

（1）風紀刷新

方谷の藩政改革の基本理念は、「擬対策《ぎたいさく》」*11と題する二〇〇〇字を超える論文の中で述べられている。その中で時世の乱れた原因を二つあげている。第一に賄賂の横行と、第二に奢侈の風とである。この二つの悪弊を断ち切ることが、改革の基本となったのである。賄賂については、特に厳しくこれを禁止している。どんなにわずかな貰い物でも、貰ったものは役所へ差し出すこと、巡郷の役人に酒一滴たりともふるまってはいけないこと、等々を徹底させたのである。また、奢侈の風に染まった人心を刷新するために、上下節約を励行した。藩主勝静は松平定信の血筋であろうか、自ら節約の範を示すとともに、厳しい節約令を出した。その内容は殊に上に厳しく、藩士の禄穀を減じ、衣食住にいたるまで節約を命じている。領

*11　『山田方谷全集』（第一冊・二一二頁）。

民にも絹袖の着用や金玉の櫛笄の使用を禁止しているが、一般の農民や町民への影響は少なかった。方谷もまた、率先して家禄を減らすよう願い出ている。

（2）負債の整理

嘉永三年（一八五〇）三月に江戸から帰国すると、方谷は藩の財政の実態をくまなく調査することから始めている。それを勝静に上申している。*12

一　御収納米壹万九千三百石　　三年豊凶推ならし

内

五千石餘　　松山御家中渡米辻（合計）

千石餘　　御領分郷中其外渡米辻

〆

殘米壹万三千石餘

代銀札千五百貫匁餘　　松山銀札百貳拾匁當

此金凡壹万九千兩餘　　松山銀札にて金壹兩八拾匁當

後略

これによると松山藩は五万石と称しているが、三年平均で実収は一九三〇〇石しかないことがわかる。*13 そのうち藩士たちに六〇〇〇石余りを渡した後、残りの一三〇〇〇石余りを金に替えるとおよそ一九〇〇〇両余りになる。松山で三〇〇〇両、大坂で一〇〇〇〇両、江戸で

＊12　「申上候覺」（『魚水實録』國分胤之編、旧高梁藩親睦会発行、一九一一年。上巻・一頁）に「小譯（こわけ）左の通」として概要を報告している。

＊13　『山田方谷全集』（第一冊・三四頁・注一）に「松山領ハ、水谷家領没収ノ後再検ノ土地ユエ……」とある。元禄六年（一六九三）に水谷家が断絶したため、領地が没収された際に幕命により再度の検地が行われた。これが大変厳しい検地であったため、松山藩の財政は慢性的な赤字状態だった。

一四〇〇〇両余りの諸入用がかかり、収支とんとんになる。ところが借金の利息が大坂で三〇〇〇両余り、松山で三〇〇〇両余り、江戸で二〇〇〇両余りあった。江戸の利息を詳しく調べてみると三〇〇〇両余りであった。そのため、毎年の利息の合計額の八～九〇〇〇両が全くの赤字となっているのである。

嘉永三年（一八五〇）一〇月、この調査結果をもとに方谷は大坂に出向いて加島屋らの債権者たちと談合した。藩財政の実情をありのままに話し、ついで財政改革の詳細を話し、そのために返済の延期を要請した。藩内では収入の実情を債権者たちに明かすことを危ぶむ者もいたが、方谷は「大信ヲ守ラント欲セバ、小信ヲ守ルニ遑ナシ」[*14]としてこれを決行した。今後再び借金をしないことを条件に、従来の負債については利息は据え置きのまま、元金は一〇～五〇年の年賦償還とし年末現金払いという条件で、債権者の承諾を得ることに成功した。これにより、毎年一〇〇〇両もの出費があった大坂の蔵屋敷を廃止することができた。年末に出向いて一年の会計を処理すればすむこととなったのである。また、領内の収納米を利子支払いの抵当として大坂に送る必要がなくなり、時の相場に応じて有利な場所で売ることができ、その利益は莫大であった。

（3）産業振興

方谷は藩政改革に着手した時に、松山藩は一〇万両[*15]の負債を抱えていた。ところが、方谷が元締役兼吟味役を務めていた八年間でこの負債はすべて償却され、なおその他に一〇万両

＊14　『山田方谷全集』（第一冊・三四頁）。藩政改革を成功させて負債を返すのが、大信を守ることであり、小信を守って借金を繰り返してはならないことを述べている。

＊15　「雲中の飛龍　山田方谷」（方谷さんを広める高梁の会発行パンフレット、二〇一九年）では、当時の一〇万両は現在の数百億円にあたると紹介している。

の積立金が残ったという。藩の財政が円滑に行われるようにしたうえで、二〇万両の余剰金を生み出すには、節約等の消極策だけでできるものではない。積極的に増収を図る方策を立てた。撫育方《ぶいくがた》という役所を新設して、収納米以外の一切の収益を管理し殖産を図った。最も巨利を得たのは鉄山と銅山の開発であった。備中北部の山からは砂鉄と銅を産出したが、新たに鉱山を開き採掘を始めた。そして鍛冶場を数一〇軒も建て、鉄器・銅器・農具・釘・鎹《かすがい》などを製造した。特に丈夫に作られた備中鍬《びっちゅうぐわ》は、荒れ地を深く耕すことのできる鍬として全国に広まった。また、山野には杉・竹・茶・漆などを植樹させ、煙草[*16]を増殖したり、檀《だん》紙《し》や陶器を製作させたりした。

ここで注目すべきは、それらの製品の運送・販売も一手に藩が行っていることである。高梁川を整備して高瀬舟の運船の便を図り、松山藩領であった玉島港へ運んだ。玉島港から藩で購入した蒸気船快風丸などで、大消費地である江戸に直接回送して売却された。このために江戸藩邸に産物方《さんぶつがた》という役所を新設し、藩士が売却の任にあたった。その代金は江戸藩邸での諸費用や、藩主勝静の幕閣としての経費に使われ、以後藩地からは金を送る必要がなくなった。さらにその余剰金は大坂の負債返却に充てられた。しかしながら、その利益は藩士だけが享受するものではなかった。改革に当たり役所を新設しその名を撫育方としたが、撫育とは、いつくしみ育てるという意味である。殖産興業の窮極の利益は、領民すべてがこれを享受するものであると方谷は考えていたのである。

＊16　『高梁市史』（高梁市史編纂委員会編、高梁市発行、一九七九年。七〇六頁）。煙草は「松山刻み」の名前で全国に流通し評判が高かった。資金のない者には金を貸し与え産業を奨励した。

（4）藩札の改新

方谷が元締役兼吟味役に就任したころは、藩札が濫発され札座の両替が困難なほどであったのに加え、贋札が多く出回って、藩札の信用がひどく悪かった。そこで方谷は藩札の信用を回復するために、取引に支障をきたすまでに信用の下落した五匁札を買い上げ、松山城下の河原でその藩札を焼却するという非常手段を取ることとなった。その焼却の日には多くの領民がこれを見物しに集まったが、それらの人々の目の前で、なんと一五万枚に及ぶ紙幣が焼却された。紙幣の山に火をつけて焼き捨てるというこの快挙は、領民の間に驚嘆と興奮を巻き起こしたが、藩を挙げての藩政改革に対する決意を示すものとして、その効果は絶大であった。このようにして不信の旧札を焼き捨てた後、十分な準備金を用意して新しい藩札を発行した。この紙幣を「永銭《えいせん》」と称した。この藩札は近隣の他藩でも流通するなど大変信用が厚く[*17]、藩の財用に役立った。紙幣の利害を知り、その運用を図るための知識と手腕とは、中国財政史の知識によったものであったことが方谷の作った漢詩[*18]に見える。

（5）民生保護

方谷はまた郡奉行を兼任して、領民の生活の保護に力を注いだ。災害・飢饉に備えて、村々に四〇余りの倉を建て、米穀を貯蔵させている。当時、松山藩の村の数は六〇程であったことから考えると、いかに多くの倉が建てられたかがわかる。また盗賊を取り締まるために、専門の盗賊掛を設けて探索・逮捕にあたらせて治安の回復に努めている。当時、領民の間で

＊17　『塵壺』（河井継之助日記、安藤英男校注、平凡社発行東洋文庫、一九七四年。四五頁）。長岡藩士河井継之助は安政六年（一八五九年）方谷に従学し、藩政改革について学ぶために松山藩を訪れている。『塵壺』はその時の旅日記。継之助は名を秋義、号を蒼龍窟といい、後年長岡藩の改革を行った。松山藩に到着する前日に休息を取った他領の店で、松山藩の藩札についての話を聞いている。

＊18　「詠紙幣」（『方谷遺稿』下巻・一四丁）。

賭博が横行しており、これを行った者は片方の眉を剃るという刑罰[19]を設けて、この悪習を一掃したりもした。このように民生の伸展に尽くして人心を一新した方谷は、さらに教諭所を城下のほかに、郡部にも設置して領民の教育にあたった。

（6）兵制の改革

方谷は兵制の改革にも着手[20]し、その西洋式の装備は、当時としては一流のものであった。幕府の第一次長州征討に松山藩が山陽道先鋒として参加したとき、他藩の人々はその近代的装備に目を見張ったという。この兵制の改革で最も注目すべきは、農民兵による西洋式の鉄砲隊を組織したことである。まず、里正《りせい》という当時の庄屋の職にある者のうち、壮健な者を選び出して、これに銃と剣の二技を学ばせ、帯刀を許して里正隊を組織した。さらにこれらの里正を指導者として、領内の猟夫や若者を集めて銃隊を組織して、銃器弾薬を支給し西洋式銃陣を習得させた。年に一回、農閑期に農兵を城下に集めて調練[21]を行った。

第四節　方谷の財政論の神髄

方谷が江戸遊学時代に書いた「理財を論ず[22]」という上下二篇の論文があり、ここにすでに方谷の財政論の神髄が表されているので紹介して本論のまとめとする。方谷は上篇の冒頭で藩を運営する経済政策が、近年極めて綿密になっていることを述べている。税金の取り立て

＊19　『方谷先生年譜・完』（一二丁・嘉永五年）。

＊20　『方谷先生年譜・完』（九丁・弘化四年）。藩政改革に着手する前に勝静の命により、津山藩に高弟の三島中洲と一月余り滞在し、洋式大砲及び銃陣を学んでいる。帰藩後には大砲二門を製して一藩に伝授した。

＊21　『方谷先生年譜・完』（十七丁・安政五年）。長州藩士久坂玄瑞が松山藩に来遊し、方谷の農兵隊の洋式調練の様子を見学している。長州に騎兵隊ができる一〇年以上も前のことである。

＊22　『山田方谷全集』（第一冊・一九六頁）。

が綿密でわずかの税でも取り立てる。藩の出費は役人の俸禄も含めて、少しでも減らそうと努力が続けられてきたが、府庫は空洞となり債務が山積している状態である。このようなときに方谷は「道義を明らかにして人心を正し、風俗の浮華を除き風俗を敦厚にし、賄賂を禁じて官吏を清廉にし民生に努めて民物を豊かにし、正道を尊重して文教を振興し、士気を奮い武備を張るならば、政道はここに整備し政令はここに明確になる。」と主張する。しかし、このことを為政者に指摘しても、財源がないのでそこまでは手が及ばないと答える。このことが藩政や国政の基本であり、民生を撫育してこそ経済が豊かになってゆくのに、為政者は目先の税の取り立てや出費の削減に汲々としており、理財の方策は綿密になっても窮乏はいよいよ救い難いのは不思議ではない。このような為政者を「財の内に屈する者」であると方谷は断じている。これに対して「夫れ善く天下を制する者は、事の外に立ちて、事の内に屈せず。」と述べ、全般を見通す見識を持って大局的な立場に立つことが重要であると説いている。

また下篇では、ある人が、貧しい小藩は上下ともに窮乏しており、これに対して、政道を整備し政令を明確にしようとしても、飢餓と死が迫っており、財がなくてはならないと訴えている。そこで方谷は「義利の分を明らかにする。」（義と利の区別をつける）のが重要だと説明する。「君子は其の義を明らかにして、其の利を図らず。」の語を用いて、飢餓と死を免れるために利を求めても手には入らず、義を明らかにして政道を整備し政令を明確にすれば、守るべき道は定まり飢餓や死を憂えることはなくなると言っているのである。この方谷の「理財を論ず」に、方谷の藩政改革を貫く思想が読み取れる。三島中洲は「理財を論ず」上下二篇について「先生の後、理財を以て海内に名ある者は、蓋しこの二篇を実践するのみ。」[*23]と評している。三島中洲にも影響を与えていることがわかる。

＊23　『山田方谷全集』（第一冊・一九八頁）。

第三章　渋沢栄一と『論語』

于　臣

第一節　『論語と算盤』

『論語』は紀元前五世紀頃、中国の思想家であり儒教の創始者でもある孔子と弟子の言行を、孔子の死後に弟子たちが編纂した書物である。そのなかで、理想社会を実現するための政治理念や、倫理思想、道徳観念、ならびに教育原則などをめぐる言説が取り上げられ、現代に至るまで東アジア諸国に大きな影響を与えている。

周知のごとく、日本資本主義の最高指導者と称せられる渋沢栄一[*1]は生涯を通じて『論語』を座右の銘としていた。彼が著した『論語と算盤』は日本のみならず海外においてもよく知られている。そのなか、とくに隣国の中国では『論語と算盤』の中国語訳が相次いで上梓されている。その訳者の一人である清華大学の元教授王中江は「いち外国人として渋沢栄一は孔子および『論語』を再評価し、孔子の思想から商業と経営の道を見つけ出し、儒教の故郷たる中国に対して明確な孔子解釈のモデルを提示した」と評している。つまり渋沢の『論

＊1　土屋喬雄『渋沢栄一』吉川弘文館、一九八九年、二七〇頁。

語』解釈は日本における経営倫理の形成に寄与し、中国人の読み方にみられない一つの手本となった。そして王は、渋沢の『論語と算盤』を「中国の人が伝統および儒家の精神的糧と値打ちを理解するための媒介の一つ」として、「伝統および儒家を肯定しつつ、現代と伝統をうまく結び付けることに対して、知らず知らずのうちに促進する役割を果たした」[*2]と述べている。あきらかに中国人からみれば伝統思想をうまく活かそうとした渋沢の意義がいかに大きいかわかるだろう。

一方、時代が二一世紀に入り、物質文明に恵まれた我々現代人はどれほど伝統的な儒家の経典『論語』を読んでいるのだろうか。また、読んでいるとしても読み方により「論語読みの論語知らず」という現象さえ生じているのではないか。

ならば、いかに『論語』を読むべきか。本章は渋沢栄一の『論語』読みを一例として取り上げ、渋沢の独自性をあらためて解明すると同時に現代人の古典読みに一石を投じたい。

第二節　『論語』との出会い

渋沢は、六才のときから父親の市郎右衛門について三字経（児童が文字を覚えるための学習書―筆者註）を学び始め、論語も途中まで読んだ。幼い渋沢に大きな影響をあたえはじめたのが、この父親の学問観である。市郎右衛門は四書五経（『論語』『中庸』『大学』『孟子』『易経』

＊2　王中江「従『論語与算盤』談日本影響中国」、北京・光明日報社『博覧群書』二〇一〇年第七号、一九頁。

『詩経』『書経』『春秋』『礼記』）などの古典を勉強するとき、書物の「記誦」を重視せず、実行することを目的としており、とくに「読書三昧」という読書の態度を農業、商売の妨げとして退けた。その後、渋沢は従兄の尾高惇忠の指導により正式に『論語』を勉強することになったが、尾高の読書法と感化も渋沢の知的成長に実に重要な意味を持っていた。渋沢は「新案」という言葉で普通の読書法から逸脱した尾高の読書法を評した。それは、三字経などの暗誦には重点を置かないで「数多の書物を通読」する一種の多読の方法である。

そして文章の意味への理解について、尾高は「自身に考えが生ずるに任せる」ことを渋沢に教えた。これが主観的に書物を捉える読み方で、あらゆる既定の学問系統に対する個人なりの組み直しを可能にしたのはいうまでもない。さらに尾高は「四書、五経を丁寧に読んで腹に入れても、真に我物になって、働きの生じるのは、段々年を取って世の中の事物に応ずる上にある」[*3]という。これは現実の事物と照らし合わせながら経典の中身を体得しようとする新しい学問の方法を提示している。それは、伝統経典を現実の事柄に活用しようとする意味でもある。

まさに尾高に教わったように、渋沢にとって『論語』が真に彼自身のものになるまで時間がかかった。渋沢は「壮年時代になっても（中略）別に論語の事を考える余裕もない。ただ父が常に論語を引き合いにだして『人間の行いは忠実を旨としなければならぬ、人に偽りをいってはいけない、人の恩恵は決して忘れないでください」といわれたことを常に念頭にあっ

＊3　『雨夜譚』岩波書店、一九八四年、一七―一八頁。

た』と回想した。ここで渋沢が時々父親の戒めを思い起こすのは、まさに幼いころからしらずしらずのうちに身についた『論語』の素養であろう。そして、『論語』に対して特別の感情を抱くようになったのは、彼が一八七三年、政界から実業界に転身した頃であった。渋沢は「はじめて商売人になった時、ふと心に感じたのは、これから物質利益を追い求める業界において、どんな志を持つべきか。論語のことを思い出した」と。つまり、実業界に身を投じたさい、ルールや規範を守る必要性を感じ、『論語』に従う決意を固めたのである。[*4][*5]

一方、渋沢がもともと官界を辞めた原因は、当時の日本では商業が最も振るわなかったためである。渋沢からみれば、商業が発展しない限り日本の国力を増進することができない。しかも商業にも学問が必要なので、彼は学問をもって利殖を図ろうとする意志を決めた。ここで渋沢のいう学問は主に儒学を指していたが、そのなかで彼が最も重視したのは『論語』であった。

ではどうして当時、商人には通常、学問が要らないと思われたのか。実は、商人は往々にして「利」を追い求める欲望の塊であり、道徳と縁遠い存在とされている。伝統儒学においてもこうした「利」（利益）は、「義」（道徳）の対極に位置するものとして軽視されている。『論語』にも該当する章句が見られる。たとえば、孔子は「利を言うは罕し」（『論語・子罕』）といわれたように、めったに「利」のことを口にしない。また「君子義に於て喩り、小人利に於て喩り」（『論語・里仁』）とあって、「義」と「利」のどちらを優先するかによって君子と

＊4　渋沢青淵記念財団竜門社編纂『渋沢栄一伝記資料』渋沢栄一伝記資料刊行会、一九五五―七七年（以下『資料』と略す）、第四一巻、三七三頁。

＊5　同右、三七七頁。

小人の区分がされている。なお、「義」と「利」が矛盾した時に孔子は「利を見て義を思う」（『論語・憲問』）と、「義」を優先すべしと言った。

ついで孔子以降、孟子ははじめて「義」と「利」との対立関係を意識的に提言した。漢代になると、儒教を国教化させた董仲舒は「其の義を正してその利を謀らず、其の道を明らかにして其の功を計らず[*6]」と述べ、「義」を重んじ、功利を否定する立場を取った。宋代の朱子学となると、さらに意識的に「義」と「利」とを峻別し、両者を互いに相容れない対立関係に規定し、「義」を重視して「利」を厳しく排斥するようになった。かくして反功利の儒学は「利」が代表する経済的欲望を最小限に制限する傾向が強く、消費論は奢侈を禁ずる倹約観念を尊び、分配面における社会の平等を狙っていた。そこで経済活動において、農業生産が重んじられ、商工業とくに商業は軽視されるようになったのである。

同じ商業蔑視の説は、江戸時代の日本にもみられる。荻生徂徠は「商人の心（中略）骨折らずして居ながら利をもうくる[*7]」と説き、働かずにして営利を狙う商人を蔑んだ。ほかに山県大弐は直接に「商なる者は天下の賎民なり[*8]」とさえ述べている。一方、渋沢が活躍した当時の日本の商工業現状は「我国では封建の余弊で実業家を所謂素町人と呼んで、士農工商四民の最下位置いた思想がまだに去らず[*9]」と描かれているように、従来から商人は「素町人」と蔑称され、社会の最下層に位置付けられている。こうした商業蔑視の旧弊を打破するために、渋沢は『論語』に対する新たな解釈から始めたのである。

＊6　『漢書』の「董仲舒伝」（『中国古典文学大系』第一三巻、平凡社、一九六八年、二九頁。

＊7　『政談』岩波文庫、一九八七年、一三二頁。

＊8　「通貨第十一」『柳子新論』温故堂、一八八四年、三一頁。

＊9　『資料』第四三巻、五〇三頁。

第三節　『論語』を読む方法

『論語』に対する渋沢の読み方は、普通の学者と異なっていた。つまり「余は固より学者が論語を研究するように、考証的には読まない、ただ論語の文字の上に孔子の精神の現われた処を忖度して読むのが、予の論語の読み方である」[*10]と。換言すれば、渋沢のみるところ、これまでの学者の読みは孔子の唱えたものからずれてしまっている。渋沢は「元来解りやすいものであるのを、学者が難しくしてしまい、農工商などの与かり知るべきものでないというようにしてしまった、商人や農人は論語を手にすべきものでないというようにしてしまった、これは大なる間違いである」[*11]という。つまり、学者は論語を農工商と関係ないものとして読んでいる。渋沢からすれば、『論語』は学者のみが読むことができるものではなく、職業を問わずだれでもふれることができる。しかも彼は「何分二千四百年前の教訓であるから、その一言一句が悉く現代に当てはまるという訳ではないにしても、その根本精神は、人間の生活の活教訓とするに足るべき立派な道徳である」[*12]と述べ、『論語』の根本精神を人間の実生活に活用すべきだと主張した。

しかし、二千年以上前のテキストは後世の人との間に大きな言語的な・思想的なギャップがあるので、古典を読むとき、まず先人の読みをまとめた注釈本を参考にしながら進むのが

*10　渋沢栄一『実業訓』東京成功雑誌社、一九〇九年、四九頁。

*11　渋沢栄一『論語と算盤』国書刊行会、一九八五年、一三頁。

*12　明石照男編『青淵渋沢栄一──思想と言行』渋沢新聞印刷株式会社、一九五一年、一五〇頁。

普通である。[*13]渋沢は当時における『論語』の注釈を、「古注」と「新注」に分けて捉えている。前者は鄭玄、何晏の注釈を指し、後者は朱熹の注釈を意味する。二者のどちらを基準にすればよいかについて、渋沢は「古注は夫子を去ること遠からざる時の作なれば、事実において真に近く取るべき所少からず、一概に棄てるべからず。しかれども修身斉家の実効を挙げんとするには、新注の説に従うを以て捷径となす。もしそれ新注の高遠に馳せ幽玄に入り、実用に適せざる点あるは往往免れざる所なれば、よろしくこれを去りて孔夫子を以て標準となし、実践躬行を以て主眼とすべし。これ折衷学者の唱道する所にして、余の左袒する所なり」と語った。[*14]

この中で渋沢は、まず選択の基準に「修身斉家」と「実践躬行」を趣旨としている。そのために「捷径」としては新注を選ぶ。しかし同時に、新注には理解を超えたところがあれば、それを捨象し、孔子の言論に従うと主張していた。渋沢のこうした読み方が、彼自身が掴んだ『論語』の特徴と一致していることである。つまり「孔子の学は実学なるだけに、その説き方は応病与薬の道により、その人その人の性蔽もしくは境遇を見て教訓を垂る（中略）これ論語の活用の最も妙味ある所であって、人間の実生活と離すべからざる関係を有する所以である。論語はこういう活きた学問であるから、ある科学のように、一つの学説として、論理的に一貫してこれを述べる所なし。すべて実際問題に結び付けて説くのであるから、その時その所その人によりて言説に異同あり」[*15]と。ここでいう『論語』の特色は、一つは論理的

＊13　子安宣邦『思想史家が読む論語――「学び」の復権』岩波書店、四―五頁。

＊14　渋沢栄一講述・尾高維孝筆録『論語講義』二松学舎大学出版部、一九七五年、八頁。

＊15　同右、五九一頁。

には一貫していないこと、もう一つ時・場所・人によって読み方が異なるということである。言い換えれば、渋沢は、自分の『論語』解釈こそ、孔子の精神そのものを継承したうえで、やるべき仕方で行ったものだと信じていたのである。

しかも渋沢は「論語の章句のうちにも時代の関係から今日の世には直そのまま適用しえられないものがある」[*16]と言い、取捨選択の方法を用いていた。こうした主観性に溢れる断章取義の解釈こそ、『論語』と算盤を結びつけた、後述する「論語算盤説」の誕生に決定的な役割を果たしたと思われる。

第四節　『論語と算盤』

渋沢栄一は実業家[*17]として上述した自分流の『論語』読みを通じて、経済道徳一致説（論語算盤説、義利合一論）を唱道した。彼は「論語と算盤は、余が商売上の基礎を論語の上に置く信念を表わされたものである」[*18]と解釈したうえで、経済と道徳の必然的な関連性を主張する。それは、真正の利殖は仁義道徳に基づかなければならなく、正当の道によらず無理をして得た富や地位は長く続かないという論理である。

では、渋沢は自分の経済道徳一致説をいかに『論語』を読みかえることで世間にアピールしたのか。彼は朱熹への批判から持論を展開した。すなわち「朱子は自分の見識で孔子の教

＊16　『資料』別巻第六、六五七頁。

＊17　渋沢はよく「商売人」と自称した。これはかつて身分制の最下位に置かれた「商」はいつも彼の頭にあると推測したい。これは商業道徳の向上を通じて商工業の地位を上げようとする彼の動機につながっていると考えられる。

＊18　『論語講義』、一五四頁。

えを解釈したが、孔子の本来の趣旨と違ったことを述べているところが多くある」[*19]と。では渋沢のみるところ、朱熹の解釈はなぜ孔子の本旨から外れたのか。

孔孟の訓言は義利合一にあることは確実なる証拠がある。決して利益というものが仁義と背馳したものでないことは明かに解って居るが、後世の学者（朱子学者—筆者註）は誤って富というものはとにかく仁義忠孝或は道徳と引離れたものの如く解釈をした為めに、大いに漢学というものが世の中に疎じられるようになった。若し又実際其通であったならば、漢学の必要というものはなくなって、漢学は唯一の心学になってしまう。心学というもののみで世に活用しないものであったなら、孔子の教は少しも尊敬するに足らないと私は思う。（中略）諸君と共に今の利用厚生と仁義道徳とを併行させることを一の主義として、此主義の下に立ち、益々之を拡張して行きたい。[*20]

ここで渋沢は「義利合一」論を掲げているが、その説明として「富」と「仁義道徳」と峻別した朱子学が孔子の思想を誤って解釈したと論じている。孔子の戒めは決してそうではないと渋沢は喝破した。[*21]もし「富」への視野がなければ、漢学が無用な長物になり、孔子の教えもまったく尊敬に値しないと言ったのである。

次に、『論語』の一節に対する渋沢の解釈をみよう。「里仁第四」には「富と貴とはこれ人の欲する所なり、其の道を以てせずして之を得てもおらざるなり、貧と賤とはこれ人の悪む所なり、その道を以てせずして之を得ても去らざるなり」という句がある。通常の学者の解

＊19　『資料』第四一巻、三九三頁。

＊20　『資料』第二六巻、四六七—六八頁。

＊21　『青淵百話・乾』同文館、一九一二年、一四六頁。

釈に対して、渋沢は「従来学者間において往々本章の『人』を悪人の意に解釈しさり、富と貴きとは悪人の欲求する所であって、これを獲得するには道ならぬ方便を以てするを要するが故に、君子は富と貴きとに近寄らず。もし富と貴きとが外より舞込んできてもこれを避くべきであるかのごとくに心得る輩少からず。これ実にいわれなき僻見である。孔子のご趣意はただ道を以てせず、無理非道を敢えてして獲得したる富貴が悪というだけのことである」[*22]と批判した。

ここで渋沢は、「利」もくしはは富貴への追求に消極的だった、これまでの『論語』解釈に反論した。彼は「仔細に考えて見れば、富貴を賤しんだところは一つもない」[*23]と付け加えた。さらに彼は、「述而第七」にある「富にして求むべくんば、執鞭の士と雖も、われも亦これを為さん、もし求むべからずんば、わが好む所に従わん」という一文を引き合いに出して、正しい方法で追い求めるなら、賤しい職業でも富貴を得るのも良いと、積極的に富を積むべきだという立場を堅持した。そして渋沢は「功利即ち治国安民の事業は孔聖終身の目的なり。何ぞ富利を軽賤せんや」[*24]と述べ、功利主義の立場で国を治め人民の生活を安定させるの責務を負う政治家にも負けていない孔子像を自分なりに思い描いている。

一方、「季氏第十六」には「国を有ち家を有つ者は、寡きを患へずして均しからざることを患う。貧きことを患へずして安からざるを患う。蓋し均しければ貧しきことなく、和げば寡きことなく、安ければ傾くことなし」という章句がある。これは、孔子が戦争による社会

＊22　『論語講義』、一五〇頁。

＊23　『論語と算盤』国書刊行会、一九八五年、九一頁。

＊24　『論語講義』、五五一頁。

秩序の混乱を懸念するときに唱える一節である。通常の解釈だと、孔子は物質の乏しさよりも、人民への配分が均等でないことを心配し、また人民の生活の貧困を気にせずに人心が安定しないことを憂っているという。これが上述した、ひたすら富を追い求めないという伝統儒家の反功利思想と一脈相通じると理解できる。しかし、渋沢はこの章句に対して、極端な平等主義と差別化を否定する意味としてとらえ、道理をわきまえた上で富貴を追い求めようとする孔子の本意を再度強調した。[*25]

かくして渋沢は、『論語』の読み直しによって近代的商工業の発展に適応する倫理観を探求していた。彼の唱えた経済道徳一致説は、日本の資本主義の発展に大きな役割を果たしたのはいうまでもない。王家驊が、渋沢は日本の近代資本主義の育成と発達の時代要請に合うように経済道徳一致説を提出したと論じたのはまさに正鵠を得たといえる。[*26]興味深いことに、渋沢栄一のように孔子が利潤の追求を肯定しているという読み方は、経済的に立ち遅れた同時代の中国にはあまり見られなかった。

第五節　帰一協会

渋沢栄一は、どうして東洋の古典である『論語』に拘って愛読したのか。西洋の思想や宗教は彼の目の中にいかに映っていたのか。

＊25　同右、八一八―二〇頁。

＊26　王家驊「渋沢栄一の『論語算盤説』と日本的な資本主義精神」、渋沢研究会『渋沢研究』第七号、一九九四年、三五頁。

実際、渋沢はキリスト教や仏教を研鑽したこともあり、『論語』との比較もした。彼は「人は釈迦や耶蘇たる事は難しとする。孔子たる事は甚だ難しいことではない[*27]」という。これは渋沢の仏教やキリスト教への素朴な印象である。つまり、一般人にとって仏教およびキリスト教は理解しにくいのに対して孔子の教えはわかりやすい。さらに、前二者より渋沢が人間の守るべき道としては孔子の教えが良いと勧めたのは、後者には「奇跡がない」からであるという。つまり「孔子に対して信頼の程度を高めさせるところは、奇跡が一つもないという点である。キリストにせよ、釈迦にせよ、奇跡がたくさんにある[*28]」と。卑近なことについて教えてくれる孔子のほうは信頼しやすいという見解である。

しかし一方、渋沢は思想面における東洋と欧米諸国との接点を模索していた。彼はいう。「英米仏独等の人民は中々感心すべきものであります、彼等は東洋に於けるが如き仁義だの道徳だのといふ称呼はありませんが、無いからとて行わないのではありません。寧ろ此等の称呼のある国よりは最も強大なる経義の観念と実行力を有して居ります、彼国々の今日の隆盛を致しましたる原因は、大に此の称呼なき仁義道徳の行われたるに起因したる事と存じます[*29]」と。ここで渋沢は、西洋の倫理と東洋の「仁義道徳」を統一的にすら把握し、儒家の「仁」「義」のような徳目が米英などのほかの西洋国にもあるとみていた。これは彼の古典派道徳経済学の始祖たるアダム・スミスに対する評価からもうかがわれる。彼は「(アダム・スミスは)有名なる富国論を著して、近世経済学を起したと云う事であるが、是れ所謂先聖後聖其揆を一

＊27　『資料』第四一巻、三六五頁。

＊28　『論語と算盤』、一七五頁。

＊29　『資料』第二六巻、四八九頁。

にするものである。利・義合一は東西両洋に適する不易の原理であると信じます[*30]」と評している。つまり、渋沢にとって西洋流の経済学を提起したスミスは東洋の「義利合一論」の聖人に相当する。

また、渋沢は自分の経済道徳一致説と立場の近い他国の実業家には親しみを感じた。たとえば、彼は講話でいつもアメリカの富豪であり実業家でもあるカーネギー[*31]を例にあげていた。彼は「仁義道徳と生産殖利と一致するものといふことはカーネギー其人だけの行動に由っても茲に証拠立てられる[*32]」と述べて、カーネギーが「経済と道徳を一致させた人である[*33]」と繰り返し強調していたのである。しかも、カーネギー自叙伝を読んだ渋沢は「書中数ヶ所に論語の教訓を引用してあるのを発見した[*34]」と述べている。カーネギーの行動は、渋沢に経済道徳一致説の格好な例として見受けられている。

なお、こうした経済道徳一致説を、渋沢は国際関係の処理にも適用しようとした。まず、第一次世界大戦勃発の根源について彼は道徳というものが国際間に遍く通じなかったからだと分析している。その難しさについて、彼は「道徳と殖利とを一致させることは、一国内においては比較的容易であるが、国際間においてはなかなか難しい。（中略）国際的には、それぞれ違った状態の下にある上、利害関係が異なるが故に、道徳を無視して利益を主張する事が起きるのである」という。また、当時において引き起こされた大国間の軍備拡張競争に歯止めをかける策略として、渋沢は「国民道徳が次第に発達して、その範囲を国際間に拡張

＊30　『資料』第四六巻、三八〇頁。

＊31　Andrew Carnegie、非常な資産を作った実業家であり、米国で図書館、学術研究所、スコットランドで大学、衛生機関、公共施設などの建設に大金を寄付した人物である。

＊32　『資料』第四四巻、一七九頁。

＊33　『資料』第二七巻、四九八頁。

＊34　『処世の大道』実業之世界社、一九二八年、一〇一二頁。

するようになれば、真の平和が実現されることになり、軍備の必要もなくなる」[*35]と、楽観的に軍拡問題の解決を道徳の進歩に任せようとした。これは理想論に過ぎないが、国際的道徳の形成に『論語』の可能性を広げようとする渋沢の意志を垣間見ることができる。ほかに彼は、英訳『論語』の序文において「広く欧米哲学者の研鑽に供し、他日世界の哲学をして其見解を同じくし、五大洲人類の天理公理を見るもの一に帰すること猶太陽を仰ぐが如くならしめむと、果たして斯の如きに至らば、則論語二十篇は独り趙宋古宰の美談に止まらず、五大洲の為政者をして其揆を一にさせる好材料たるを得べく、本書発行者の功徳も亦五大洲に弥りて無量なるに幾からむ乎[*36]」と述べている。ここからみれば、渋沢は『論語』を欧米哲学と同じレベルでとらえ、『論語』のアイデアを全世界に理解し応用してもらえるように呼びかけていたのである。

さらに渋沢は、全世界の宗教を統一する、帰一協会の創立に尽力した。その発想にかんして彼は「現在の儒教、仏教、耶蘇教等あらゆる宗教の長所を折衷綜合したる、統一的な一大宗教は出来ぬものであらうかと、心に希望して久しい間これを考へて居った[*37]」と述べた。彼の苦心がついに実り、一九一二年六月に上野精養軒で帰一協会の成立大会は開かれた。その規約の第二条に「本会の目的は精神界帰一の大勢に鑑み、之を研究し之を助成し、以て堅実なる思潮を作って一国の文明に資するに在り[*38]」とある。しかし、帰一協会は思うように発展できず、渋沢は一九二八年の談話の中で「今では宗教的団体でもなく、学問的研究の会でも

＊35　『青淵渋沢栄一――思想と言行』、八六頁。
＊36　『資料』第四一巻、三八〇頁。
＊37　『青淵百話・乾』、五一頁。
＊38　『資料』第四六巻、四三二頁。

なく、単に一種の相談会として存在している始末」[*39]だと述べている。たしかに彼が望んでいる「統一的な一大宗教」は結局実現しえなかったが、その帰一協会は精神的な問題をめぐる幅広いテーマの意見交換の場としてよく機能し、彼の経済道徳一致説も会員のメンバーたちの間で存分に議論されたのである。たとえば、一九一四年三月に開催された当協会の例会において渋沢は「道徳と経済との関係如何」「道徳は果して進歩せしや」「教育の効果如何」などの質問を研究課題として提出し討論された。[*40]

第六節　『論語』の宣伝

宗教の統一を図った渋沢栄一は、同時に『論語』の思想に世間に共鳴を覚えてもらうようにと色々工夫した。つまり「私は孔夫子の経典を実際の実業に結び付けて読ませるようにし、これを実践躬行するのが何よりであると考え、最も実際に適切な道を説かれてある論語を、私も読み、又他の実業家にも読んでもらい、知行合一によって実業の発達を計り、国を富まし国を強くし、天下を平かにするに努むべきものだと信じたのである」[*41]と。ほかの実業家にも論語の精神を理解してもらい、実業を発展させることで国家の富強を目指そうとするビジョンに渋沢の真骨頂が表れている。

具体的な行動として、渋沢はまず一九二二年の春ごろに婿の穂積陳重に各版の『論語』の

＊39　同右、四一三頁。

＊40　同右、四三二頁。四九八頁。

＊41　『資料』第四一巻、三八四頁。

蒐集を委嘱し、最終的に二二八部の論語は集められ、講演会のときに展示された。そのなかで英文やフランス語、ドイツ語などのほかの国の言葉での訳本もあった。ただ、一九二三年九月に起きた関東大震災により焼失された。しばらくしてまた穂積陳重の名を以て収集し始められ、のべ二四二種類収集でき、再度の公開を果たした。そのなかで直接渋沢によって集められたものも多かった。渋沢生前のこの『論語』コレクションは膨大な資料群となり、一九六三年に東京都立図書館に寄贈され、「青淵論語文庫」として知られ、関連研究には大いに役立っている。

また、渋沢は自分の『論語』読みを教育現場や商工業者関係の集会などでの講話や講演、演説を通じて世間にアピールした。なお、それらの筆記録が相次いで出版物として編集されて、一般に公開された。

まず、一九一六年九月、梶山彬が『竜門雑誌』における渋沢の講話を編集したものは『論語と算盤』というタイトルで東亜堂書房によって刊行された。これは前述した『論語と算盤』の前身である。

また一九二二年一一月、安達大寿計は『竜門雑誌』に載った渋沢の講話を『渋沢子爵活論語』に編集し、東京の宣伝社によって刊行された。

ついで同年の一二月に実業之世界社は、一九一五年六月から一九二二年九月まで行われた渋沢の講話を筆記し、雑誌『実業之世界』に連載した。同月、その連載をまとめた『実験論語処世談』は発行された。さらに同社は一九二八年九月に『実践論語処世談』を『処世の大道』と改題し、再発行した。

そして二松学舎が発刊した『講義録』は一九二三年四月から一九二五年九月まで渋沢の論語講義を筆記・収録し、一九二五年一〇月に『論語講義』と題して二松学舎出版部より発行された。

渋沢本人も一九二六年一〇月に論語一〇巻を書き写した。つづいて一九二七年の二月に斯文会の副会長に着任した渋沢は、総務の服部宇之吉に国訳論語編訳の計画を提案し、引き受けてもらった。

しかし、『論語』の普及に懸命に取り組んだにもかかわらず、渋沢は一九二八年、当時の世情を前に、「義と利と、何時か能く両つながら全うせん[*42]」と嘆いたのである。ここからみれば、彼が青年時代より理想とした日本近代資本主義の発展は、その物質的な面において達成したということができるが、その精神的・道義的な面においては、道徳と経済、あるいは「義」と「利」を一致させようとする彼の宿願は到底実現できなかったといえよう。しかし、「義」と「利」の関係をいったいどう処理すべきかというのが我々現代人にも課している永遠の課題ではなかろうか。

＊42　『資料』別巻第八、一六三頁。

第四章　日中関係と日本学そして共同化する東アジアの学問研究

江藤茂博

第一節　日中国交正常化（一九七二）から天安門事件（一九八九）まで

一九七二年の田中角栄首相の訪中と「日中共同声明」による日中国交正常化の時代が始まった。一九七六年の、周恩来の死去、天安門事件、毛沢東死去という国内激動の年を越えて、一九七八年一〇月に鄧小平は来日する。日中平和友好条約批准書交換のための来日であったが、彼は日本の幾つかの大企業の視察も行った。そこで当時の日本の最新技術を目の当たりにしたのであった。その一月後に、中国では文化大革命が否定されると共に、改革開放路線が敷かれる。そして一二月の中央委員会第三回全体会議で、農業、工業、国防、科学技術の「四つの近代化路線」が決められた。

さらに、翌一九七九年一月、鄧小平は訪米に向かう。この時もまた、彼はアメリカの産業の最新技術とその発展を目の当たりにしたのである。農村改革と共に、同年、外国資本の投資を可能にする四つの「経済特区」を開いた。一九八四年には、「国家級経済技術特区」を設置し、翌年には「沿海経済開放区」を開き、次々と外国資本の導入による工業及び科学技術の振興を目指したのである。これらを推進したのは、もちろん鄧小平であるが、彼は胡耀邦と趙紫陽を登用して改革開放政策を推し進めたのである。胡耀邦に続き、共産党総書記となった趙紫陽は、一九八八年一月に「沿海地区経済発達戦略」を発表し、さらなる外国資本の投資を促したが、保守派の抵抗も大きく、近代化路線は大きくは展開できなかった。胡耀邦が一九八九年四月に倒れ、その追悼の集会がデモとなって、天安門事件（一九八九年六月四日）[*1]が起こり、政府による武力鎮圧が行われた。

この日中国交正常化からの一〇年間、日本語学習が中国でブーム[*2]となり、それを支えたのが日本による日本語教育振興の政策であった。具体的には、一九七九年一二月の大平首相訪中時に、「日中文化交流協定」が締結され、日本側からの「対中国日本語研修特別計画」が実施されて、北京語言学院[*3]での国際交流基金日本人講師派遣による在中華人民共和国日本語研修センターが、一九八〇年八月に開校した。いわゆる大平学校である。[*4]一九八五年に閉校するまでの五年の間に、一年間に一二〇名、計六〇〇名が日本語及び関連領域を学び、その間に訪日研修も受けたのである。さまざまなバックグラウンドを持った中国各地の、いわゆる精鋭の日本語教師や日本研究者たちが、ここで日本の言語文化を学ぶこととなった。もちろん、日本からも日本語の専門家だけでなく日本の社会文化や言語学に関する専門家たちが特別の待遇で派遣され[*5]、そこからさまざまな研究ネットワーク[*6]が生まれることにもなった。

＊1　一九七六年四月五日の周恩来死去の時の天安門事件を一次とするならば、この事件は二次天安門事件と呼ぶことになる。

＊2　「国際交流基金」のホームページに「一九七二年の日中国交正常化」後の「第一次日本語ブーム」に触れた記述がある。

＊3　一九六二年に外国留学生高等予備学校として創設。現在の北京語言大学。

＊4　孫暁英『「大平学校」と戦後日中教育文化交流』（日本僑書院、二〇一八年五月）には、大平学校の詳細な調査分析と付録として「大平学校派遣講師名簿」「大平学校研修生名簿」が掲載されている。

＊5　＊4の孫暁英『「大平学校」と戦後日中教育文化交流』に詳しく触れられている。

＊6　日本語研究だけでなく、

一九八九年の天安門事件前には、一九七二年からの日本語ブームで、日本語を学んだ世代の学生や、一九八〇年開校の大平学校で学んだ日本語教師や日本研究者たち、さらに彼らから学んだ学生たちが日本にやって来る。最初の日本留学ブームである。[*7] 日本各地の大学に中国からの国費や私費での留学生たちが、日本社会の様子を目の当たりにしたということでもある。

日中関係における国交正常化と中国の政策転換、そしてそこに協力する「対中国日本語研修特別計画」実施は、一九八三年八月の「21世紀への留学生政策に関する提言」での留学生の受け入れ一〇万人計画[*8]の発表に結びついた。そのことで、日本への中国人留学生はさらに増加する。一方で、当時の日本のバブル経済は、労働力の不足を生み、そこに就業目的のような日本語学校留学生もたくさん来日することとなった。私自身も、一九八〇年代の中頃、短期での留学生たちと出会ったこともあれば、大学院に入学してきた留学生たちとも出会ったことがある。その後の天安門事件で彼らがどうなったのかと、当時私たちは心配していたことを思い出す。留学生一〇万人計画が発表された一九八三年に一〇四二八人だった留学生数が、一九九三年に五二四〇五人と増え、そして二〇〇三年にはついに一〇万人を超えることになった。[*9]

他の領域での交流、ネットワークは生まれ、その後の留学生の受け入れに機能していった。

＊7　川勝守『中国改革開放の歴史と日中学術交流』（汲古書院、二〇一三年一〇月）では、八〇年代に著者自身が経験した留学生来訪の様子が簡単にまとめられていた。「七〇年代末より日本各地の大学に留学生が現れ、一九八〇年代にはその数が激増した。一体、中国から海外、特に日本へ留学生が出現したこと自体が開放政策の一環である。当初は日本語の習得を主にしたような留学生の専攻であったが、八〇年代には各種の専門分野を選ぶ者も増えてきた。ただ、一九八〇年代では大学院博士課程で工学博士や理学博士、あるいは農学博士の学位を取って帰国しても、それを活かせる大学や研究所、また企業が中国に存在しないと、帰国をためらう留学生も多かった。それでも広い中国各地から一〇〇〇〇人

第二節　一九九〇年代

留学生の数では、一九九〇年代は四万人から六万人に増えるのだが、就労留学生や不法残留留学生の問題により、法的な整備がこの間に推進される。一九九〇年に出入国管理法の改正案が施行されて、留学生受け入れが厳格化されたことによって、この一九九〇年代には留学生数の急激な増加は抑えられることになった。もちろん、労働市場が縮小した日本のバブル経済の崩壊も大きな要因であった。やがて日本経済の立ち直りと共に、留学や就学の審査が緩和されると再び留学生の数が大きく増える。同時に一九九〇年代末からの地方私立大学の入学者不足を補うための留学生確保とも結びつき、二〇〇〇年からの留学生数は大きく伸びることになった。一九八三年の留学生一〇万人計画以降二〇〇〇年代前半までを「漸増期」「停滞期」「急増期」に分けた、白石勝巳は、この一九九〇年代を「停滞期」とした[*10]。

この白石によって「停滞期」とされたのは、留学生の動向と重ねるならば、一九九一年の大学設置基準の改訂による大学教育課程の自由化と一九九二年をピークとする一八歳人口の減少が始まる時期だった。つまり、一九九〇年代は、大学の設置基準の改訂によって短期大学の四年制大学化と四年制大学の学部増設の展開と、その後を追うように急速な一八歳人口の減少が起きたのである。こうした一八歳人口の減少とは逆に、一九八四年に四六〇校数

近い留学生が福岡市の九州大学に到来した。数年経つと私の東洋史学の研究室さえも、一〇名を超える中学留学生が溢れることになった」p.70。

＊8　これを受けて一九八六年から「日本語教育能力検定試験」が日本語教育学会によって開始された。

＊9　留学生数はいずれも「独立行政法人　日本学生支援機構」のホームページ内にある「留学生に関する調査」内外国人留学生在籍状況調査からのものである。

＊10　白石勝巳「留学生数の変遷と入管施策から見る留学生10万人計画」（ABK留学生メールニュース　二〇〇六年一二月号〈第六一号〉、財団法人アジア学生文化協会）。www.abk.or.jp/asia/pdf/20061225.pdf

＊11　ちなみに四年制大学はそ

だった四年制大学が一九九四年には五九三校数に増えた。[11] しかし一八歳人口の減少のために、一九九〇年代の後半からは私立大学の定員割れ問題[12]が生じたのである。「停滞期」とは、私立大学の定員割れによって大量の留学生を受け入れる直前の期間であった。

一九九〇年代の留学生数抑制傾向は、日本側にも中国側にも共に緊張感をもたらすものになった。一九九二年の日本に於ける一八歳人口のピークとその後も増え続ける大学数の増加が、日本の高等教育では学生を求めようとする力学が生まれていたのである。一方、中国の高等教育では、進学率の向上による大学生数の増加と受け入れる大学の拡張の傾向が生まれていた。[13] 日本の高等教育での学生の不足と中国の高等教育での受け入れ大学の不足[14]とが、相互に水位の落差を埋めようとする緊張が生まれたのである。また、この一九九〇年代は、日本も中国も大学の拡張による教員不足の時代でもあった。

第三節　一九九〇年代の留学生の実情

一九九〇年代の留学生受け入れは、日本としては手探りの状態であり、留学生受け入れの制度整備も不十分[15]であった。それもあってか、この時期には大きく二つの系統での留学生受け入れがおこなわれていて、一九九〇年代末からの留学生「急増期」を準備することになる。

系統の一つは、研究志向の留学生たちである。本国での研究者養成制度である大学院進学

の後も増え続けて、二〇一八年には七八七校となっている。

＊12　「2018年度入試情報　私立大学　定員割れ大学数は2年連続で減少」河合塾　2018/8/8Keinet.ne.jp/topics/18/20180808 では、九〇年代に触れて、以下のように現在までの状況をまとめていた。「定員割れ大学の割合は1990年代後半から徐々に上昇し、2000年代前半には約3割で推移していた。2006年度から再び上昇しはじめ、半数に迫る40%台後半となった年もあった」と指摘。

＊13　百度文庫からの中国全国大学統一試験のデータ。https://m.baidu.com/st_edu_wenku/view/0908534f 一九九〇年に受験生が二八三万人いて、合格者が六一万人、二〇〇〇年は受験生が三七五万人いて、合格者が二二一万人である。この間、収容できる大学

の機会を海外に求めたのである。特に日本学関係を学びたい者にとっては当然日本で学ぶことを選ぶ。少なくともそうした傾向は生まれるはずだ。もちろん、大学学部入学や日本語学校から始める留学生も少なからずいたと思う。日本で学位を取得した彼らは、そのキャリアを就職に生かす者もいれば、帰国後大学に職を得る者もいた。もう一つの系統は、遊学志向の留学生たちである。日本語学校への留学を中心とした学生たちで、本国の大学制度での不本意な学歴等から再出発する者も含む非研究志向の留学生たちである。なかには研究志向に向かう留学生もいただろうし、日本語学校や大学を中退して帰国する者や不法滞在の労働者となる留学生もいた。[*16] この二つの系列は部分的には重なりながらも、日本の高等教育のなかに留学生の受け入れに関する相互理解とそれに基づいた留学生文化が生み出されていく。先の研究志向の留学生の中には、大平学校の第二世代がいただろうし、日本の大学の研究活動に参加する大学院学生として登場した者もいた。また、帰国を望むかどうかは別として、急増する中国の大学での教員市場が、大学院を修了した留学生には広がっていたのである。

もちろん日本語能力については、中国の日本企業誘致とそこでの日本語ができる高給労働者の養成が結びついていた。日本企業が進出する地方での日本語ブームは、[*17] 日本企業に勤務する人材が求められただけでなく、同時に地元の日本語教員としての人材も求められたのではないか。この一九九〇年代末からは、日本留学で学位を取得した留学生たちが帰国後に中国の大学に勤務すると共に、日本の学会での研究にも参加するようになる。[*18] 一九九〇年代は、

規模が三倍になっている。

＊14　中国ではそれぞれの大学が、独立学院という私立大学を設置して学生を受け入れていた。

＊15　一九九〇年より日本語学校の審査認定が始まる。また、法務省による入国審査が厳しくなり、一九九四年から日本語学校の入学者が激減した。

＊16　岩井俊二監督映画『スワロウテイル』（一九九六年）は、アジアからの違法滞在者たちの夢とお金を求める日本での生活を象徴的に描いたアクション作品である。

＊17　たとえば九〇年代以降の大連市での日系企業の進出の影響もあり、大連外国語大学の日本語学科が中国で一番多くの定員数を持っていると聞く。

日本の研究組織が東アジアに広く開かれるための助走の時代でもあったのだ。

第四節　二〇〇〇年代から二〇一〇年代へ

二〇〇〇年代の中国の経済的な成長は、大学進学率の高まりによる大学の拡張がさらに進む。[*19] しかし、大学の急な拡張には限界も生じる。たとえば、大学教員の育成確保には、それ相応の時間とコストがかかるのは当然のことだ。中国国内での大学進学に満足できなかった若者は、選択肢のひとつとして海外の大学への留学を選ぶことになる。また、二〇〇〇年代に入り、インフラ整備が整ってきた中国は、バブル崩壊から立ち直ろうとする日本企業の進出を呼び込むのに十分な魅力を持つ国となっていた。こうした中国進出外資系企業への就職を望む若者には、外国語を学ぶという選択肢が用意されていたことは繰り返すまでもない。さらに、二〇〇〇年代の日本は中国に比べるとまだ経済的に豊かであり、留学生たちにとってはお金を稼ぐという魅力もあったのだ。[*20] もちろん、ここにも研究志向と遊学志向の二つの系列の留学生はいただろうし、学部への入学者の多くはより有利な就職を求める留学生だったと思う。

すでに一九九〇年代後半には、日本だけでなく中国でも、大学付属の日本語学校や都市部の日本語学校が設立されており、日本の大学に留学生を送り込むルートも業者を通じてすすで

＊18　日本文学協会（会員数一六〇〇人程度）の会員名簿を調べると、住所が海外の会員が、一九九二年は四名、一九九四年は一一名、一九九八年は一八名、二〇〇四年は三一名（中国三、台湾一一、韓国一一、他六）だった。

＊19　＊13の資料より状況がわかる。

＊20　平成三〇年（二〇一八）に法務省入国管理局から示された「留学生の現況と告示基準の改正について」では、この時代の留学生の状況について「新規入国者数，在留外国人数ともに平成15（2003）年頃に留学生の不法残留者数が増加する傾向にあったことを受け，経費支弁能力等に係る 審査を徹底するなど慎重な審査を実施したこと等の影響で，平成16（2004）年に大幅に減少 ○また，震災の影響により，新規入国者数は平成23（2011）年に，在留外国

に確立していた。二〇〇〇年代は、中国での日本語教育の広がりと共に、日本の大学もまた留学生を大量に受け入れる時代になっていた。[*21] 日本の大学は淘汰の時代だと言われ、大学教員マーケット縮小の時代でもある。日本人学生の大学院進学が減少し、それとは逆に、日本の大学院はアジアからの留学生が多くを占めるようになっていく。[*22] こうした傾向は二〇〇〇年代の後半からさらに二〇一〇年代も続くことになる。[*23]

二〇一〇年代は、中国の大学では教育研究の大きな改革が求められた。教育力や研究力そして国際化が問われるようになったのである。もちろん、日本の大学でも同様の改革が求められるようになった。特に中国国内では日本学の領域は学位取得が困難なので、研究者あるいは研究者予備軍の日本留学が増えた。また、そのことで日本の日本学研究に刺激を与えることになる。今日の高度情報化の時代にあっては、大学と教育研究の国際化はさまざまな圧力によって気がつかないうちにも展開しているのだ。

大平学校以降、着実に数を増した中国の大学とそこで日本語を教授する教員たちは、自身の日本語研究だけでなく、さまざまな日本に関する学問領域で日本と共同研究を行う人材を育てた。海外の大学での国際化が、日本の大学の国際化を促すことになる。また、日本のさまざまな学会で発表する中国人研究者が多くなっただけではない。東アジアの研究者たちと協同開催する学会や共同で運営する学会も登場してきた。[*24] 人文科学や社会科学に限らず、こうして二〇世紀の終わり頃から東アジアという地域からの視座での蓄積が始まったのであ

人数は平成23（2011）年及び平成24（2014）年に大幅に減少 〇国籍・地域別では，新規入国者数，在留外国人数ともに中国とベトナムで過半を占めており，ベトナム及びネパールは継続して増加傾向」とまとめられていた。https://www.bunka.go.jp/seisaku/bunkashingikai/kondankaito/nihongo_suishin/

＊21　二〇〇三年に解散した酒田短期大学は、在籍学生のほとんどが中国人留学生で占められていて、しかも在籍しているのにも関わらず東京等で就業していたことで問題化した。その結果の解散である。また、二〇一〇年に、福岡の日本経済大学は新入学生の九割が留学生で、しかも系列の専門学校だった校舎を東京キャンパスとして使用していた。同様の教育システムを萩国際大学も取っていて、管理体制が問題となった。二〇一九年には、東京福祉大学が大量の研究生として留学生を

る。教育においても、東アジア共同キャンパス構想や、日中韓の大学や大学院におけるダブルディグリー制度の構築など、東アジアにおける学問領域の共同化は大きく展開している。そして、日本漢学という知の領域もまたその一つなのである。

この漢学は、中国の思想学芸が辺境に伝わり、さらに変容しながら自国の学芸文化となったものを対象とする。そこには、出発となった文化圏では衰退してしまったものもある。北欧のフィンランドの言語には、古いヨーロッパの言語が残っていて、言葉の冷蔵庫と呼ばれている。柳田国男の方言周圏論も同様の学説である。中国では忘れかけられた学芸文化が、その形を変えながらも、日本などの近隣の漢字文化圏に温存されていることもあるのだ。その意味で、漢学の研究領域は、東アジアという視座で相互性を前提とした比較文化研究と重なることになる。もちろん、本講座で示されているように、これまでも東アジアの学問として漢学研究は重ねられてきた。二松学舎大学に限るならば、文部科学省補助事業「21世紀COEプログラム『日本漢文学研究の世界的拠点の構築』」（二〇〇四～〇八年度）と文部科学省私学戦略的研究基盤形成支援事業「近代日本の『知』の形成と漢学」（二〇一五～一九年度）であった。ここではそれらの蓄積の背景として、一九七〇年代からの日中の学術文化交流の具体的な展開と、日本学領域の教育研究の現状を取り上げてみた。

受け入れ、その管理体制が問題となった。

＊22　たとえば、国語学会が、二〇〇四年に日本語学会に名称を変えたのも、こうした学問の国際化の表れだと考えられる。

＊23　二〇〇八年、文部科学省によって二〇二〇年までを目標として「留学生30万人計画」が策定されたが、二〇一八年にその数値を達成することとなった。

＊24　主なものとして、一九九七年からの「東アジア比較文化国際会議」、二〇一〇年からの「東アジア日本研究フォーラム」、二〇一六年からの「東アジア日本研究者協議会」などが挙げられる。

【執筆者一覧】（掲載順）

中村聡（なかむら・さとし）
東洋大学、同大学院修士課程修了、二松学舎大学大学院博士課程単位習得退学。現在、二松学舎大学東アジア学術総合研究所客員研究員。
主な著作に、『甫水井上円了漢詩集』（編訳、三文舎、二〇〇八年）、『管子の説く覇道』（明治書院、一九九九年）、『宣教師たちの東アジア―日本と中国の近代化とプロテスタント伝道書―』（勉誠出版、二〇一五年）などがある。

藍弘岳（らん・こうがく）
東京大学大学院総合文化研究科博士号取得。現在、中央研究院歴史語言研究所副研究員。
主な著作に、「「明治知識」與殖民地臺灣政治：「國民性」論述與1920年代前的同化政策」（『中央研究院近代史研究所集刊』第八十八期、二〇一五年）、「太宰春台と徂徠学の再構成―「聖人の道」と日本批判をめぐって―」（『思想』一一一二号、二〇一六年）、『漢文圏における荻生徂徠――医学・兵学・儒学』（東京大学出版会、二〇一七年）などがある。

川邉雄大（かわべ・ゆうたい）
二松学舎大学大学院文学研究科博士後期課程中国文学専攻修了。博士（文学）。現在、日本文化大学専任講師。
主な著作に、『東本願寺中国布教の研究』（研文出版、二〇一三年）、『近代日中関係史人名辞典』（共編、東京堂出版、二〇一〇年）、『浄土真宗と近代日本――東アジア・布教・漢学』（主編、勉誠出版、二〇一六年）などがある。

野村純代（のむら・すみよ）
東洋大学大学院文学研究科中国哲学専攻博士後期課程単位取得済退学。修士（文学）。現在、普連土学園中学校・高等学校講師。
主な著作に、「中村正直『敬天愛人説』訳注稿付解説―儒教とキリスト教の架け橋を探る試み―」（二〇〇七年度『東洋大学大学院紀要』第四十四集）、「中村正直『請質所聞』訳注稿（一）」（二〇〇八年度『東洋大学大学院紀要』第四十五集）、「中村正直と『同人社文学雑誌』」（『普連土学園研究紀要』第一四号、二〇〇七年）などがある。

吉田博嗣（よしだ・ひろし）
立正大学大学院文学研究科（史学専攻）修士課程修了。現在、日田市咸宜園教育研究センター主幹（総括）。
主な著作に、「廣瀬家史料に見る葬送儀礼について」（『近世大名葬制の基礎的研究』（雄山閣、二〇一八年）、「二宮尊徳の墓」（『石造文化財』一一、石造文化財調査研究所、二〇一九年）、「近世後期の豊後日田における葬礼の実践について―廣瀬淡窓・咸宜園とその周辺―」（『近世大名の思想と礼楽』勉誠出版、二〇二〇年刊行予定）などがある。

桐原健真（きりはら・けんしん）
東北大学大学院文学研究科後期課程修了。博士（文学）。現在、金城学院大学文学部教授。
主な著作に、『吉田松陰』（ちくま新書、二〇一四年）、『松陰の本棚』（吉川弘文館、二〇一六年）、『近代東アジアの経済倫理とその実践』（共編著、日本経済評論社、二〇〇九年）、『カミとホトケの幕末維新：交錯する宗教世界』（共編著、法藏館、二〇一八年）などがある。

平崎真右（ひらさき・しんすけ）
二松学舎大学大学院博士後期課程単位取得満期退学。現在、二松学舎大学文学部非常勤講師。
主な著作に、「モダン、ロマン、カレーライス―「共栄堂のスマトラカレー」と「中村屋のカリー・ライス」―」（『ショッピングモールと地域』――食をめぐる文化・地域・情報・流通』ナカニシヤ出版、二〇一八年所収）、「戦時下の郵便メディア―中島一太関連「軍事郵便」を中心に―」（『中島醫家資料研究』第一巻第一号、二〇一八年五月）、「国士舘とその時代―私塾、大正、活学の系譜―」（『国士舘史研究年報 楓原』第九号、二〇一八年三月）などがある。

佐藤保（さとう・たもつ）
東京大学文学部中国文学科卒業。同大学院人文科学研究科中国語学文学専攻修士課程修了。同博士課程を中退して、オーストラリア国立大学大学院研究助手・研究員、東京大学文学部助手、國學院大学助教授を経て、お茶の水女子大学助教授に転じ、同大学教授・学長などを歴任した後、二松学舎大学教授、学校法人二松学舎理事長に就任。お茶の水女子大学名誉教授・二松学舎大学名誉教授。
主な著作に、『昌黎先生集』古典研究会叢書 漢籍之部 三八（解題、汲古書院、二〇一九年）、『韓集擧正』（古典研究会叢書 漢籍之部 三九（解題、汲古書院、二〇〇二年）、『詳講漢詩入門』（ちくま学芸文庫、二〇一九年）、『はじめての宋詩』（明治書院、二〇一一年）、『鳳よ鳳よ—中国文学における「狂」』（編著、汲古書院、二〇〇九年）、『ああ哀しいかな—死と向き合う中国文学』（宮尾正樹と共編、汲古書院、二〇〇二年）、『中国の詩情』（日本放送出版協会、二〇〇〇年）、『中国古典詩学』（放送大学教育振興会、一九九七年。本書の改訂版が上記『詳講漢詩入門』）、『漢詩のイメージ』（大修館書店、一九九二年）、『宋代詞集』中国の古典三三（学習研究社、一九八六年）、『新しい漢詩鑑賞法』（大修館書店、一九七二年、J.Y.Liu（劉若愚）:The Art of Chinese Poetry（中国詩学）の和訳）などがある。

江藤茂博　別掲

牧角悦子（まきずみ・えつこ）
九州大学大学院文学研究科中国文学専攻修了。文学博士（京都大学）。現在、二松学舎大学文学部教授。文学部長・文学研究科長。
主な著作に、『経国と文章—漢魏六朝文学論』（汲古書院、二〇一八年）、『角川ビギナーズクラシックス 中国の古典 詩経・楚辞』（角川学芸出版、二〇一二年）、『中国古代の祭祀と文学』（創文社、二〇〇六年）などがある。

町泉寿郎（まち・せんじゅろう）
二松学舎大学大学院文学研究科博士後期課程国文学専攻修了。博士（文学）。現在、二松学舎大学文学部教授。ＳＲＦ研究代表者。
主な著作に、『日本漢文学の射程—その方法、達成と可能性』（編著、汲古書院、二〇一九年）、『渋沢栄一は漢学とどう関わったか』（編著、ミネルヴァ書房、二〇一七年）、『曲直瀬道三と近世日本医療社会』（編著、武田科学振興財団杏雨書屋、二〇一五年）、『近代日中関係史人名辞典』（編著、東京堂出版、二〇一〇年）などがある。

鄧捷（とう・しょう）

東京大学大学院人文社会系研究科博士課程修了。博士（文学）。現在、関東学院大学国際文化学部教授。

主な著作に、『中国近代詩における文学と国家』（御茶の水書房、二〇一〇年）、「「近代」の表象としての女性描写——留日作家から聞一多まで」（日本聞一多学会報『神話と詩』第一五号、二〇一七年）、「「意境」と「越境」——「いかに書くか」をめぐる魯迅と聞一多」（『越境する中国文学』、東方書店、二〇一八年）などがある。

横山俊一郎（よこやま・しゅんいちろう）

関西大学大学院東アジア文化研究科博士課程後期課程修了。博士（文化交渉学）。現在、関西大学文学部非常勤講師・東西学術研究所非常勤研究員。

主な著作に、「泊園書院の教育と明治・大正期の実業家」（『文化交渉学のパースペクティブ—ICIS 国際シンポジウム論文集—』関西大学出版部、二〇一六年）、「藤澤南岳の世界認識に関する考察—正徳・公平・天人の諸概念を中心に—」（『泊園書院と漢学・大阪・近代日本の水脈—関西大学創立一三〇周年記念泊園書院シンポジウム論文集—』関西大学出版部、二〇一七年）、『泊園書院の明治維新—政策者と企業家たち—』（単著、清文堂出版、二〇一八年）、「石濱純太郎と十五年戦争—戦時下の泊園学の一側面—」（『東西学術研究と文化交渉—石濱純太郎没後五〇年記念国際シンポジウム論文集—』関西大学出版部、二〇一九年）などがある。

松本和明（まつもと・かずあき）

明治大学大学院経営学研究科博士後期課程中途退学。現在、京都産業大学経営学部マネジメント学科教授。

主な著作（共著）に、『加賀製紙百年』（加賀製紙株式会社、二〇一六年）、安部悦生編著『グローバル企業—国際化・グローバル化の歴史的展望—』（文眞堂、二〇一七年）、渋沢研究会編『はじめての渋沢栄一』（ミネルヴァ書房、二〇二〇年刊行予定）などがある。

李慶（り・けい）
復旦大学中文系修士課程修了。復旦大学中文系助教授を経て、一九八八年に外国人教師として来日し金沢大学に教鞭を執り、教授を経て、定年退職後、名誉教授。
主な著作に、『顧千里研究』（上海古籍出版社、一九八九年。増訂版―台湾学生書局、二〇一三年）、『中国文化中人的観念』（上海学林出版社、一九九六年）、『東瀛遺墨―近代中日文化交流稀見る史料輯注』（上海人民出版社、一九九九年）、『日本漢学史』（三巻本―上海外語教育出版社、二〇〇二年。五巻本―上海人民出版社、二〇一〇年）、『海外典籍與日本漢学論叢』（域外漢籍研究叢書第二輯、中華書局、二〇一一年）。訳著に『気的思想』（上海人民出版社、一九九〇年）、『中国詩史』（共訳、黄山書社、一九九五年。復旦大学出版社、二〇〇二年）、『唐代研究指南』一二種（上海古籍出版社、一九八九～九二年）、『中国小説世界』（上海古籍出版社、一九九二年）、『文選索引』（上海古籍出版社、一九九七年）、『六朝道教史研究』（四川人民出版社、二〇〇一年）、『明季党社考』（上海古籍出版社、二〇〇六年）などがある。

新藤透（しんどう・とおる）
筑波大学大学院図書館情報メディア研究科博士後期課程修了。博士（学術）。現在、國學院大學文学部日本文学科教授。
主な著作に、『松前景広『新羅之記録』の史料的研究』（思文閣出版、二〇〇九年）、『図書館と江戸時代の人びと』（柏書房、二〇一七年）、『図書館の日本史』（勉誠出版、二〇一九年）などがある。

山田敦（やまだ・あつし）
二松学舎大学文学部中国文学科博士課程修了。京華中高等学校教諭、岡山理科大学附属高等学校進路指導部長を経て、現在、高梁市山田方谷記念館館長。山田方谷玄孫。

于臣（う・しん）
東京大学大学院教育学総合教育科学博士課程単位取得満期退学。博士（教育学）。現在、横浜国立大学国際戦略推進機構基盤教育部門准教授。
主な著作に、『渋沢栄一と〈義利〉思想―近代東アジアの実業と教育』（単著、ぺりかん社、二〇〇八年）、『渋沢栄一と中国―一九一四年の中国訪問』（抄訳、不二出版、二〇一六年）、『国際交流に託した渋沢栄一の望み―「民」による平和と共存の模索』（共著、ミネルヴァ書房、二〇一九年）などがある。

あとがき

第八巻は「漢学と東アジア」という大きなテーマで、さまざまな視点からの近代日本の漢学文化を考察するものである。講座「近代日本と漢学」の最終巻として、研究の多様な方向性とそしてその可能性をここに提示できるようにしたいという思いで、全体の構成を四つに分けて編集を担当させていただいた。

「第Ⅰ部　漢学と宗教文化」では、漢訳聖書の受容の姿が丁寧に案内されるとともに、会沢正志斎と荻生徂徠の祭祀儀礼の比較、さらに真宗僧の幕末・明治での教育のありかたや、中村正直における漢学とキリスト教の受容と思想的展開が論じられている。ここでは、近代日本の漢学と宗教との出会いの場面を幾つかを取り上げることができた。「第Ⅱ部　漢学と儒教文化」では、近代日本の葬制や墓制のなかでの儒葬とそこでの儒教思想反映有無についての実証的な考察、また大乗非仏説をめぐる近代日本の仏教者と「大正新脩大蔵経」を取り上げることでの漢訳仏典をめぐる日本仏教界や政治的背景、漢語文化と結びついた風水表現の近代文化への影響が論じられている。漢学漢語と近代日本文化とのさまざまな関係がここに明らかにされたのである。「第Ⅲ部　漢学とビジネス文化」では、実業家原三溪の漢詩を通して実業家の生き方と漢学の影響、同じく実業家杉村正太郎と泊園書院の関わりを軸に大阪の実業家と実業界における漢学塾泊園書院の文化的な役割、そして経済学者土屋喬雄による渋沢栄一をめぐる仕事と人的交流と渋沢の経営哲学との関係が紹介された。実業界と漢学や漢学塾、アカデミズムと近代漢学思想との関係に視点が当てられている。「第Ⅳ部　漢学と学術文化」では、熊沢蕃山の藩政改革や藩士教育における陽明学者としての考察、山田方谷の備中松山藩での藩政改革の紹介と彼の「理財を論ず」にその思想の根本があることを指摘。また、渋沢栄一の論語理解を辿りながら、実業家としての思想の検証、最後に、現在東アジア漢字文化圏では、漢学だけでなく様々な領域での共同研究が展開していることに言及した。

これらの論考で「漢学と東アジア」という大きなテーマを埋めることができたとは思わないが、本講座でのテーマとしては、十分に問題提議できたのではないかと思う。この場を借りて、ご協力いただいた各執筆者の皆さまに深く感謝申し上げたい。かなりご無理をお願いしたと思う。

さて、本巻の特色として、漢学研究を重ねられてきた佐藤保先生と李慶先生からお話をしていただいた。全巻に配置された論文を結びつける糸として、お二人の先生からは貴重なお話をうかがうことができたのである。

この最終巻で、ようやく私どもの研究成果の報告が終わることになる。そういう意味では、講座本は、国内だけでなく世界各地でのシンポジウムや国際会議などで、多くの研究者の方々と五年間にわたり討議を重ねた結果でもある。町さんをリーダーとする二松学舎大学内外の共同研究メンバーおよび本学総合研究所の方々、この講座に寄稿してくださった皆さま、そして国内外で面識をいただきそして多くのことをご教示くださった先生がたに、ここに深く感謝申し上げたい。また、「講座　近代日本と漢学」全八巻の編集刊行にご尽力くださった戎光祥出版株式会社の伊藤光祥代表取締役、編集の丸山さん、宮川さん、ありがとうございました。

二〇二〇年三月

第八巻 責任編集　江藤茂博

【編者略歴】

江藤茂博（えとう・しげひろ）

立教大学大学院文学研究科博士後期課程満期退学。文学博士（二松学舎大学）。現在、二松学舎大学文学部教授。文学部長、文学研究科長を経て、学長。

主な著作に、『「時をかける少女」たち』（彩流社、2001年）、『フードビジネスと地域』（編著、ナカニシヤ出版、2018年）、『文学部のリアル、東アジアの人文学』（編著、新典社、2019年）、『読む流儀』（言視舎、2020年）、また『横溝正史研究』創刊号～6（共編著、戎光祥出版 2009～2017年）など多数。

装丁：堀 立明

講座《こうざ》 近代《きんだい》日本《にほん》と漢学《かんがく》 第《だい》8巻《かん》
漢学《かんがく》と東《ひがし》アジア

二〇二〇年四月二〇日 初版初刷発行

編 者 江藤茂博
発行者 伊藤光祥
発行所 戎光祥出版株式会社
東京都千代田区麹町一－七
相互半蔵門ビル八階
電 話 〇三－五二七五－三三六一（代）
FAX 〇三－五二七五－三三六五
編集協力 株式会社イズシエ・コーポレーション
印刷・製本 モリモト印刷株式会社

https://www.ebisukosyo.co.jp
info@ebisukosyo.co.jp

© EBISU-KOSYO PUBLICATION CO,. LTD 2020

ISBN978-4-86403-348-0